高等职业院校汽车类技能型人才培养"十三五"规划教材

汽车装配技术

主　编 ○　白仕珑

副主编 ○　蒋永敏　郑温芳

主　审 ○　王海涛

西南交通大学出版社

·成都·

内容简介

本书共分四部分，系统地讲述了汽车制造装配的四大工艺：冲压、焊装、涂装和总装的基础知识及基本原理，同时也包括部分实际操作内容，语言简练、通俗易懂。

本书适合中、高职汽车制造与装配专业学生使用，也可供汽车制造企业培训一线员工使用。

图书在版编目（CIP）数据

汽车装配技术／白仕珑主编. —成都：西南交通
大学出版社，2017.1
高等职业院校汽车类技能型人才培养"十三五"规划
教材
ISBN 978-7-5643-5174-8

Ⅰ. ①汽… Ⅱ. ①白… Ⅲ. ①汽车－装配（机械）－高
等职业教育－教材 Ⅳ. ①U463

中国版本图书馆 CIP 数据核字（2016）第 298672 号

高等职业院校汽车类技能型人才培养"十三五"规划教材
汽车装配技术
主编　白仕珑

责 任 编 辑	李　伟	
特 邀 编 辑	张芬红	
封 面 设 计	何东琳设计工作室	
出 版 发 行	西南交通大学出版社 （四川省成都市二环路北一段 111 号 西南交通大学创新大厦 21 楼）	
发 行 部 电 话	028-87600564　028-87600533	
邮 政 编 码	610031	
网　　　　址	http://www.xnjdcbs.com	
印　　　　刷	成都中铁二局永经堂印务有限责任公司	
成 品 尺 寸	185 mm×260 mm	
印　　　　张	14	
字　　　　数	348 千	
版　　　　次	2017 年 1 月第 1 版	
印　　　　次	2017 年 1 月第 1 次	
书　　　　号	ISBN 978-7-5643-5174-8	
定　　　　价	35.00 元	

课件咨询电话：028-87600533
图书如有印装质量问题　本社负责退换
版权所有　盗版必究　举报电话：028-87600562

前　言

由于汽车工业的发展，汽车技术日新月异，特别是先进的汽车制造与装配技术的应用，使得汽车结构发生了根本性变化。为了深入贯彻《国务院大力推进职业教育改革与发展的决定》以及教育部等六部委《关于实施职业院校制造业和现代服务业技能人才培养工程的通知》的精神，同时为了适应汽车工业对人才的需求和高职高专培养应用型技术人才的需要，我们根据教育部高职高专人才培养方案的要求，组织编写了本书。本书集冲压、焊装、涂装及总装于一体，以现代汽车生产装配为主线，在内容上突出装配过程中的新工艺、新技术，力求做到深入浅出、图文并茂，同时突出技能训练，达到提高学生综合技能的目的。

"汽车装配技术"是汽车制造与装配专业的必修课，编者结合汽车生产制造企业的生产方式和制造模式，根据自己多年的教学实践和科学研究经验，并参阅了大量的文献、资料和专著，紧密结合"以职业岗位为课程目标，以职业标准为课程内容，以最新技术为视野，以职业能力为课程核心"的要求，力求全面、整体、系统地介绍有关汽车制造与装配的过程及特点，并突出了装配技能的实践内容。本书内容新颖、文字简洁、图文并茂、通俗易懂、实用性强，具有知识传授和技能训练的系统性、完整性和科学性。

本书编写分工如下：第一部分项目1、项目2及第三部分由甘肃畜牧工程职业技术学院白仕珑编写；第二部分由甘肃畜牧工程职业技术学院蒋永敏编写；绪论、第一部分项目3及第四部分由新乡职业技术学院郑温芳编写。本书由白仕珑担任主编，由蒋永敏、郑温芳担任副主编，由甘肃畜牧工程职业技术学院王海涛担任主审。

本书在编写过程中得到了所有参编人员的大力支持和帮助，特别得到了兰州吉利汽车工业有限公司、东风商用车汽车有限公司的大力支持和协助，在此表示衷心的感谢。

由于时间仓促、编者水平有限，书中难免会出现疏漏与不足之处，恳请广大师生、读者批评指正。

编　者

2016 年 10 月

目　录

第三部分　汽车涂装技术

第四部分 总装与调试

绪　论

随着汽车工业的发展，人们生活水平不断提高，汽车已与人们的生活息息相关。目前，汽车工业已成为全球性支柱产业，因此，汽车制造装配技术的水准和质量，直接影响着国民经济的发展。汽车装配主要包括冲压、焊装、涂装和总装四大部分。

作为汽车上三大部件之一的车身，已越来越受到重视。从品质上看，轿车、客车的车身已占整车的 40%～60%，货车车身也达 20%～30%；从制造成本上看，车身占整车的百分比已超过这些数的上限值，而且随着科学技术的发展和生活水平的提高，人们追求汽车的安全、舒适、新颖和豪华等特色大多要通过汽车车身来体现。所以，近年来车身技术发展迅速，已成为世界汽车工业激烈竞争的主战场。

汽车车身的设计与制造需要综合运用造型艺术、人机工程、材料学、冲压、焊接、装饰、防振隔音、采暖通风等各方面的知识。因此提高车身制造技术反映了一个国家的工业水平。

汽车车身是一个形状复杂的空间薄壁壳体。其主要零件均由钢板冲压焊接而成。为增加美观和防蚀性，车身表面涂有漆膜。此外，车身还有各种金属和非金属装饰件。因此，冲压、焊装和涂装是车身制造的主要工序，也是本书重点讲述的内容。

从结构上看，车身大致可以分为无骨架车身和有骨架车身两大类。无骨架车身的生产工艺流程如图 0-0-1 所示。

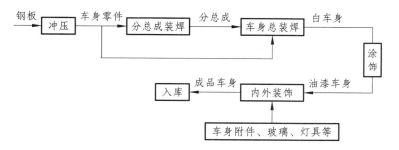

图 0-0-1　无骨架车身的生产工艺流程

微型车、轿车和各种小型客车以及载货汽车的驾驶室等都属于无骨架车身。无骨架车身并不是因为没有骨架而不能承载，有些无骨架车身（如很多轿车）还属于承载式车身。即使属于非承载式车身的货车驾驶室等也要具有一定的刚度以抵抗受力变形。所以无骨架车身是以车身板制件冲压成某种形状或者是几个车身零件焊合后形成具有某种截面形式的"梁"，以增加其刚性或承受较大载荷，只不过是没有专门的骨架零件而已。由此可见，无骨架车身的零件一般比较复杂。

其次，由于没有骨架，车身的表面形状完全由覆盖件形成。所以车身覆盖件必须具有要求的形状和能保持这种形式的刚性。增加车身零件刚性有的是通过结构实现的，例如车身顶盖一般都冲有加强筋；有的则是通过工艺实现的，例如某些形状变化不大而较平坦的零件，在拉深成形时可通过增加拉深阻力来增加胀形成分使变形更加充分些。另外，无骨架车身的覆盖件的表面质量要求较高，特别是对于轿车而言，这是车身制造的难点所在。

有骨架车身的生产工艺流程如图 0-0-2 所示。

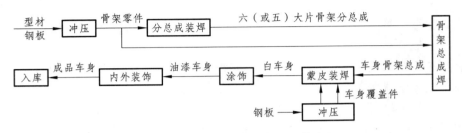

图 0-0-2　有骨架车身的生产工艺流程

从图 0-0-2 中可以看出，这类车身制造基本分两个阶段，即先制成车身骨架，再在骨架上蒙皮。相对无骨架车身来说，有骨架车身的蒙皮的形状较简单，要求也较低；而且大、中型客车的产量不是很大，所以其工艺水平也较低。

汽车车身的制造虽然主要程序大致相同，但由于年产纲领不同，生产方式、使用的设备和工艺装备及生产过程的机械化、自动化程度也不同，因此其工艺特征有很大的区别。

在小批量生产中，主要覆盖件往往采用简易模具（钢板拼焊模、铸造模或低熔点合金模等）在液压式压力机上成形，至切边、翻边或冲孔等工序还需手工配合一些机具来完成。装配一般在固定式装配台上进行，使用较简单的夹具来确定零件的相对位置，互换性差。焊接主要是点焊和二氧化碳气体保护焊，虽有简易喷漆室和烘干室，但操作仍多为手工，工序间的运输主要靠行车或地面轻便小车来完成。

中批和大批量生产基本上属于流水线形式。覆盖件在冲压线上全模具成形，然后被送到有快速定位夹紧的固定式或随行式夹具的装配线上，按工位完成合件、分总成和车身总装。焊接则大量采用悬挂式点焊机，同时配以各种专用的焊钳和焊枪，有的还有少量多点焊机。车身的表面处理则是在有脱脂、磷化、电泳底漆、喷漆室和烘干室先进设施的涂饰生产线上完成的。工序间的运输也因使用滑道、输送带和悬链等而实现了机械化或半自动化。

大量生产的机械化、自动化程度更高。车身覆盖件的冲压大都在半自动或自动冲压生产线上完成。装焊和涂饰分别在实现了自动控制的专用生产线上进行。这些自动生产线还装备了大量机器人和电子计算机等现代高科技产品。

不管是哪一种生产方式，与一般机械产品相比，车身生产具有较明显的特点：

（1）冲压件质量要求高，制造难度大。车身，特别是轿车的车身，除了它的使用价值外，还要体现它的艺术价值。所以它的覆盖件多为空间曲面、形状复杂、尺寸大，特别是表面质量要求很高，表面必须光顺，不允许有任何皱裂和拉痕等缺陷。这对覆盖件成形的关键工序——拉深工序——提出了很高的要求。而能否达到这些要求，关键又在于拉深模。所以冲模是车身制造技术的难点和关键所在。

（2）车身的表面处理要求高。由于汽车行驶在野外的各种路况和气候中，故要求车身表面有很好的抗蚀性和涂膜耐候性，再加之汽车车身还要体现一定的艺术效果，所以对车身表面的漆前处理和涂饰工艺要求很高，往往需要很复杂的设备和先进的技术才能实现。

（3）车身制造投资大、周期长。由于汽车生产是大批量生产，必须达到一定的经济规模才能产生较好的经济效益。为了实现优质高产目标，车身制造需要大吨位的压力机和大型冲模以及先进的冲压生产线、焊装线、漆前处理线及涂装线等主要生产设施及其配套工程。故所需投资巨大，一般都需要数亿或数十亿元；同时建厂周期长，投资回收慢。

近年来，由于汽车产量的激增和科学技术的飞速发展，针对汽车车身的制造特点，各国都非常重视汽车车身制造技术的研究和改进工作，并且已经取得了一些可喜的成绩。

在车身冲压方面，实现了大型覆盖件的冲压生产机械化或自动化，坯料准备即卷料的开卷、校平、剪切和落料等的自动化以及冲压废料处理的自动化，现在正向着 CAD/CAM（车身设计、冲模设计、冲模制造和车身制造）一体化系统的方向发展。

在车身装焊方面，从现在大量使用悬挂式点焊钳的装焊生产线向以多点焊机为主的自动生产线过渡，并向着机器人自动化装焊生产线的方向发展。

在车身涂装方面，一方面通过开发低的污染涂料——粉基底漆及洁净面漆来降低车身生产环境的污染；另一方面，漆前处理和涂漆自动生产线向着通过应用机器人、传感器和微电子技术而实现整个涂饰车间自动化的方向发展。

第一部分　汽车装配基础

项目1　汽车工业概况

🚗【学习目标】

（1）掌握汽车工业的发展趋势。

（2）了解汽车装配的基础知识。

（3）掌握汽车装配线工艺装备的发展趋势。

🚗【项目导读】

汽车工业是集机械、材料、化工、电子、能源、交通、环境保护等众多领域为一体的综合性、技术密集型产业，它对整个国家的工业发展起着重要的作用，与国民经济发展的总体水平有着密不可分的联系。我国的汽车工业，以高效、节能、降耗、环保为主要目标，对原有汽车产品生产企业的工艺装备进行不同程度的技术改造，大量采用现代化的工艺装备、工业机器人，建成了具有国际先进水平的大型自动化冲压生产线、加工自动线、焊接生产线、涂装生产线、总装配生产线、检测线等，使汽车工业的制造技术水准有了很大提高，特别是先进的在线检测设备的大量应用，保证了汽车产品的生产一致性，大幅度提高了汽车产品的质量。

1.1　汽车工业的发展趋势

1.1.1　我国汽车工业的现状

目前，我国汽车产业发展十分迅速，汽车的销售量和产业利润都在大幅度攀升。据报道，2009年中国车市实现了1360万辆销量的奇迹，截至2015年年底，全国机动车保有量达2.79亿辆，其中汽车1.72亿辆，每百户家庭拥有31辆。汽车作为国民经济支柱产业的地位越来越突出，以汽车制造为主的交通运输设备制造业已经取代电子信息通信业，成为对工业增长贡献率最高的产业。

然而，我国汽车工业在快速发展的同时，也暴露出了许多问题，主要表现在以下几个方面：第一，受制于传统汽车工业政策的影响，我国目前汽车产业呈现出差、乱的局面，缺少具有较强国际竞争力的大型汽车企业集团；第二，我国汽车产业尤其是轿车产业缺乏完整的技术开发能力和自主品牌，零部件制造体系相对薄弱，零部件制造体系、汽车产业服务体系十分落后，这导致我国在与国外品牌汽车的竞争中处于劣势；第三，汽车厂商在售前、售中、售后的一整套服务体系不完善，没有为顾客提供一个良好的消费环境，一定程度上也制约了汽车产业的发展。

1.1.2 我国汽车工业的发展趋势

随着中国经济持续快速发展，人们收入水平不断提高以及消费观念的转变和消费潜能的释放，中国的汽车产业将会呈现出一个新的增长高峰，汽车的销售量和汽车产业的利润额都在大幅度地提升。

2016年是国家"十三五"规划开局之年。汽车业界人士、专家学者及广大消费者都十分关注汽车行业如何迈好这新的一步。尽管刚刚过去的2015年，中国汽车年销量获得了世界第一的称号，并赶超了全球汽车史上的最高纪录。但这只是一个量，不代表质的飞跃。因此必须在提升质量上下工夫，从汽车研发、生产能力建设、新能源的应用等方面改进与提高。

汽车业"十三五"规划正在制订中，未来5年，中国汽车业将从过去的做大规模转向做强实力。具体来看，一方面提倡发展包括新能源汽车在内的节能汽车；另一方面，提倡通过兼并重组、淘汰落后产能来解决结构性产能过剩问题。有关专家认为，未来10年将是中国汽车工业转型升级、实现从制造大国迈向产业强国目标的10年。

按照国家关于汽车业的"十三五"规划草案，中国将促进汽车产业与关联产业的协调发展，从汽车制造大国转向汽车强国。

1.2 汽车生产装配技术的发展趋势

汽车装配线是由输送设备和专业设备构成的有机整体，如图1-1-1所示为汽车装配流水线。

图1-1-1 汽车生产装配流水线

人和机器的有效结合是汽车装配线的特点之一，在企业的工业生产中，装配线设备将输送系统、随行夹具、在线专机和检测设备连成一个有机的整体，充分体现着设备的灵活性。汽车装配线的发展趋势直接决定着汽车的生产效率，下面我们就来了解一下汽车装配线未来的发展趋势。

1.2.1　生产装配模块化

所谓模块，是指按汽车的组成结构将零部件或子系统进行集成，从而形成一个个大部件或大总成。而生产装配模块化，即汽车零部件厂商生产模块化的系统产品，整车厂商只对采购的模块化产品进行简单装配即可完成整车生产。在模块化生产方式下，汽车技术创新的重心在零部件方面，零部件要超前发展，并参与汽车厂商的产品设计，这就使汽车生产厂家把新产品开发设计费用的一部分转移到配件供应厂家身上，整车厂和配件厂同步开发，大大缩短了开发时间，节约了开发经费。而汽车厂商方面则以全球范围作为空间，进行汽车模块的选择和匹配设计，优化汽车设计方案。生产装配模块化将导致汽车生产方式发生重大变革，包括淘汰汽车工业的传统流水线及生产设备，将汽车装配生产线的部分装配劳动转移到装配生产线以外的地方去进行，这样大大减少了汽车制造企业生产零部件的数目，降低了管理成本和生产费用。采用模块化生产方式有利于提高汽车零部件的品种、质量、自动化水平和产品的可靠性，提高汽车的装配质量，缩短生产周期。模块化的核心是广泛应用先进的电子集成技术，利用电子及其他领域的高新技术进行系统化集成，它可减少汽车零部件的构成，简化制造工艺，节省装配时间，有利于推进国际化采购。模块化供货已成为汽车零部件供货商提高竞争力的王牌，如车用网络系统、集成化车用娱乐系统、电子伺服系统、智能防撞系统、环境控制、塑料与装饰产品等高度模块化产品。模块化技术使零部件厂商更加积极地参与汽车的科技创新，改变从属于整车厂的地位，形成以汽车为主导、以零部件为基础的世界汽车工业新格局。世界各大轿车公司要求零部件厂成套、成系统供应，向装配模块化发展。如仪表板生产厂不仅要生产仪表板，而且要将仪表板上的仪表、电气件、电线束、风道等部件装上去，向公司提供一个仪表模块，这样装车即可，从而大大减少了轿车零部件的数量。目前，美国最大的零配件生产商德尔福系统公司展示出座舱模块、接口底盘制动模块、车门模块、前端模块、集成空气/燃油模块 5 种高度集成的模块化产品，就是综合电子技术的结晶。1998 年，美国亚拉巴马州生产的"奔驰"SUV车驾驶舱就是以模块化的方式供应。由德尔福公司将来自 6 个国家、35 家供货商的 140 种零部件组成不同需求的各型驾驶舱供应给制造商，从接订单到送货再到安装，时间为 120 min。汽车零部件厂商德尔福、博世、维斯顿向生产和供应的传统模式提出了具有划时代意义的挑战，这也是汽车装配行业的一场革命。组建模块化及"即装即到"装配概念的推广，对提高汽车工业的运作效率、降低生产成本、提高市场竞争力产生了积极的影响。

1.2.2　汽车技术电子化、数字化

电子化程度的高低，已成为衡量轿车综合性能和现代化水平的重要标志，许多发达国家都已形成了独立的汽车电子产品。1991 年，一辆汽车上的电子装置为 825 美元，1995 年上

升到了 1125 美元，2000 年则超过 2000 美元，占整车成本的 30% 以上。在高档轿车中，从车前大灯的自动控制到轮胎气压的检测，汽车电子装置无所不在。近十年，汽车电子领域重点发展系统模型、电源系统、多信道信息处理系统、汽车电子软件及故障自诊断五大类关键技术。电子技术已经使电子加速器、方向助力、电子液压制动成为现实。今后，汽车有了故障，可向修理厂远程呼救，专家们可通过互联网对汽车电子系统的常见故障进行远程诊断和维修。卫星导航系统也可以运用语音识别导航；语音识别功能还能运用于车载收音机和电话。汽车电子化今后的发展方向，将是各控制系统由分散转向集中，逐渐形成一个庞大的整车电控系统——由中央计算机集中控制大量微处理器、传感器及执行组件。同时，汽车工业正在掀起一场数字化革命，以适应未来汽车智能化与数字化时代的发展需要。日臻完善的车载多媒体系统、汽车智能安全系统、舒适性管理系统等多项数字技术都将在汽车上得到应用。数字技术也将改变汽车的设计开发和生产制造方式，如计算机虚拟设计技术，使得样车无须再试制，虚拟样车将在虚拟检测环境中进行一系列严格的检测，而新的厂房、设备与流水线也会在虚拟技术下生成，从而将使生产过程可控化、精确化，并实现汽车的目标成本可控化。另外，不仅在汽车上应用电子信息技术，而且在汽车生产的过程中也越来越广泛地应用电子信息技术，如图 1-1-2 所示为先进的后视镜分装台架。EBEST 公司和上海大众汽车有限公司签订了 POLO 总装车间质量信息控制系统合作协议，项目完成后，上海大众汽车有限公司将通过移动终端条形码采集数据和后台质量检测系统的集成，提高装配车间质量信息采集过程的实时性、规范化和较好的可追溯性，同时便于工艺部门能够利用数字化手段实现对汽车装配缺陷情况进行分析统计，对相关工艺进行及时改进，保证汽车的装配质量。同时，企业信息化可以极大地提高企业的创新能力。据统计，新产品开发周期可缩短 70%。德国宝马公司焊装厂 5000 多个焊点全部都是由机器人操作完成的，总装厂是柔性生产，一条生产线可以装配所有的车型。这些管理如果没有强大的信息技术作支撑，是根本做不到的。

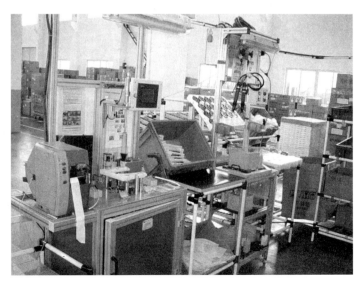

图 1-1-2　先进的后视镜分装台架

1.2.3 机器人在汽车制造业中的应用

随着中国汽车工业的迅猛发展，机器人在先进汽车制造中的重要性也越来越凸显。全球领先的工业机器人 ABB 应用广泛，覆盖焊接、物料搬运、装配、喷涂、精加工、拾料、包装、货盘堆垛、机械管理等领域。目前，其全球装机量已超过 16 万台。ABB 机器人在汽车行业的应用主要分为以下五大部分。

（1）在白车身系统中，ABB 采用虚拟仿真手段，主要针对车身覆盖件不断开发出新的标准化、模块化解决方案。

（2）在动力总成系统中，ABB 提供了涵盖汽车传动系统核心部件：发动机、变速箱和传动轴的全套装配测试系统。

（3）在冲压自动化系统方面，从卷材与堆垛到零件的码垛，从提供控制系统到企业 ERP，从设计到生产支持与效率优化，ABB 拥有全面的工程能力。

（4）在涂装自动化系统方面，ABB 以高柔性高精度的喷涂机器人来帮助客户提升涂装质量，减少生产废料。

（5）在焊接自动化系统中，ABB 机器人比较典型的应用是电阻点焊、电弧焊；其最新一代机器人配套提供一系列高度人性化的软件工具，操作员能够快捷方便地完成程序的编制和修改，从而缩短分秒必争的项目实施时间。

1.2.4 汽车装配线工艺装备的发展趋势

（1）整车装配线和零部件装配线向柔性化装配线方向发展。
（2）加注设备向真空加注设备方向发展。
（3）汽车装配线试验检测设备向微机控制、数字化、高精度、自动化方向发展。
（4）专用装配设备向高精度、适应性、自动化方向发展。
（5）以静扭扳手和定扭矩电动扳手替代冲击式气动扳手是汽车装配线装配工具的发展趋势。

1.3 国内外汽车装配车间概况

上海通用汽车有限公司的总装车间为独特的 T 形设计。这一由通用汽车公司率先采用的设计已应用在通用汽车公司在世界各地的设施中。它是运用及时精益生产概念的先决条件。车间独特的建筑形状能带来 3 种好处：它提供装卸栈口，允许外部供货商将诸如座椅、保险杠和车轮等零部件直接供应到装配线侧；它拥有一个集中的神经中心，来协调生产并保证质量；它还便于将来在不中断生产的情况下扩大生产能力。广告牌系统应用于小批量零部件管理。原料根据该系统提供的信息源源不断地提供给生产线。精益原则应用于生产线侧储存原料。这意味着生产线两侧储备至多可供用 2 h 的物资。在车身到达总装车间时，车门将被取下并由电气化单轨链系统转移到车门模块分装配区进行装配，进一步方便内部组装工人的工作。同车门一样，仪表板总成在国内也是首次在仪表板总成模块预加工区预先组装，在装配到车身之前接受电气检查系统的全面检查。除车门和仪表板总成外，电器检查系统还检查汽车的其他所有电器和电子功能，以确保汽车在装运前不存在问题。在国内首次使用动态车辆监测系统检查包括加速、燃油经济性、排放和防抱死制动系统在内的汽车的全面性能。对所有车辆还进行全面的防水性测试。这可以防止漏水，而通常采用的局部防水测试则无法很好地解决这一问题。所有车辆出厂前还都要接受路试，包括坏路试验和试验道路行驶。

1.3.1　国内的装配车间

目前国内最大的汽车生产车间是一汽大众的总装车间，建筑面积达 9 万平方米。在总装车间里，捷达、宝来使用的是一条生产线，交错传输，都是由计算机系统直接管理、控制，而且所有的零配件都有规格和编号，如果拿错了，则根本装不上去。整个生产线分区分段，工人们则定人定岗，生产线不停地运转，工人们就要在规定的时间内完成各项组装任务。

奥迪汽车的生产采用的是独立的一条装配生产线，技术含量更高，设有 7071 个装配车位。该装配线采用滑橇式地面输送链和悬链式装配、模块式装配，体现了现代国际先进轿车的装配技术。总装车间的自动化显示了其优越性和威力，特别是在安全件上，如车轮自动拧紧机，都是"以机器检测人、控制人"。因为人总是难免出错，而机器只要程序设定正确，就不会出错。一汽大众的发动机车间装配线采用计算机控制，每辆汽车都是一套子系统的集合，包括车身、底盘、动力系、电气、空调系统，而每个子系统又分别由许多单个零部件组成。基于这种层次，设计、开发、论证相应地分为三级，即零部件、子系统和整车。

传统的产品开发过程的顺序为：先由整车要求来确定针对子系统的要求，再由子系统来定义零部件的要求。经设计、开发、论证之后，符合要求的零部件组合成子系统。相应地，符合要求的子系统又集成为一辆整车。最后一步为整车开发，以确保所有子系统的配合相互协调。

今天，这种既耗时又费钱的顺序开发方式已不再是汽车公司的选择。现在，一级子系统供货商很早就被带入到整车开发队伍中。而且，包括整车开发在内的各项开发工作，通过计算机模拟条件和实验室环境等手段，被更进一步地推向上游。只有重要的、绝对必要的环节仍在公路上进行。例如整车的动力性开发，大多数底盘动力性能（乘坐舒适性能、操纵性能、转向性能、制动性能）以及 NVH（噪声、振动、平稳性），这些开发工作仍必须由专业技术人员在运行的汽车上完成。

1.3.2　国外的装配车间

每台汽车都有条形码，底盘、车体、零部件等的库存都由同一条形码来管理，零部件供货商也共同使用这一条形码，座椅、轮胎等都按适时库存制及时送到流水线旁。流水线边上还安置有监控器，显示出当天的生产目标台数和现时到达台数，此外还有报告异常的警铃和紧急制动装配流水线的开关。

通常情况下，生产在线的车都是根据顾客的订单生产的，早就名"车"有主了。所以站在生产线旁边从事每一道工序的工人，都是按照订单上的要求，装配着不同规格、型号的零部件。

随着新工艺、新材料、新技术与新装备在汽车工业中的投入使用，随着全球经济一体化日趋明显，市场竞争日趋激烈，世界汽车工业也必然发生深刻变革，汽车生产技术也将会有更新、更快的发展。

项目 2　汽车装配基础知识

🚗【学习目标】

（1）掌握汽车装配的相关基本概念。

（2）掌握汽车装配线设备的设置和注意事项。

（3）掌握汽车装配的方法和过程。

（4）掌握汽车装配的工艺守则。

（5）了解车辆调试的工艺流程。

🚙【项目导读】

　　汽车装配线将人和机器有效地结合起来，在汽车生产中扮演着重要的角色。随着汽车工业和零部件工业的发展，汽车装配线技术水平也有了较大的提高，国内对直接影响汽车产品质量、使用寿命的汽车产品生产最后环节的装配及出厂试验日趋重视，促进了汽车产品装配、试验工艺及装备技术水平的提高。汽车装配线一般是由输送设备（空中悬挂和地面输送）和专业设备（如举升、翻转、压装、加热或冷却、检测、螺栓螺母紧固设备等）构成的有机整体。

2.1　汽车装配的基本概念

　　1. 工艺及装配工艺的概念

　　产品从取得原材料到制成成品所经过的一切劳动阶段，称为生产过程。生产过程又由加工过程、检验过程、运输过程、自然失效过程及等待间歇过程等组成。

　　2. 工艺过程的概念

　　工艺过程就是指生产对象在质和量的状态以及外观发生变化的那部分过程；而使之完成工艺过程的手段、方法、条件被统称为辅助工艺过程。

　　3. 汽车总装配的概念

　　汽车总装配就是使生产对象在数量、外观发生变化的工艺过程。数量的变化表现为在装配过程中，零部件、总成的数量在不断增加并相互有序地结合起来。外观的变化表现为零部件、总成之间有序结合后具有一定的相互位置关系，外形在不断地变化，最后形成一辆汽车。所以，汽车总装配是汽车全部制造工艺过程的最终环节，是把经检验合格的数以千万计的各类零件，按规定的精度标准和技术要求组合成分总成、总成、整车，并经严格的检测程序，确认其是否合格的整个工艺过程。

2.2 汽车总装配的特点

（1）连接方式多样。

（2）零件种类多、数量大，装配关系复杂，装配位置多样，由此决定了它以手工作业为主。

（3）大批量生产。

2.3 汽车装配线设备的设置和注意事项

汽车产品要求有好的动力性、经济性和耐久性，以实现在各种复杂环境中的运载功能，现代汽车产品更要求安全可靠、造型美观、乘坐舒适并满足环保要求。这些要求，最终是通过装配工艺来保证的。若装配不当，以昂贵的代价制造出的合格零件，不一定能装配出合格的汽车。因此装配是保证产品质量的重要环节。

2.3.1 装配线的设置

1. 设 备

装配线设备的选择是根据产品技术要求和装配工艺方法确定的。正确选择装配线布置的工艺设备和工装，不仅能提高生产效率、降低制造成本，还可使装配线布置工艺合理化。选择装配线设备时，要考虑的问题包括产品生产纲领、产品质量要求、设备的先进性、设备的可靠性、设备的价格。

2. 产 品

产品结构和装配过程设计是装配线布置中首要考虑的问题。对产品结构进行分析、研究，提出改进产品结构的意见，可以大大简化装配线生产过程。

3. 生产方式

生产方式是装配线布置时需要考虑的一个方面，确定生产方式需明确以下几点：生产纲领；工作制度，这里指工作班次和每班工作时间；生产线形式，要考虑采用自动线还是流水线生产，是单机生产还是机群生产；管理方式，指保证生产所规定的管理方法、制度和规定。

4. 装配线物流及运输

物料流动是通过运输来完成的。物料运输在工厂必不可少，我们应选择经济合理的运输方式。可以得出这样一个概念：物料移动的多少取决于其生产因素，装配线布置必须保证物料移动的运输距离最短，并始终不停地向产品装配线的终点流去，建立控制系统，保证物料的流动。

5. 仓储及辅助设施

物料流始终向装配过程终点流去，但无论何时，只要物料中断，就会出现停产待料。因此，需要保留一定数量的储备，以保证装配线上物料流的流动，这在保持生产和平衡工序能力方面是经济合理的。此外，辅助设备为生产提供维修保养和服务，同样起着重要作用。

6. 厂房结构

厂房一旦建立，其可变动性比较小，因此在设计时就应认真考虑，根据生产特点确定厂房结构。在装配工艺上有特殊要求的，需对厂房进行专门设计。一般应采用通用厂房，多层厂房应根据装配线布置工艺特点和占地情况来综合考虑。

7. 装配线布置的灵活可变性

面对越来越激烈的市场竞争，产品结构、产量方面的变化越来越迅速、频繁，这将会影响装配线的布置。随着科学技术的进步，新工艺、新设备的采用，也要求我们对旧的装配线布置加以调整。为此，在做平面设计时要考虑工厂发展、变化的可行性，装配线布置应具备灵活性、适应性和通用性。

2.3.2　装配线设备的注意事项

装配线设备是人和机器的有效组合，充分体现了设备的灵活性，它将输送系统、随行夹具和在线专机、检测装配线设备有机结合，以满足多品种产品的装配要求。装配流水线的传输方式可以是同步传输（强制式），也可以是非同步传输（柔性式），根据配置的选择，实现手工装配或半自动装配。装配线在企业的批量生产中不可或缺。

装配线布置要精心，否则，设计好的产品、昂贵的设备和良好的销售都会断送于拙劣的装配线布置。同时，装配线布置要与现代化管理相结合，要考虑如何进行管理，先进的管理方式有的直接与装配线布置相关。

汽车装配的特点是零件种类多、数量大、作业内容复杂。装配零部件除发动机、传动系、车身、悬架、车轮、转向系、制动系、空调系等之外，还有大量内外饰件、电器、线束、软管、硬管、玻璃、各类油液加注等。汽车总装工作量占全部制造工作量的 20% ~ 25%，其操作内容包括过盈配合、焊接、铆接、镶嵌、配管、配线、螺纹连接、各类油液加注等。

2.4 汽车装配方法

汽车产品结构比较复杂，通常生产批量较大，为保证装配质量，提高劳动生产率，根据产品的结构特点，从装配工艺角度将其分解为可单独组织装配的单元，以便合理地安排人员、设备和工作地点，组织平行、流水作业。故装配可以分为部装（分装）和总装（含内外装饰），其成品分别称为分总成、总成和整车。

2.4.1 装配生产组织形式

对于整车和可以单独组织装配的大型总成（如发动机），其装配生产组织可以分为固定式装配和流水式装配两大类。

将装配对象的基础件安放在固定工位上，工人将零件和总成按次序逐一安装，最后形成成品的装配方式，称为固定式装配。

成品随输送装置在多任务多工位生产线上按装配顺序由一个工位向另一个工位移动，在每个工位按工艺规程完成一定的装配工序，最后完成整个产品的装配形式，称为流水式装配。这种生产组织形式将整车各个零部件上线和装配动作划分为一个个工序，每个工位完成若干个工序内容，每个工人只需熟悉某个或某几个工序即可上线操作，各工位配以必要的设备和工具，可大幅度提高劳动生产率，且保证质量。根据产品及其生产批量不同的需要，产品在生产线的移动可以是自由的，也可以是强制的。

1. 自由流水方式

产品的工序间移动没有严格的时间要求，生产的节拍不在单一产品上体现，使生产具有一定的柔性，这种方式主要用于小型部件或总成装配，适用于多品种成批生产。

2. 强制流水方式

产品的工序间移动以某种形式的机械化输送装置来实现，有严格的节拍要求，工人必须在规定的节拍时间内完成规定的全部装配工序。这种方式适用于大批量生产，在目前汽车装配生产中应用最广。强制流水方式分为间隙式移动和连续式移动两种。

（1）强制间隙式流水装配。

即产品在输送装置上完成周期性移动后，工人在该工位上对每个产品完成同一装配工序，然后产品按节拍要求进行下一个周期的移动。

（2）强制连续式流水装配。

即产品按严格的生产节拍在输送装置上连续缓慢移动，工人在固定的区域范围内，按节拍时间要求完成规定的装配工序。此时产品的移动时间重叠在作业时间内，每道工序的工时安排必须等于或略少于节拍时间，生产线才能正常运行，这种方式是大批量生产的汽车总装车间常用的生产组织形式。浙江吉利汽车有限公司总装厂的装配流水线是强制连续式流水装配。

2.4.2　装配方法

（1）螺纹连接法：螺钉、螺栓连接是机械装配的基本方法，它约占汽车装配作业工作量的 31%，个别部位的螺纹连接采用手动扳手，较普遍的是采用风动扳手或电动扳手以及电动螺丝刀等。

（2）黏结法：需黏结的零部件采用该方法。内饰件一般有衬垫、隔音材料、车门内装饰护板，外饰件一般有挡风玻璃、车灯、标志等。黏结方法：小件预先在车身上涂黏结剂，大件则需要装在零件上直接涂黏结剂。

（3）充注法：装配时充注发动机机油、变速器齿轮油、散热器冷却液、制动液、动力转向液压油、空调制冷剂、挡风玻璃洗涤液、燃油等各种液体的方法。

2.5　装配过程

一个完整的装配过程包括装配前准备、装配及装配后检查调试 3 个阶段。

2.5.1　装配前准备

1. 工艺准备

① 能读懂本岗位工序的汽车装配工艺卡和作业指导书。
② 能读懂本岗位工序的工艺附图。
③ 能读懂汽车零件编号。

2. 技术准备

要求操作者具备一定的装配能力和技巧，例如，一般情况下，M8 以下的螺栓或自攻螺钉能用风动工具直接打进，打进的过程中不能损伤螺栓或螺母的螺纹，而且能控制到一定的力度，不能打不紧或过紧，更不能将螺栓损坏。

3. 工装设备准备

① 能选用本岗位工序所用的工具。
② 在多种产品混流装配时，能根据装配要求选用调整工具、工装。
③ 具有操作所使用设备的能力。

4. 零件准备

对于所装零件（总成），装配前都要认真地进行质量检查，有质量问题的零件总成不能用于装配。

5. 清洁工作

装配之前要保持四洁。
① 场地清洁：无杂物、油污。
② 压缩空气清洁：空气中无水分或过量的油雾。
③ 零件（总成）清洁：表面没有包装物、灰尘或油污。
④ 手套清洁：保证不会因为手套的不洁造成污染零件（总成）的表面。

2.5.2 装　配

按工艺工序装配，当车身或移动工具车进入本工位区域后开始装配，不准越工位装配，更不准影响上一工序人员的装配。

1. 装配前的要求

（1）一般情况下尽可能直接进行装配，如果条件不允许，将零件（总成）移动位置时需轻拿轻放，不能产生磕碰划伤。

（2）如需进入车身内装配，应准备一垫子放在操作者与车身接触之间，防止划伤或污染车身。

（3）如需与车身外表面接触装配，应检查车衣是否粘贴悬挂良好，如没有粘挂好，应将车衣粘挂好后再进行装配。

2. 装配过程中要求

（1）按工艺操作，不能用自认为的思想代替工艺，如果有新的看法，应与工艺人员提前进行交流。

（2）一般情况下，用左手持件，右手拿风动（电动）工具紧固螺丝，对于较大型件需平面紧固的，一般以对面右上角的孔为定位孔，先紧固；以左上角的孔为横向长孔，次紧固；以右下角的孔为竖向长孔，第三紧固；以左下角的孔为大圆孔，最后紧固。按照这样的方法装配即符合以右手为主的操作方法，又符合设计者的思想，方便装配。

（3）装配过程中，不能顾此失彼，既不能造成车体或其他件的磕碰损伤，又不能改变其他零部件的相对位置或者影响其性能。

对有扭矩要求的螺栓（螺母）的装配：在工艺卡中对于一些比较重要的螺栓（螺母）均提出了不同值的扭矩要求。对于这些螺栓（螺母），不能随意紧固，要用风动工具先预紧到趋近于扭矩要求的下限值后，再用扭矩扳手紧固，直至达到规定值后结束紧固。用扭矩紧固时，如发现超过规定扭矩值时，应先将螺栓（螺母）松动，然后再紧固，最后在紧固扭矩合格的螺栓（螺母）上做出标记。

2.5.3 装配后检查调试

无论是部件还是总成件，装配后都应进行检查试验，因为只有通过检查试验才能证明装配是否符合工艺要求。检查范围如下：

① 所装配的零部件均已完成，没有漏装现象。

② 检查所装配零件与零件的接触面是否贴附、弹簧垫圈是否压平、有扭矩要求的螺栓（螺母）的扭矩值是否符合要求等。对于紧固后符合要求的螺栓（螺母）应做出标记。

③ 对于活动件或电动件，应将其进行活动试验或通电检测，看其是否符合使用要求。例如，加注制动液后，应踩制动踏板进行试验，检查其制动踏板是否够一定的高度或气路中是否还存在剩余空气。

装配后不能在车身上有遗留物。装配后应将工具等用具拿出车身，不能在车身上留有任何物品，更不能将车身当作垃圾箱使用，也不能将包装等物品扔在车身上随车拉走。

在汽车装配过程中应建立整体观念。汽车是我们共同的产品，无论哪一部分出现问题都会影响整车的销售，因此在装配过程中不仅自己要装配好，还要在装配过程中观察其他零部件的装配有无问题。如果发现问题，能修正的给予修正，不能修正的应向有关人员反映或在随车文件上做出记录，只有这样才能装出好车。

2.5.4　装配设备

（1）地面输送机（浅托链）。
（2）高架空中悬挂式输送机。
（3）板式输送链。

2.6　工艺档和质量管理

2.6.1　工艺档

装配作业标准（装配的工艺档）一般包括以下内容：

（1）操作要点：说明部件的装配顺序及每一装配工序的装配时间。例如，当采用螺栓装配时，应该说明螺栓拧紧的顺序和拧紧的技术要求。

（2）质量要求：装配完成后应进行自检，操作工人必须知道产品质量的控制数据，如紧固件的拧紧扭矩要求、液体的加注量要求等。

（3）装配工具和设备：指明操作时所用的装配工具、设备的型号及规格、装配车辆的型号以及装配零件的名称、编号和规格。

（4）零件装配关系图：这种图是轴测图，立体感强，非常直观，给操作工人提供了极大方便。

2.6.2　质量管理

操作人员上岗应具备的资格：

（1）是否具备保证装配质量的意识。

（2）是否按照作业标准进行装配作业。

（3）是否了解本工位的特殊工艺规定。

（4）是否熟悉本工位的零部件及其编号。

（5）能否正确使用和维护本工位设备和工具。

（6）能否在所规定的时间内完成操作。

（7）是否了解本工位的安全因素。

（8）能否进行自主检查。

只有达到上述要求的操作者才能上岗作业，这样才能充分保证整车的装配质量。

2.6.3　汽车总装的要求

汽车总装，是以车架为基础将所有总成、零件等各连接件往车架上安装，使之成为一辆完整的汽车。在装配前，应对所有要安装的总成进行试验，给予严格的检查，必须符合使用要求，不能带任何故障装车。发动机总成应喷、刷银粉，对传动系、变速器、分动器、传动轴、驱动桥等，应按原车要求给予喷、刷漆后再装车，并保证清洁。在装配中，应尽量做到装配顺序合理、位置准确、正确无误、锁紧牢固。除此之外，还应注意以下几点：

（1）所有用螺栓、螺母紧固的部位，均应使用弹簧垫圈，并按规定力矩拧紧。

（2）凡要密封的部位，必须用密封胶、密封膏、密封垫等给予密封，防止漏油、漏气、漏水现象发生。

（3）凡有安装标记和事前做上标记的部位，均应按标记、记号给予安装。

（4）装配中，应正确使用工具，不能用硬金属榔头硬敲、硬打，以免损坏机件。

（5）汽车总装中，车架要固定牢固，注意安全，防止意外事故发生。

为了规范总装装配工艺过程及稳定装配质量，特制装配工艺守则，该守则适用于总装车间整车及所有总成的装配。

2.7　汽车装配工艺守则

1. 装配注意事项

（1）前后挡风玻璃、各类标牌、装饰条的安装部位在装配前必须用蘸酒精的抹布擦拭，以保证这些零部件与安装部位贴合牢靠。

（2）各种电器件的电源插头必须插接到位，卡扣牢固可靠。

（3）在装配中重要（或主要）螺栓丝扣均应长出螺母平面1~3扣，一般与螺栓平齐即可。

（4）对于有扭矩要求的紧固件连接，必须用扭矩扳手校验紧固件的拧紧程度（采用开口销的螺纹连接时，为了使螺栓上销孔和螺母开槽对正，允许超出力矩上限，以对准第一个开口），扭矩校验合格后，在螺栓、垫片与螺母或零部件之间，或者螺母、垫片与零部件之间打上连续的绿色漆标；无扭矩要求的紧固件连接，可通过观察螺栓弹簧垫圈断口是否压平，或者螺母与车身贴合程度来判断是否已拧紧。

（5）管接头必须连接牢固（软管与硬管连接时，软管套入深度符合要求，卡箍要卡在规定部位；硬管与硬管连接时，拧紧扭矩要符合工艺要求）。

（6）各类油、液（齿轮油、制动液、防冻液、洗涤液、燃油）加注量要符合工艺要求〔贮液装置有刻度规定的，加注油、液面应在上、下限（刻度）中间偏上（3/4）与上限之间〕。

（7）内饰件装配时要保证表面无损伤，内饰件与车身贴合面及内饰件之间搭接平顺。

2．装配操作要求

（1）按工序进行装配，当车身移动到本工位区域后开始装配，不准跨越工位进行装配，坚决杜绝影响上一工位的正常装配。

（2）需将零部件（总成）移动位置时，必须轻拿轻放，防止磕碰划伤，零部件（总成）不能直接落地。

（3）严格按照工艺要求进行操作，杜绝自行其是。

2.8　调试工艺流程

第一序：调整内容。
（1）接车，漆面检查。
（2）前后风挡打胶（现品）。
（3）装配下边梁支架。
第二序：左外观调整。
（1）调整左侧前后门、行李架及其配合间隙。
（2）调整机盖锁、机盖、前大灯、前杠、中网等配合间隙。
（3）调整左侧门内板配合间隙及玻璃升降情况。
第三序：右外观调整。
（1）调整右侧前后门、行李架及其配合间隙（外观）。
（2）调整门内板配合间隙。
（3）调整玻璃升降情况（包括电动）。
（4）调整后掀门（货箱门）、尾灯、尾翼及后杠内外间隙。
第四序：淋雨及其修整。
第五序：相关检查。
（1）接车，漆面检查。
（2）制动油杯液面。
（3）动力油液面。
（4）机舱线路走向。
（5）水箱及溢水罐液面。

（6）空调管路走向。

第六序：室内检调。

（1）倒车镜。

（2）主、副司机座椅。

（3）左、右安全带。

（4）左、右遮阳板。

（5）仪表指示灯。

（6）点烟器。

（7）前、后雨刷。

（8）收放机。

（9）空调。

（10）前、后烟灰缸。

（11）仪表杂物箱。

（12）后排座椅。

（13）室内卫生。

第七序：路试检调。

（1）电喇叭。

（2）方向盘。

（3）点火开关及方向锁。

（4）变速杆及手刹。

（5）发动机启动性能。

（6）制动离合油门踏板。

（7）转弯半径。

（8）紧急及点制动。

（9）驻坡。

（10）方向稳定性。

（11）转向性能。

（12）行驶各部异响。

（13）水温指示。

（14）电子扇启动情况。

（15）热车后发动机状态。

第八序：路试后检调。

（1）底盘高度。

（2）后桥、变速箱、发动机、方向机、水箱等渗漏情况。

（3）四轮松动情况。

（4）主要运动部件间隙。

（5）变速箱及后桥油面。

（6）非动力转向机润滑油液面。

第九序：底盘力矩检调。

（1）两侧推力杆及座螺栓。

（2）车身、货箱悬置螺栓。

（3）方向机与摇臂螺栓。

（4）随动臂固定螺栓。

（5）后部刹车油管。

（6）发动机悬置。

（7）钢板弹簧前后销螺栓。

（8）U形螺栓。

（9）传动轴螺栓。

（10）感载阀固定。

（11）标识。

（12）空调测漏。

第十序：检测线。

（1）仪表。

（2）排放。

（3）动力检测。

（4）灯光检测。

（5）喇叭声级检测。

（6）侧滑检测。

第十一序：漆面调整Ⅰ。

（1）接车，核对底盘发动机。

（2）漆面检查、擦拭。

（3）贴机舱内外标识。

第十二序：漆面调整Ⅱ。

（1）对缺陷部位进行补漆。

（2）室内清洁。

（3）印合格证。

项目 3 汽车车身零部件冲压技术简介

🚗【学习目标】

（1）掌握冲压的概念及冲压的工序。

（2）了解基本的冲压工艺。

（3）掌握冲压工艺过程的设计及工艺方案的确定。

🚗【项目导读】

随着我国汽车工业的迅速发展，特别是轿车市场的进一步扩大，人们对汽车车身的表面质量要求越来越高。冲压是车身的主要加工方法，汽车冲压模具的设计及冲压工艺直接关系着车身表面的质量。冲压工艺是汽车生产四大工艺之首，也是四大工艺中设备投资最大的一项，好的轿车从冲压开始。走进冲压车间（见图1-3-1），庞大的机器以及冲压过程中发出的轰隆声给所有人带来了强烈的震撼。在A3的32生产线上，主要负责A3的冲压任务。抓取、冲压、松开，冲压过程完成了"拼模型"过程中最基础的环节，有了成形的车门、车顶……才能成就A3这幅最终的"画作"。值得一提的是，冲压车间中几乎看不到工人的身影，机器人承担了大部分的冲压任务，为数不多的工人的职责便是将"拼版"打磨得更为精细。

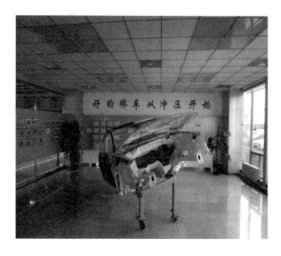

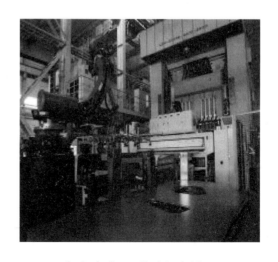

（a）一汽大众的冲压车间　　　　　　（b）奇瑞A3的冲压车间

图 1-3-1　冲压车间

3.1 冲压基础

1. 冷冲压的概念

冲压是在常温下利用冲模在压力机上对材料施加压力，使其产生分离或变形，从而获得一定形状、尺寸和性能的零件加工方法。它是压力加工方法的一种，是机械制造中先进的制造方法之一。

在冷冲压加工中，冷冲模就是冲压加工中所用的工艺装备。没有先进的冷冲模技术，先进的冲压工艺就无法实现。

2. 冷冲压工序的分类

由于冷冲压加工的零件形状、尺寸、精度要求、批量大小、原材料性能等的不同，其冲压方法多种多样。但概括起来冷冲压可分为分离工序和变形工序两大类：分离工序是将冲压件或毛坯沿一定的轮廓相互分离；变形工序是在材料不产生破坏的前提下使毛坯发生塑性变形，成为所需要形状及尺寸的制件。冷冲压可分为 5 个基本工序：

（1）冲裁：使板料实现分离的冲压工序。

（2）弯曲：将金属材料沿弯曲线弯成一定的角度和形状的冲压工序。

（3）拉深：将平面板料变成各种开口空心件，或者把空心件的尺寸做进一步改变的冲压工序。

（4）成形：用各种不同性质的局部变形来改变毛坯形状的冲压工序。

（5）立体压制（体积冲压）：将金属材料体积重新分布的冲压工序。

每一种基本工序又有多种不同的加工方法，以满足各种冲压加工的要求，如表 1-3-1 所示。

表 1-3-1　冷冲压工序的分类表

类别	组别	工序名称	工序简图	特　点
分离工序	冲裁	落料		将板料冲切，切下的部分是工件
		冲孔		将板料冲切，切下的部分是废料
		切断		将板料沿不封闭的轮廓分离

类别	组别	工序名称	工序简图	特 点
分离工序	冲裁	切边		将零件边缘的多余材料冲切下来
变形工序	弯曲	压弯		将材料沿弯曲线弯成各种角度和形状
		卷边		将条料端部弯曲成接近封闭的圆筒形
	拉深	拉深		将板料毛坯冲制成各种开口的空心零件
	成形	翻边		将工件孔的边缘或工件的外缘翻出竖立的边缘
		缩口		使空心件或管状毛坯的径向尺寸缩小
		胀形		使空心或管状毛坯向外扩张，胀出所需的凸起曲面

3. 冲压工艺的特点及其应用

冷冲压工艺与其他加工方法相比有以下特点：

（1）用冷冲压加工方法可以得到形状复杂、用其他加工方法难以加工的工件，如薄壳零件等。

（2）冷冲压件的尺寸精度是由模具保证的，因此，其尺寸稳定，互换性好。

（3）材料利用率高，工件质量轻、刚性好、强度高，冲压过程耗能少，因此，工件的成本较低。

（4）操作简单，劳动强度低，易于实现机械化和自动化，生产率高。

（5）冲压加工中所用的模具结构一般比较复杂，生产周期较长，成本高。

因此，单件、小批量生产采用冲压工艺受到一定限制，冲压工艺多用于成批、大量生产。近年来发展的简易冲模、组合冲模、锌基合金冲模等为单件、小批量生产采用冲压工艺创造了条件。

由于冷冲压有许多突出的优点，因此，在机械制造、电子电器等各行各业中，都得到了广泛的应用。大到汽车的覆盖件，小到钟表及仪器仪表组件，大多是由冷冲压方法制成的。目前，采用冷冲压工艺所获得的冲压制品，在现代汽车、拖拉机、电机电器、仪器仪表及各种电子产品和人们日常生活中，都占有十分重要的地位。据粗略统计，在汽车制造业中有 60%～70% 的零件是采用冲压工艺制成的，冷冲压生产所占的劳动量为整个汽车工业劳动量的 25%～30%。在机电及仪器仪表生产中有 60%～70% 的零件是采用冷冲压工艺完成的。在电子产品中，冲压件的数量占零件总数的 85% 以上。在飞机、导弹、各种枪弹与炮弹的生产中，冲压件所占的比例也相当大。人们日常生活中用到的金属制品，冲压件所占的比例更大，如铝锅、不锈钢餐具、搪瓷盆等，都是冷冲压制品。因此，学习、研究和发展冷冲压技术，对发展我国国民经济和加速工业建设，尽快实现四个现代化具有重要意义。

3.2　冲压工艺过程设计

冲压工艺过程是冲压件各加工工序的总和。加工工序不仅包括冲压所用到的冲压加工基本工序，而且包括基本工序之前的准备工序、基本工序之间的辅助工序和基本工序之后的后续工序。工艺过程设计的任务就是根据生产条件，对这些工序的先后次序做出合理安排（协调组合），其基本要求是技术上可行、经济上合算，同时还要考虑操作方便与安全。冲压工艺过程的优劣，决定了冲压件的质量和成本，所以，冲压工艺过程设计是一项十分重要的工作。

1. 分析冲压件零件图

产品零件图是制订冲压工艺方案和模具设计的重要依据，制订冲压工艺方案要从产品的零件图入手。分析零件图包括技术和经济两个方面：

（1）冲压加工的经济性分析。根据冲压件的生产纲领，分析产品成本，阐明采用冲压生产可以取得的经济效益。

（2）冲压件的工艺性分析。冲压件的工艺性是指该零件冲压加工的难易程度。技术方面，主要分析该零件的形状特点、尺寸大小、精度要求和材料性能等因素是否符合冲压工艺的要求。如果发现冲压工艺性差，则需要对冲压件产品提出修改意见，经产品设计者同意后方可修改。

2. 制订冲压工艺方案

（1）在分析了冲压件的工艺性之后，通常在工序性质、工序数目、工序顺序及组合方式的分析基础上，制订几种不同的冲压工艺方案。

（2）从产品质量、生产效率、设备占用情况、模具制造的难易程度及模具寿命高低、工艺成本、操作方便和安全程度等方面，进行综合分析、比较，确定适合于工厂具体生产条件的最经济合理的工艺方案。

3. 确定冲压工艺并设计各工序的工艺方案

（1）依据所确定的零件成形的总体方案，确定并设计各道冲压工序的工艺方案。

（2）确定冲压工序的工艺方案的内容。

① 确定完成本工序成形的加工方法。

② 确定本工序的主要工艺参数。

③ 根据各冲压工序的成形极限，进行必要的成形工艺计算。

④ 确定各工序的成形力，计算本工序的材料、能源、工时的消耗定额等。

⑤ 计算并确定每个工序件的形状和尺寸，绘出各工序图。

4. 完成工艺计算

根据冲压工艺方案完成工艺计算。

5. 选择模具类型与结构形式

工艺方案确定后，选择模具类型时，需综合考虑生产批量、设备、模具制造等情况，选用简易模、单工序模、复合模或连续模。一般来说，简易模（聚氨酯橡胶模、低熔点合金模、锌基合金模、板模、钢带冲模等）寿命低，成本低，通常适用于试制、小批量生产。对于大批量、精度要求较高的冲压件，应使用复合模或连续模。当冲压件尺寸较大时，为便于制造模具和简化模具结构，应采用单工序模具。当冲压件尺寸小且性质复杂时，为便于操作，常用复合模或连续模。

6. 选择冲压设备

冲压设备主要有：曲柄压力机、螺旋压力机、多任务位压力机、冲压液压机、高速压力机、精密冲裁压力机、冲模回转头压力机。

（1）曲柄压力机：最常用，有开式、闭式压力机，单动和双动压力机。

（2）螺旋压力机：大型零件的冲压，适用于校平、压印等。

（3）多任务位压力机：能够在同一工作台上，按顺序完成多道工序，每个行程产生一个零件。

（4）精密冲裁压力机：能冲出具有光洁、平直断面的工件。

7. 编写工艺卡

根据以上分析编写工艺卡。

3.3　冲压工艺方案的确定

1. 工序性质的确定

通常，在确定工序性质时，可以从以下 6 个方面考虑：

（1）在一般情况下，可以从零件图上直观地确定出工序。

（2）平板件冲压加工时，常采用剪裁、落料、冲孔等工序。

（3）当工件平直度要求高时，需在最后采用校平工序进行精整。

（4）当工件的断面质量和尺寸精度要求高时，需在最后增加修整工序，或用精密冲裁工艺。

（5）弯曲件冲压时，常采用剪裁、落料、弯曲工序；若弯曲件上有孔，还需增加冲孔工序；当弯曲件弯曲半径小于允许值时，常需在弯曲后增加一道整形工序。

（6）拉深件冲压时，常采用剪裁、落料、拉深、切边工序；当拉深件径向尺寸精度较高或圆角半径较小时，需在拉深后增加一道精整或整形工序。

在某些情况下，需进行必要的分析比较后，才能准确地确定出工序性质。有时，为了改善冲压变形条件或方便定位，往往需要增加一些辅助工序。

2. 工序数目的确定

（1）冲压件的形状、尺寸要求。

（2）工序合并情况。

料薄、尺寸小的冲压件，宜通过工序合并，用级进工序进行冲压；形位精度高的冲压件，宜通过工序合并，用复合工序加工相关尺寸，反之宜采用单工序分散冲压。工序合并与否，还需要考虑冲压设备能力、模具制造能力、模具造价及使用的可靠性。

（3）冲压件的尺寸精度及形位公差要求。

弯曲件弯曲角度公差要求较高时，需增加校正弯曲；有凸缘拉深件底部与凸缘有平面度要求时，要增加整形工序。拉深件的口部、翻边件的边缘等都难以直接做到规则而平齐，因而一般情况下，拉深件、翻边件等最后都有一道修边工序。若对周边口部没有较高要求时，修边工序可省略。

（4）操作安全方面的要求。

工人操作是否安全、方便也是在确定工艺方案时要考虑的一个十分重要的问题。例如，对于一些形状复杂、需要进行多道工序冲压的小型件，如果用单工序模分步冲压，需要用手钳放置或取出坯料、工序件或制件，多次进出危险区域，很不安全，还可能出现定位困难。为此，有时即使批量不大，也采用比较安全的级进模进行冲压。

3. 工序顺序的安排

工序顺序是指冲压加工过程中各道工序进行的先后次序。冲压工序的顺序应根据工件的形状、尺寸精度要求、工序的性质以及材料变形的规律进行安排。一般遵循以下原则：

（1）对于带孔或有缺口的冲压件，选用单工序模时，通常先落料再冲孔或缺口。选用连续模时，则落料安排为最后工序。

（2）如果工件上存在位置靠近、大小不一的两个孔，则应先冲大孔后再冲小孔，以免大孔冲裁时的材料变形引起小孔的形变。

（3）对于带孔的弯曲件，在一般情况下，可以先冲孔后弯曲，以简化模具结构。当孔位于弯曲变形区或接近变形区，以及孔与基准面有要求时，则应先弯曲后冲孔。

（4）对于带孔的拉深件，一般先拉深后冲孔。当孔的位置在工件底部且孔的尺寸精度要求不高时，可以先冲孔再拉深。

（5）多角弯曲件应从材料变形影响和弯曲时材料的偏移趋势安排弯曲的顺序，一般应先弯外角后弯内角。

（6）对于复杂的旋转体拉深件，一般先拉深大尺寸的外形，后拉深小尺寸的内形。对于复杂的非旋转体拉深尺寸的零件，应先拉深小尺寸的内形，后拉深大尺寸的外部形状。

（7）整形工序、校平工序、切边工序，应安排在基本成形以后。

4. 工序件/半成品的形状与尺寸

正确确定冲压工序间半成品的形状与尺寸可以提高冲压件的质量和精度，确定时应注意以下几点：

（1）对某些工序的半成品尺寸，应根据该道工序的极限变形参数计算求得。如多次拉深时，各道工序的半成品直径、拉深件底部的翻边前预冲孔直径等，都应根据各自的极限拉深系数或极限翻边系数计算确定。图 1-3-2 所示为工件出气阀罩盖的冲压过程。该冲压件需分六道工序进行，第一道工序为落料、拉深，该道工序的拉深后半成品直径 $\phi22$ mm 是根据极限拉深参数计算出来的结果。

（2）确定半成品尺寸时，应保证已成形的部分在以后各道工序中不再产生任何变动，而待成形部分必须留有恰当的材料余量，以保证以后各道工序中形成工件相应部分的需要。例如，图 1-3-2 中第二道工序为再次拉深，拉深直径为 $\phi16.5$ mm，该成形部分的形状尺寸与工件相应部分相同，所以在以后各道工序中必须保持不变。假如第二道工序中拉深底部为平底，而第三道工序成形凹坑直径为 $\phi5.8$ mm，拉深系数（$m = 5.8/16.5 = 0.35$）过小，周边材料不能对成形部分进行补充，导致第三道工序无法正常成形。因此，只有按面积相等的计算原则储存必需的待成形材料，把半成品工件的底部拉深成球形，才能保证第三道工序凹坑成形的顺利进行。

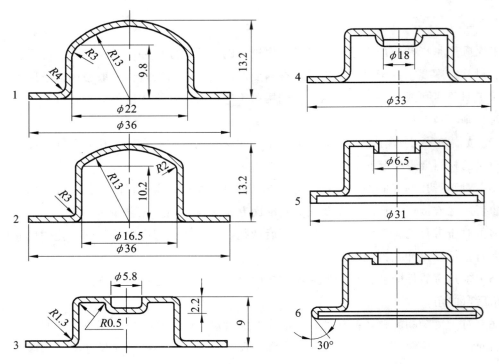

材料：H62；厚度：0.3 mm

图 1-3-2 出气阀罩盖的冲压过程

1—落料、拉深；2—再拉深；3—成形；4—冲孔、切边；
5—内孔、外缘翻边；6—折边

（3）半成品的过渡形状，应具有较强的抗失稳能力。如图 1-3-3 所示为第一道拉深后的半成品形状，其底部不是一般的平底形状，而做成外凸的曲面。在第二道工序反拉深时，当半成品的曲面和凸模曲面逐渐贴合时，半成品底部所形成的曲面形状具有较高的抗失稳能力，从而有利于第二道拉深工序。

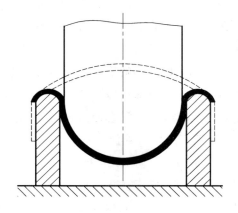

图 1-3-3 曲面零件拉深时的半成品形状

（4）半成品的过渡形状与尺寸应考虑其对工件质量的影响。如多次拉深工序中，凸模的圆角半径或宽凸缘边工件多次拉深时的凸模与凹模圆角半径都不宜过小，否则会在成形后的零件表面残留下经圆角部位弯曲变薄的痕迹，使表面质量下降。

思 考 题

（1）什么是汽车装配及装配工艺过程？

（2）汽车装配应遵循什么工艺守则？

（3）冷冲压分为哪几个基本工序？

（4）什么是冲裁？试述冲裁变形的过程。

（5）什么是弯曲？弯曲变形有哪些类型？

（6）什么是拉伸？试述筒形变形的拉伸过程。

（7）什么是胀形？它与其他冲压成形工序有何不同？

（8）什么是翻边？

第二部分　汽车焊接技术

🚗【导读】

　　在冲压、焊装、涂装、总装四大工艺中，焊装对于汽车的安全性能和用户评价有着重要的影响。奇瑞公司在这方面一边抓设备和工艺的先进性，一边抓员工队伍的培训，不断提高员工的素质，更核心的是循环往复地不断提升并稳定焊装的质量，把对用户的责任和一个主流现代化大型轿车厂的信誉熔焊进产品，使奇瑞各大系列轿车具有了灵魂，载着奇瑞人自强不息、勇于挑战的必胜信念，不断地开拓出一片又一片的新天地。图2-0-1为奇瑞焊装车间。

图2-0-1　奇瑞焊装车间

　　焊接是现代机械制造业中一种必要的工艺方法。在汽车工业中，焊接是汽车零部件与车身制造中的一个关键环节，汽车的发动机、变速器、车桥、车架、车身、车厢六大总成都离不开焊接技术的应用。车身的焊装质量直接决定着后面工序的质量，车身的焊装质量不良，不仅影响整车外观，还会导致漏雨、风噪、路噪和车门关闭障碍的发生，因此焊接在汽车生产中起着承上启下的特殊作用。同时，汽车产品的车型众多，成形结构复杂，零部件生产专业化、标准化以及汽车制造在质量、效率和成本等方面的综合要求，都决定了汽车焊接加工是一个多学科、跨领域和技术集成性强的生产过程。在汽车零部件的制造过程中，采用点焊、凸焊、缝焊、滚凸焊、焊条电弧焊、CO_2气体保护焊、氩弧焊、气焊、钎焊、摩擦焊、电子束焊和激光焊等各种焊接方法。由于点焊、气体保护焊、钎焊具有生产量大、自动化程度高、高速、低耗、焊接变形小、易操作的特点，所以特别适合汽车车身薄板覆盖零部件的焊接，在汽车生产中应用最多。在投资费用中点焊约占15%，其他焊接方法只占25%。

项目 1　焊接基础

🚗【学习目标】

（1）理解焊接的定义。
（2）掌握常用的焊装方法。
（3）了解各种焊接接头的影响因素。

1.1　焊接的定义与分类

焊接就是通过加热或加压，或两者并用，用或不用填充材料，使焊件达到原子间结合的一种加工方法。目前，常用的主要焊接方法分类如图 2-1-1 所示。

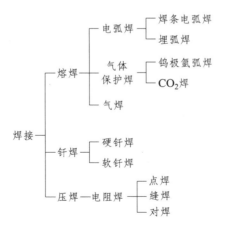

图 2-1-1　常用的主要焊接方法分类

1. 熔　焊

将两个被焊工件局部加热并熔化以形成焊缝的焊接方法称为熔焊。
目前熔焊是应用最广泛的焊接方法，常用的有焊条电弧焊、埋弧焊、CO_2气体保护焊和钨极氩弧焊等。

2. 压 焊

将被焊工件在固态下通过加压（可加热或不加热）以完成焊接的方法称为压焊。压焊包括电阻焊、锻焊、摩擦焊和冷压焊等，其中常用的焊接方法是电阻焊。

3. 钎 焊

钎焊是硬钎焊和软钎焊的总称。钎焊是采用比被焊工件（母材）熔点低的金属材料作钎料，将钎料加热到液态，填满固态母材之间间隙并相互扩散实现连接的一种焊接方法。

常用的钎焊方法主要有烙铁钎焊、火焰钎焊、电阻钎焊和感应钎焊等。

1.2 常见的焊接方法

下面对各种常见的焊接方法进行简要介绍。

1.2.1 焊条（手工）电弧焊

手工电弧焊是一种电弧焊接过程。它是在工件和带有药皮的焊条之间引燃电弧，用电弧的热量熔化焊条和工件，形成焊接接头。药皮产生的气体覆盖焊接区域，防止空气进入形成气孔，并且熔化后在焊缝表面形成焊渣保护层，以防止焊缝金属被氧化。手工电弧焊操作示意图如图 2-1-2 所示。

手工电弧焊应用广泛，可用于所有普通钢结构、压力容器和机械维修等行业的焊接。

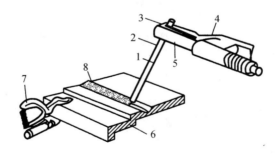

图 2-1-2　手工电弧焊操作示意图
1—焊条；2—药皮；3—焊条夹持端；4—绝缘把手；5—焊钳；
6—焊件；7—地线夹头；8—焊缝

1.2.2 熔化极气体保护焊

熔化极气体保护焊是以填充焊丝作电极的一端，焊件作电极的另一端，保护气体从焊炬的喷嘴中以一定的速度流出,将焊接区域与空气隔开,杜绝空气的有害作用,以便获得性能良好的焊缝的焊接方法。一般用二氧化碳气体(CO_2)或氩气(Ar_2)作为保护气体。其中CO_2气体最为常用,这时的焊接方法称为CO_2气体保护焊。

电弧在焊丝和工件之间引燃,焊丝通过机械装置连续进给,由操作人员手持焊炬进行焊接,保护气体通过气瓶从焊炬的喷嘴中以一定的速度流出。熔化极气体保护焊通常采用半自动化的焊接过程,正确选用焊丝和保护气体十分重要。

熔化极气体保护焊应用广泛,若选氩气作保护气体时几乎可以焊接各种钢和有色金属。熔化极气体保护焊常用于机械类的各行各业中。熔化极气体保护设备如图 2-1-3 所示。

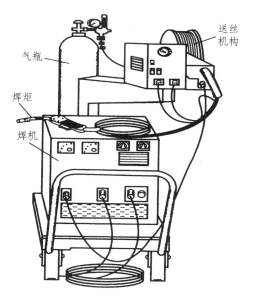

图 2-1-3　熔化极气体保护焊设备

1.2.3　氧-乙炔焊

氧-乙炔焊是使用氧-乙炔气体燃烧产生的热量熔化和焊接金属,如图 2-1-4 所示。氧-乙炔焊接是一项需要练习的手工技能,可以使用焊丝,也可以不用焊丝,常用于薄型和中型厚度零件的焊接,若焊接厚型金属则不太经济。氧-乙炔焊接设备便宜,可随意移至需焊接、镀铜和加热的区域。它的缺点是焊接时产生大量的热量,导致焊件焊后变形较大。

氧-乙炔焊接常用于普通工程、轻型结构件和汽车行业中。其设备如图 2-1-5 所示。

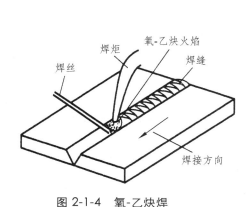

图 2-1-4　氧-乙炔焊

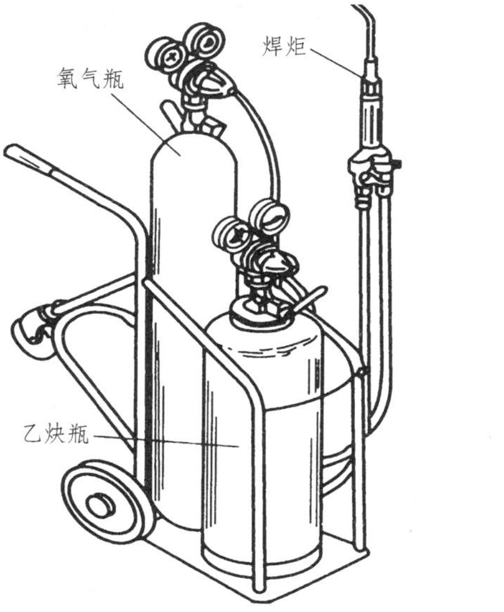

图 2-1-5　氧-乙炔焊设备

1.2.4　钨极惰性气体保护焊

钨极惰性气体保护焊是一个熔化焊接过程，热量是由钨极和工件之间的电弧产生的，而不是火焰产生的。

钨极惰性气体保护焊主要用在轻型结构和普通工程上，可以焊接大多数金属，特别适用于焊接不锈钢、铝和其他有色金属。其设备如图 2-1-6 所示。

钨极的主要作用是传递电流以便产生电弧，而不是熔化形成焊接接头；可以使用手握焊丝额外供给填充金属，如图 2-1-7 所示。

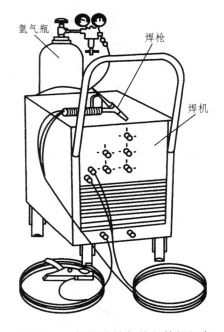

图 2-1-6　钨极惰性气体保护焊设备

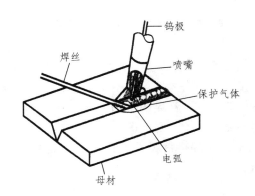

图 2-1-7　钨极惰性气体保护焊

1.2.5　埋弧焊

埋弧焊使用裸露的金属丝，电弧依靠颗粒状焊剂来保护，一部分焊剂熔化后在焊缝表面形成一层焊渣。在焊接过程中，送丝机构将焊丝送到焊剂层下面燃烧，电弧埋在焊剂下，看不见弧光，可产生少量气体，因此称为埋弧焊。

电弧产生的热量熔化基体金属和焊丝，电弧由颗粒状焊剂保护，与大气隔开，焊剂覆盖层还可防止焊滴飞溅、电弧噪声和有害气体。采用适当的焊接速度可以使焊接变形减小到最小。埋弧焊的焊缝形成过程如图 2-1-8 所示。

埋弧焊通常用在大型零件或结构件行业中，如管道、压力容器、锅炉、公路和铁路储罐以及其他要求直缝或环缝连续焊接的结构上。其设备如图 2-1-9 所示。

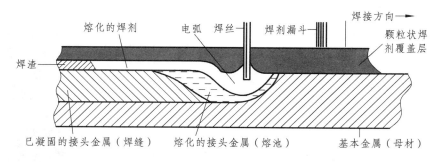

图 2-1-8 埋弧焊焊缝的形成过程

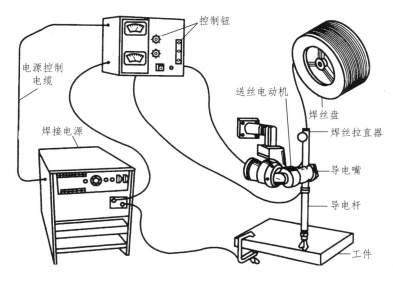

图 2-1-9 埋弧焊设备

1.2.6 电渣焊

电渣焊是利用电流通过液态熔渣产生的电阻热熔化母材与电极（填充金属）形成焊缝的焊接方法。电渣焊焊缝的形成过程如图 2-1-10 所示。电渣焊一般是垂直立焊焊接，生成一个纵向的焊接接头。被焊剂覆盖的空心导管放入两个间隔 25 mm 的钢板中间，焊丝连续地从导管中心输送下来，焊丝和母体金属被熔渣的热量熔化，形成金属熔池沉在渣池下面，并形成焊接接头。熔池和熔渣均封闭在水冷的铜制护壁里面。

电渣焊专用于重型结构行业，如各种大型结构件的焊接，适用于焊接厚度超过 25 mm 的板材。点焊可用于 0.025 ~ 6 mm 厚的板材，但是大部分的点焊是用在厚度小于 3 mm 的板材上。点焊常用于轻型结构件的焊接，如薄板的焊接、汽车车身的焊接等。其设备结构如图 2-1-11 所示。

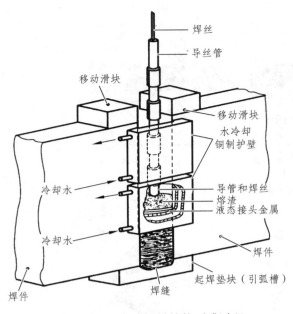

图 2-1-10　电渣焊焊缝的形成过程

图 2-1-11　点焊设备

1.2.7　氧-乙炔气体切割

　　氧-乙炔气体切割主要用于切割钢材。氧-乙炔气体切割（简称气割）是利用气体火焰的热能将工件切割处预热到一定温度后，喷出高速高压的切割氧流，使其燃烧并放出热量实现切割的方法。气体切割示意图如图 2-1-12 所示。其中预热火焰的作用是加热金属表面几毫米厚的深度，目的是使金属表面温度达到燃点（即 1350 ℃）。其余的金属厚度由金属和氧气燃烧后释放的热量加热。氧气切割要正常进行必须满足两个条件：一是金属的燃点必须低于熔点；二是形成的金属氧化物熔化温度低于母体金属的熔化温度。

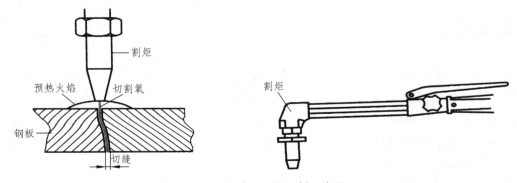

图 2-1-12　氧-乙炔切割示意图

1.2.8　等离子切割

　　等离子切割是将电弧压缩后获得比自由电弧温度更高、能量更集中的等离子弧作为热源切割金属的方法。等离子切割比氧-乙炔切割应用更广泛，可以切割有色金属和黑色金属。等离子电弧可在钨极和喷嘴之间、钨极和工件表面之间形成。

等离子切割可用于所有可以被等离子电弧熔化的金属，如不锈钢、铝合金、铸铁、合金钢和低碳钢等。等离子切割可切割出各种形状，如直线、锥形和其他各种轮廓等，可用于轻、重工业。整套设备可以手工操作、全机械化操作或由计算机控制。等离子切割设备如图2-1-13所示。

在目前汽车零部件及车身的制造中，最常用的焊接方法有电阻点焊、CO_2 气体保护焊和激光焊，另外也有的采用氩弧焊、电子束焊等。

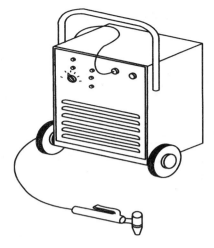

图 2-1-13　等离子切割设备

1.3　焊接接头

1.3.1　焊接接头的组成

用焊接方法连接的接头称为焊接接头。焊接接头包括焊缝区、熔合区和热影响区三部分。

1. 焊缝区

焊缝区是接头金属及填充金属熔化后，又以较快的速度冷却凝固后形成焊缝的区域。焊缝组织是从液体金属结晶的铸态组织，晶粒粗大，成分偏析，组织不致密。但是，由于焊接熔池小，冷却快，化学成分控制严格，碳、硫、磷都较低，同时通过渗合金调整焊缝化学成分，使其含有一定的合金元素，因此，焊缝金属的性能问题不大，可以满足性能要求，特别是强度容易达到。

2. 熔合区

熔合区是熔化区和非熔化区之间的过渡部分。熔合区化学成分不均匀，组织粗大，往往是粗大的过热组织或粗大的淬硬组织。其性能常常是焊接接头中最差的。熔合区和热影响区中的过热区（或淬火区）是焊接接头中机械性能最差的薄弱部位，会严重影响焊接接头的质量。

3. 热影响区

热影响区是被焊缝区的高温加热造成组织和性能改变的区域。低碳钢的热影响区可分为过热区、正火区和部分相变区。

（1）过热区。

过热区是最高加热温度1100 °C以上的区域，晶粒粗大，甚至产生过热组织。过热区的塑性和韧性明显下降，是热影响区中机械性能最差的部位。

（2）正火区。

正火区是最高加热温度从 Ac_3 至 1100 ℃ 的区域，焊后空冷得到晶粒较细小的正火组织。正火区的机械性能较好。

（3）部分相变区。

部分相变区是最高加热温度从 Ac_1 至 Ac_3 的区域，只有部分组织发生相变。该区晶粒不均匀，性能也较差。在安装焊接中，熔焊焊接方法应用较多。焊接接头是高温热源对基体金属进行局部加热，同时与熔融的填充金属熔化凝固而形成的不均匀体。根据各部分的组织与性能的不同，焊接接头可分为三部分，如图 2-1-14 所示。

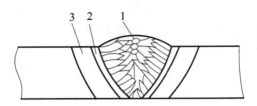

图 2-1-14　焊接接头图示

1—焊缝金属；2—熔合区；3—热影响区

在焊接时发生熔化凝固的区域称为焊缝，它由熔化的母材和填充金属组成。而焊接时基体金属受热的影响（但未熔化）而发生金相组织和力学性能变化的区域称为热影响区。熔合区是焊接接头中焊缝金属与热影响区的交界处，熔合区一般很窄，宽度为 0.1 ~ 0.4 mm。

1.3.2　影响焊接接头性能的因素

焊接接头的机械性能取决于它的化学成分和组织。因此，影响焊缝化学成分和焊接接头组织的因素，都影响焊接接头的性能。

1. 焊接材料

焊接材料是手工电弧焊的焊条、埋弧自动焊和气体保护焊等用的焊丝，熔化后成为焊缝金属的组成部分，直接影响焊缝金属的化学成分。焊剂也会影响焊缝的化学成分。

2. 焊接方法

不同焊接方法的热源，其温度高低和热量集中程度不同。因此，热影响区的大小和焊接接头组织粗细都不相同，接头的性能也就不同。此外，不同的焊接方法，机械保护效果也不同。因此，焊缝金属纯净程度，即有害杂质含量不同，焊缝的性能也会不同。

3. 焊接工艺

焊接时，为保证焊接质量而选定的物理量（如焊接电流、电弧电压、焊接速度、线能量等）的总称，叫作焊接工艺参数。

1.3.3 焊接接头形式

焊接接头形式主要有对接接头、T形接头、角接接头、搭接接头四种，如图 2-1-15 所示。有时焊接结构中还有一些其他类型的接头形式，如十字接头、端接接头、卷边接头、套管接头、斜对接接头、锁底对接接头等。

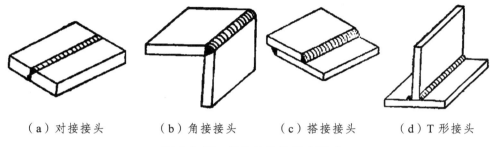

（a）对接接头　　　（b）角接接头　　　（c）搭接接头　　　（d）T形接头

图 2-1-15　焊接接头的基本形式

1. 对接接头

两焊件相对平行的接头称为对接接头，这种接头从力学角度看是较理想的接头形式，受力状况较好，应力集中较小，能承受较大的静载荷或动载荷，是焊接结构中采用最多的一种接头形式。

根据焊件厚度、焊接方法和坡口准备的不同，对接接头可分为不开坡口对接接头和开坡口对接接头两种。常见的接头形式如图 2-1-16 所示。

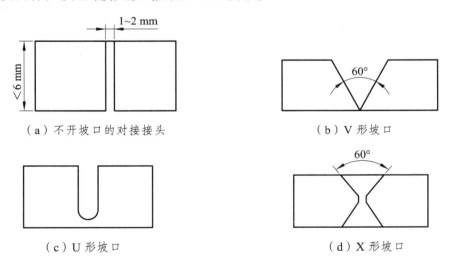

（a）不开坡口的对接接头　　　　　　　　（b）V形坡口

（c）U形坡口　　　　　　　　（d）X形坡口

图 2-1-16　常见对接接头坡口形式

2. 角接接头

两焊件端面间构成大于 30°、小于 135° 夹角的接头称为角接接头，角接接头多用于箱形构件，其焊缝的承载能力不高，所以一般用于不重要的焊接结构中。

3. 搭接接头

两焊件重叠放置或两焊件表面之间的夹角不大于 30° 构成的端部接头称为搭接接头。搭接接头的应力分布不均匀，接头的承载能力低，在结构设计中应尽量避免采用搭接接头。

4. T 形接头

一焊件的端面与另一焊件表面构成直角或近似直角的接头称为 T 形接头。这种接头在焊接结构中是较常用的，整个接头承受载荷，特别是承受动载荷的能力较强。在钢结构件中 T 形接头应用较多，作为一种连接焊缝，它能承受各个方向上的力和力矩。在选用时尽量避免单面角焊缝，因其根部有较深的缺口，承载能力很低。对于要求较高的焊件可采用 K 形坡口，根据受力状况决定根部是否焊透，这样比不开坡口而用大焊脚的焊缝经济，而且接头疲劳强度高。

项目 2　常用焊接方法的原理及操作

🚗【学习目标】

（1）掌握各种焊接方法的原理及操作。

（2）了解焊接新技术。

（3）掌握各种焊接方法在汽车上的应用。

2.1　手工电弧焊

2.1.1　手工电弧焊原理

　　手工电弧焊是由电焊机提供电能，使焊条和工件之间产生电弧实施焊接的方法。其电流必须足够大才能熔化工件和焊条。根据不同的焊接情况，需调节所需的焊接电流。手工电弧焊焊缝的形成情况如图 2-2-1 所示。

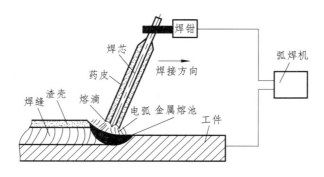

图 2-2-1　手工电弧焊焊缝形成示意图

　　当电弧燃烧时，接触点的温度可升高到 6000 ℃ 左右。这个热量集中在电焊条端部和焊接点上，可将焊条端部熔化形成熔滴，且在工件上形成一个小熔池，熔滴滴入熔池形成焊缝金属，焊条药皮熔化后可生成气体保护电弧，并在熔池上方形成熔渣覆盖层，起到保护熔池的作用。电焊条的熔化速度取决于电流的大小。

　　手工电弧焊可用于结构钢工件、桥梁、压力容器、罐类容器、普通钢结构和建筑设备，如推土机、挖掘机等。

2.1.2 手工电弧焊设备的位置摆放及使用注意事项

手工电弧焊设备的位置摆放要求如下：

（1）安装焊机时，焊机应尽量靠近电源，以保证电缆尽量短。因为电缆电压较高，有一定的危险性。

（2）使用完全绝缘的焊接电缆。

（3）检查电缆是否损坏。

（4）确保焊钳与工作台绝缘，将焊钳挂在绝缘的挂钩上。

（5）不使用时，应断开电源开关。

2.1.3 焊 条

1. 焊条的组成

焊条由焊芯和药皮两部分组成，如图 2-2-2 所示。

焊条直径是指焊芯直径，焊条直径有 $\phi1.6$、$\phi2.0$、$\phi2.5$、$\phi3.2$、$\phi4.0$、$\phi5.0$、$\phi6.0$ mm 等，其中常用的是 $\phi2.5$、$\phi3.2$、$\phi4.0$ mm。焊条长度一般为 250 ~ 450 mm。

图 2-2-2　焊条的组成

2. 焊条的酸碱性

焊条的酸碱性是按药皮熔渣的特性划分的。焊条常分为酸性焊条和碱性焊条。

（1）酸性焊条。

如果药皮的成分以酸性氧化物为主（如氧化钛），则称为酸性焊条。一般金属材料的焊接主要选用酸性焊条。

（2）碱性焊条。

如果药皮的成分以碱性氧化物为主（如氧化钙），则称为碱性焊条。它只能采用直流电源焊接，一般用于对焊接质量要求较高的金属材料。

生产中如果采用酸性焊条（如 E4303），一般选用交流焊机。如果采用碱性焊条（如 E5012），则应选用直流焊机反接，一般选用的直流焊机是弧焊整流器。

3. 焊条型号的编制方法

国家标准 GB/T 5117—2012 规定：焊条型号的编制用 E××AB 表示（以碳钢焊条为例）。

其中：E——焊条；

××——熔敷金属抗拉强度的最小值；

A——焊条的焊接位置，0 和 1 都表示适用于全位置焊接；

B——药皮类型和焊接电流种类。

如型号为 E4303 的焊条，"E"表示焊条；"43"表示熔敷金属抗拉强度的最小值为 430 MPa；"0"表示适用于全位置焊接；"3"表示药皮为酸性钛钙型，可用交、直流电源进行焊接。又如型号为 E5015 的焊条，"E"表示焊条；"50"表示熔敷金属抗拉强度的最小值为 500 MPa；

"1"表示适用于全位置焊接；"5"表示药皮为碱性低氢型，可直流反接进行焊接。

4. 焊条的选择

焊条的选择包括焊条型号、直径的选择及相应电流、电压等参数的确定。

（1）焊条型号的选择。

焊条型号可按焊条抗拉强度与母材等强度原则选择，也可根据被焊金属材料类别选择相应的焊条种类，如焊接碳钢时应选用碳钢焊条。

（2）焊条直径的选择。

焊条直径可按焊件厚度来选择，厚度较大的焊件应选直径较大的焊条；反之，应选直径较小的焊条。一般情况下可参考表2-2-1进行选择。

表2-2-1　焊条直径的选择

焊件厚度/mm	≤2	3	4～5	6～12	≥13
焊条直径/mm	2	3.2	3.2～4	4～5	4～6

（3）焊条与焊接电流的关系。

焊接时，焊接电流是直接影响焊接生产率和焊接质量的重要因素。增大焊接电流可提高劳动生产率，但焊接电流过大，会造成烧穿、咬边等缺陷，同时金属飞溅也较大；焊接电流太小，不仅影响生产率，还会造成夹渣、未焊透等缺陷。焊接电流主要根据焊条直径来确定，可参见表2-2-2。

表2-2-2　焊接电流与电焊条间的关系（钛铁矿型焊条）

焊条直径/mm	1.6	2.0	2.5	3.2	4.0	5.0	6.0
焊接电流/A	25～40	40～65	50～80	100～130	160～210	200～270	260～300

（4）焊条与焊接电压的关系。

焊接电压主要由电弧长度来决定，电弧长，则电弧电压高；反之，则电弧电压低。在焊接生产中，应尽可能采用短弧焊接，电弧长度一般小于焊条直径，以保证电弧稳定、电弧热能集中，并防止气体侵入。

采用直流焊机时，由于正极和负极上的热量不同，因此有正接和反接两种接线方式。如图2-2-3所示为直流反接法。

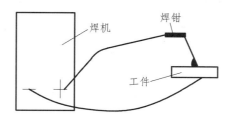

图2-2-3　直流反接法

① 正接法：焊接工件接正极，焊条接负极。使用酸性焊条（如E4303）焊厚板时，一般采用直流正接，以保证足够的熔深。

② 反接法：焊接工件接负极，焊条接正极。焊薄板时，一般采用直流反接，以防止烧穿。使用碱性焊条时，均采用直流反接。

5. 手工电弧焊安全注意事项

由于手工电弧焊使用了电能，必须采取一定的预防措施，防止触电和烧伤。电焊时可能产生的危险有热金属、热焊渣、火花、焊剂燃烧产生的气体及电弧光等造成的烧伤或烫伤等。

可以通过以下措施避免触电：穿上干燥绝缘的靴子；戴干燥的皮手套；绝不能用裸手或戴湿手套更换电焊条；绝不能在水中冷却焊钳；尽可能在干燥绝缘的地板上工作；绝不能将焊条或焊钳夹在腋下。

如果出现意外事故，应首先关掉电源。如果不能做到，请立即使用绝缘材料，帮助受害者离开电源。

由于药皮在焊接过程中会产生有毒气体，因此，在封闭空间中工作，必须要有足够的通风条件。保持头部远离电弧产生的气体。有些金属在焊接时产生的气体有害，请不要吸入这些气体。如焊接不锈钢、镍、镍合金或镀锌钢板时，需要采取进一步的预防措施，如戴口罩。当自然或强制通风不足时，请戴上呼吸器。

焊接电弧会释放出紫外线和红外线，这些射线可能伤害皮肤和眼睛，要特别小心，按如图 2-2-4 所示穿戴保护服装。穿保护服装的目的是保护眼睛和皮肤，避免有害的电弧射线。在焊接时，绝不能观看电弧，请戴上有保护镜的防护面罩。使用保护屏隔开焊接工作区域，以保护周围工作的同事不受电弧光伤害。起弧时，请警告周围的人。

图 2-2-4　焊接时穿戴保护服装

穿戴保护服装还可以避免被飞溅的火花、焊渣和热工件烧伤或烫伤，工作时不能穿短袖衣服、短裤和凉鞋等。焊接时戴上皮手套。经常检查皮手套是否有孔洞。搬动非常热的工件时，应使用钳子，而不能依赖皮手套。仰焊时，应穿戴保护头盔和厚皮夹克。

2.1.4 手工电弧焊的基本操作

1. 焊前准备

养成良好的焊前准备与检查习惯，是正确进行手弧焊的基本要求，具体要求应做到以下几点：

（1）穿戴好必备的个人防护用品，包括工作服、工作帽、护脚和手套，牢记焊工操作的安全规则和安全规范，并在作业时贯穿始终。

（2）检查电焊机和工具是否完好，如焊钳绝缘有无损伤，焊机外壳的接地是否良好。

（3）调节焊接电流，如 $\phi 3.2\ mm$ 焊条的焊接电流调为 $100 \sim 130\ A$。

（4）检查焊条前端焊芯是否裸露，若引弧时不裸露，可轻微敲击，也可戴焊工手套捏除，力度不能过猛，以防止药皮脱落造成保护不良。

（5）右手拿焊钳，焊条与钳口呈 $90° \sim 100°$，如图 2-2-5 所示。

（6）检查引弧处应无油污、锈迹。

（7）手持面罩，看准引弧处，面罩挡住面部，将焊条对准引弧处再进行引弧。

图 2-2-5　焊条与钳口的夹角

2. 焊接姿势

焊接时可采用坐、跪、蹲、立、靠、仰、卧等姿势，其中蹲式焊接较为常见，如图 2-2-6 所示。

图 2-2-6　焊接姿势

3. 焊接的基本操作

手工电弧焊的基本操作包括引弧、运条、收弧和焊件清理 4 个基本过程。

（1）引弧。

引燃焊接电弧的过程称为引弧。手工电弧焊常用的引弧方法有直击法和划擦法。

① 直击法。

用面罩挡住面部，焊条前端对准引弧处，将手腕下弯，焊条轻微碰一下焊件，迅速将焊条提起 2 ~ 4 mm，即在提起的空间中产生电弧。引弧后，手腕放平，使弧长保持在与所用焊条直径相同的范围内，如图 2-2-7 所示。这种方法不会使焊件表面划伤，在实际生产中常用。

② 划擦法。

将焊条前端对准焊件，然后将手腕扭转一下，使焊条在焊件表面轻微划擦一下（好似划火柴一样），迅速将焊条提起 2 ~ 4 mm，即可引燃电弧。引弧后，手腕放平，使弧长保持在与所用焊条直径相同的范围内，如图 2-2-8 所示。

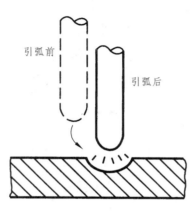

图 2-2-7　直击法

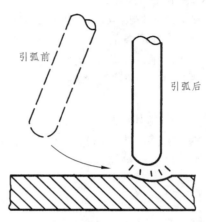

图 2-2-8　划擦法引弧

③ 引弧不当的处理方法。

a. 焊条粘在焊件上。

焊条粘在焊件上是由于焊条与焊件接触后，焊条提起时间不当所致，处理方法为将焊条左右摆动几下即可脱离，如图 2-2-9（a）所示。若摇摆几下还不能脱离焊件，就应立即将焊钳从焊条上取下，待焊条冷却后，用手将焊条扳下，如图 2-2-9（b）所示。

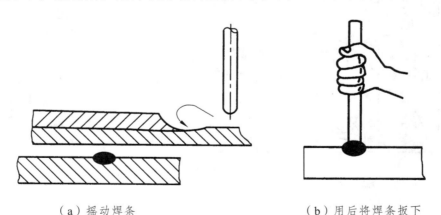

（a）摇动焊条　　　　　　　　（b）用后将焊条扳下

图 2-2-9　焊条粘在焊件上的处理

b. 熄弧。

焊条提起后电弧熄灭的现象称为熄弧。产生熄弧的原因是焊条提起距离过高。产生熄弧后，必须重新引弧。

c. 不产生电弧。

若焊条端部药皮妨碍导电，将不产生电弧。处理方法是将焊条药皮上妨碍的部分消除后再引弧。

（2）运条。

运条是整个焊接过程中最重要的环节，直接影响焊缝的外表成形，是衡量焊工操作技术的重要标志之一。

① 焊条的基本运动。

运条包括 3 个基本方向的运动：焊条朝熔池方向的送进、焊条的横向摆动和焊条沿焊缝方向的移动，如图 2-2-10 所示。

a. 焊条的送进速度应等于焊条熔化的速度，以维持正常的弧长，如果送进速度太慢，就会熄弧，太快也会导致电弧熄灭。

b. 焊条的横向摆动可获得所需的焊缝宽度。

c. 焊条沿焊缝方向移动，随着焊条的不断熔化，逐渐形成一条焊缝，焊条沿焊缝方向移动的速度要适当，过快易形成焊不透，过慢易形成焊缝过高，甚至烧穿。

② 焊条的角度。

焊条与焊缝两侧焊件平面的夹角应相等，如对焊两边均应等于 90°。在焊缝方向上，焊条应向焊条运动方向倾斜 10°～25°，以便气流把熔渣吹向后面，避免焊缝产生夹渣，如图 2-2-11 所示。

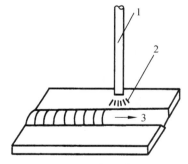

图 2-2-10　焊条基本运动

1—焊条的送进；2—焊条的横向运动；
3—焊条沿焊缝方向的移动

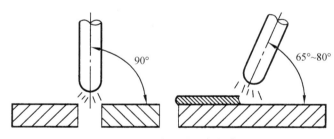

图 2-2-11　对焊时焊条的角度

③ 焊缝接头处的操作方法。

如果一根焊条不能焊完整条焊道，为了保证焊道的连续性，要求每根焊条所焊的焊道相连接，此连接处称为焊缝的接头。接头处的操作方法很多，其中最常用的是头尾相连法。

头尾相连法：在先焊焊道弧坑前引弧，电弧的长度比正常焊接略长些，然后将电弧移到原弧坑 2/3 处，填满弧坑后即向前正常施焊，这是使用最多的方法，如图 2-2-12 所示。

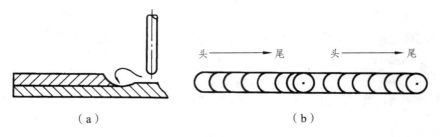

（a）   （b）

图 2-2-12　焊缝接头处头尾相连法

（3）收尾。

焊道的收尾是指一根焊条焊完后如何熄弧。如果立即拉断电弧，会在收尾处形成凹坑，甚至会产生裂纹。常用的收尾法有 3 种：

① 反复断弧（又叫灭弧法）收尾法：在弧坑上做数次反复熄弧—引弧动作，直到弧坑填满为止，如图 2-2-13 所示。薄板的焊接常采用此法。

② 划圈收尾法：焊条移至焊缝终止处时做圆周运动，直至弧坑填满为止，如图 2-2-14 所示。此法适用于厚板，薄板用此法有烧穿的危险。

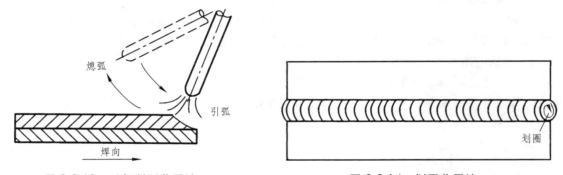

图 2-2-13　反复断弧收尾法　　　　　　　图 2-2-14　划圈收尾法

③ 回焊收尾法：当焊至终点时，焊条停止但不熄弧，而是适当改变回焊角度，回焊一小段距离（约 10 mm），等填满弧坑以后，缓慢拉断电弧。此方法适用于碱性焊条，如图 2-2-15 所示。

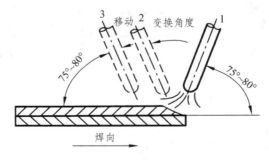

图 2-2-15　回焊收尾法

（4）焊缝清理。

焊条收尾后，需对焊缝进行清理。清理过程如下：

① 取下焊钳和面罩。

② 选戴一副平光眼镜，清理焊渣时用于保护眼睛。

③取出清渣锤，右手握锤柄，锤子的尖端朝下，锤击焊缝表面的焊渣，如图2-2-16所示。

④ 用钢丝刷来回拖动，清除焊缝表面的杂质，如图2-2-17所示。

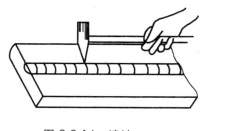

图 2-2-16　清渣

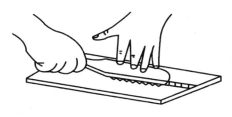

图 2-2-17　清除焊缝表面的杂质

2.2　钨基氩弧焊

2.2.1　钨极氩弧焊原理及应用

钨极气体保护焊的设备如图2-2-18所示。焊枪的前面有一个喷嘴，其中夹持着钨极，电流经导电嘴输入并在钨极和焊件之间产生电弧。氩气由入口处进入喷嘴后喷向焊接区形成气体保护层。钨极气体保护焊时，电极可以是纯钨，也可以是钨合金，一般用纯钨极效果比用钨合金极要差。钨极气体保护焊的保护气体可以是氩气、氦气或氩气与氦气的混合气体。因为氩气比氦气便宜、容易引弧，而且在一定的焊速下，能得到比较窄的焊缝，所以氩气使用更为普遍。

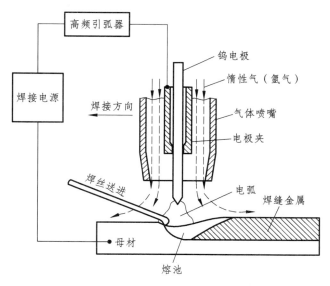

图 2-2-18　钨极氩弧焊示意图

氩气是惰性气体，保护效果极好，可以获得优质焊缝。但氩气没有脱氧作用，所以钨极气体保护焊中，对氩气的纯度要求很高，否则会严重影响焊接质量。一般氩气的纯度应不低于99.7%，氧和其他气体及水分的含量应极小。

由于氩气的保护，隔离了空气对熔化金属的有害作用，所以，钨极氩弧焊广泛用于焊接容易氧化的有色金属铝及其合金、镁及其合金、不锈钢、高温合金、钛及其合金，还有难熔的活性金属（如钼、铌、锆等），而一般碳钢、低合金钢等普通材料，除了对焊接质量要求很高的场合外，一般不采用钨极氩弧焊。

2.2.2 钨极氩弧焊的特点

根据所选电源的不同，钨极氩弧焊可分为直流钨极氩弧焊和交流钨极氩弧焊。两种氩弧焊方法的工作特性也有所不同。

1. 直流钨极氩弧焊

直流钨极氩弧焊时，电弧燃烧稳定。当电极正接时，钨极是阴极，发射电子的能力强，电弧稳定，而且焊件作阳极，产生的热量大、熔深大、生产率高，而钨极上产生的热量少，不易过热，允许通过的焊接电流大。反之，当反接时，钨极是阳极，电子轰击钨极，放出大量热量，容易使钨极过热而熔化；且焊件为阴极，阴极斑点活动范围大，易散热，电子发射困难，电弧稳定性差。同时，由于反接时熔池浅而宽，生产率低，因此一般不推荐使用。

焊件是阴极，氩气的正离子流以高速冲向熔池表面，氩的正离子质量很大，在电弧热与力的共同作用下，使焊件表面上的氧化膜破碎、分解而被清除掉，这种现象称为"阴极破碎"或"阴极清理"作用。

2. 交流钨极氩弧焊

交流钨极氩弧焊电压和电流波形如图2-2-19所示。正半波时，钨极为负极，相当于直流正接，此时，正半周→正接→钨极作阴极→钨极得到冷却，同时发射足够的电子，使电弧稳定；负半波时，焊件为负极，相当于直流反接，此时，负半周→反接→工件作阴极→阴极破碎作用，可以清除熔池表面的氧化膜。所以钨极氩弧焊焊铝、镁及其合金时，一般都是采用交流电源。

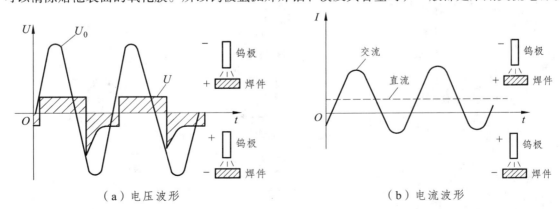

（a）电压波形　　　　　　　　　　　（b）电流波形

图2-2-19　交流钨极氩弧焊时电弧电压和电流波形及直流分量示意图

U_0—电源空载电压；I—电流；U—电弧电压

采用交流电源时会出现的问题：① 会产生直流分量；② 必须采取稳弧措施。由于交流焊机中存在电流不断换向的问题，每当电流改变方向时，都有一极短时间内没有电流流过，导致电弧不稳，甚至熄弧，所以交流电弧没有直流电弧稳定。

2.2.3 焊 枪

钨极氩弧焊焊枪如图 2-2-20 所示，其作用是夹持电极、传导焊接电流和输送保护气体。手工焊焊枪手把上装有启动和停止按钮。为防止焊枪过热，焊接时要采取一定的冷却措施。焊枪可以用气冷，也可以用水冷。气冷焊枪适合于进行小电流的焊接，而水冷焊枪建议在焊接电流超过 200 A 时使用。为控制保护气体的方向和分布，焊枪端部都装有喷嘴，安装时一定要保证钨极和喷嘴间的同心度，否则会降低气体的保护效果。

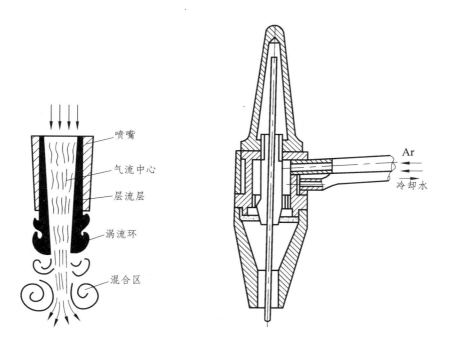

图 2-2-20　钨极氩弧焊焊枪

2.2.4 钨极氩弧焊的基本操作

1. 选择接头及坡口形式

钨极氩弧焊的接头形式有对接、搭接、角接、T 形接和端接五种形式，其中端接接头仅在薄板焊接时采用。坡口的形状和尺寸取决于工件的材料、厚度和工作要求。具体对接头及坡口形式的选择，可查阅相应的专用手册。

2. 工件和填充焊丝的焊前清理

氩弧焊时，对材料的表面质量要求很高，焊前必须经过严格清理，清除填充焊丝及工件坡口和坡口两侧表面至少 20 mm 范围内的油污、水分、灰尘、氧化膜等。否则在焊接过程中将影响电弧的稳定性，恶化焊缝成形，并可能导致气孔、夹杂、未熔合等缺陷。常用的清理方法如下：

（1）去除油污、灰尘。

可以用有机溶剂（如汽油、丙酮、三氯乙烯、四氯化碳等）擦洗，也可配制专用化学溶液清洗。

（2）除氧化膜。

常用的去除氧化膜的方法有机械清理和化学清理两种。

① 机械清理：此法只适用于工件，对于焊丝不适用。通常是用不锈钢丝或铜丝轮（刷），将坡口及其两侧氧化膜清除，对于不锈钢及其他钢材也可用砂布打磨，铝及铝合金材质较软，用刮刀清理也较有效。

② 化学清理：依靠化学反应的方法去除焊丝或工件表面的氧化膜，清洗溶液和方法因材料而异。

3. 焊接及工艺参数的选择

钨极氩弧焊的工艺参数主要有焊接电流种类及极性、焊接电流、钨极直径及端部形状、保护气体流量等。对于自动焊还包括焊接速度和送丝速度。

（1）焊接电流种类及大小。

一般根据工件材料选择电流种类，焊接电流大小是决定焊缝熔深的最主要参数，它主要根据工件材料、厚度、接头形式、焊接位置、焊工技术水平等因素选择。

（2）钨极直径及端部形状。

钨极直径根据焊接电流大小、电流种类选择。小电流焊接时，选用小直径钨极和小的锥角，可使电弧容易引燃和稳定；在大电流焊接时，增大锥角可避免尖端过热熔化，减少损耗，并防止电弧往上扩展而影响阴极焊点的稳定性。钨极端部的形状根据所用焊接电流种类，选用不同的端部形状。尖端角度口的大小会影响钨极的许用电流、引弧及稳弧性能。减小锥角，焊缝熔深减小，熔宽增大；反之则熔深增大，熔宽减小。

（3）气体流量和喷嘴直径。

在一定条件下，气体流量和喷嘴直径有一个最佳范围，此时，气体保护效果最佳，有效保护区最大。如气体流量过低，气流挺度差，排除周围空气的能力弱，保护效果不佳；如气体流量太大，容易变成紊流，使空气卷入，也会降低保护效果。同样，在流量一定时，喷嘴直径过小，保护范围小，且因气流速度过高而形成紊流；喷嘴过大，不仅妨碍焊工观察，而且气流流速过低，挺度小，保护效果也不好。所以气体流量和喷嘴直径要有一定配合。一般手工氩弧焊喷嘴内径范围为 5～20 mm，流量范围为 5～25 L/min。

（4）引弧方法及焊接速度。

焊接开始时，可采用下列方法引燃电弧：

① 短路引弧：依靠钨极和引弧板或碳块接触引弧。其缺点是引弧时钨极损耗较大，端

部形状容易被破坏，应尽量少用。

②高频引弧：利用高频振荡器产生的高频高压击穿钨极与工件之间的间隙（3 mm 左右）而引燃电弧。

③高压脉冲引弧：在钨极与工件之间加一高压脉冲，使两极间气体介质电离而引弧。

焊接速度的选择主要根据工件厚度决定，并和焊接电流、预热温度等配合，以保证获得所需的熔深和熔宽。在高速自动焊时，还要考虑焊接速度对气体保护效果的影响。如图 2-2-21 所示，焊接速度过大，保护气流严重偏后，可能使钨极端部、弧柱、熔池暴露在空气中。因此必须采取相应措施，如加大保护气体流量或将焊炬前倾一定角度，以保持良好的保护作用。

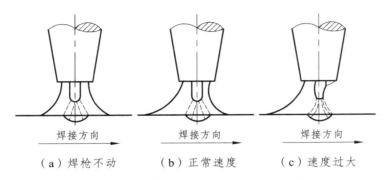

（a）焊枪不动　　　（b）正常速度　　　（c）速度过大

图 2-2-21　焊接速度对氩气保护效果的影响

（5）喷嘴与工件的距离。

距离越大，气体保护效果越差，但距离太近会影响焊工视线，且容易使钨极与熔池接触，产生夹钨。一般喷嘴端部与工件的距离在 8 ~ 14 mm。

2.2.5　操作注意事项

焊接时，焊枪、焊丝和工件之间必须保持正确的相对位置，如图 2-2-22 所示，焊直缝时通常采用左向焊法。焊丝与工件间的角度不宜过大，否则会扰乱电弧和气流的稳定。手工钨极氩弧焊时，送丝可以采用断续送进和连续送进两种方法，要绝对防止焊丝与高温的钨极接触，以免钨极被污染、烧损，电弧稳定性被破坏。断续送丝时要防止焊丝端部移出气体保护区而氧化。环缝自动焊时，焊枪应逆旋转方向偏离工件中心线一定距离，以便于送丝和保证焊缝的良好成形。

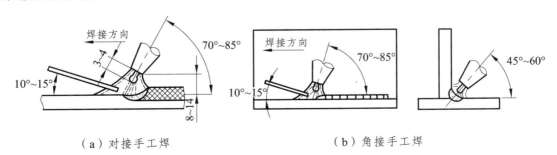

（a）对接手工焊　　　　　　　　（b）角接手工焊

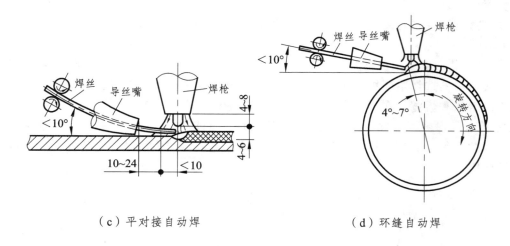

（c）平对接自动焊　　　　　　　（d）环缝自动焊

图 2-2-22　焊枪、焊丝和工件之间的相对位置

对于对氧化、氮化非常敏感的金属和合金（如钛及其合金）或散热慢、高温停留时间长的材料（如不锈钢），要求有更强的保护作用。加强气体保护作用的具体措施如下：

（1）在焊枪后面附加通有氩气的拖罩，使在 4000 ℃ 以上的焊缝和热影响区仍处于保护之中。

（2）在焊缝背面采用可通氩气保护的垫板、反面保护罩，或在被焊管子内部局部密闭气腔内充满氩气，以加强反面的保护。

保护效果可通过焊接区正反面的表面颜色大致评定，对于铝及铝合金氩弧焊来说，焊缝两侧阴极清理区的宽度反映了有效保护范围的大小，可作为衡量保护效果的一个依据。

2.3　CO_2 气体保护焊

2.3.1　CO_2 气体保护焊的原理、特点及应用

在我国汽车行业中，二氧化碳气体保护焊（也称 CO_2 焊）已经发展成为一种重要的焊接方法，并已逐步取代焊条电弧焊。

1．CO_2 气体保护焊的基本原理

CO_2 气体保护焊是用 CO_2 作为保护气体，依靠焊丝与焊件之间产生的电弧来熔化金属的一种电弧焊接法。保护气体从焊炬的喷嘴中以一定速度流出，将焊接区域与空气隔开，杜绝空气的有害作用，以便获得性能良好的焊缝的焊接方法。

CO_2 气体保护焊的焊接设备如图 2-2-23 所示，送丝机构如图 2-2-24 所示。

图 2-2-23　CO_2 气体保护焊的焊接设备　　　图 2-2-24　CO_2 气体保护焊的送丝机构

CO_2 气体保护焊所用的设备有半自动 CO_2 气体保护焊设备和自动 CO_2 气体保护焊设备。CO_2 气体保护焊的基本原理如图 2-2-25 所示。在实际生产中，半自动 CO_2 气体保护焊设备使用最为普遍，其设备主要由三部分组成，即焊接电源及控制箱、焊枪及送丝系统和 CO_2 气体的供给装置。自动 CO_2 气体保护焊设备仅多一套焊枪与焊件相对运动的机构，或者采用焊接小车进行自动操作。

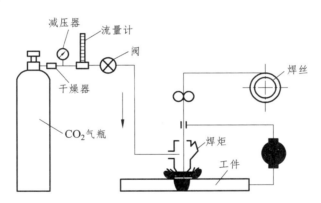

图 2-2-25　CO_2 气体保护焊的基本原理示意图

2. CO_2 气体保护焊的特点及应用

（1）CO_2 气体保护焊的特点。

CO_2 气体保护焊由于使用 CO_2 作保护气体，其优点主要表现为：焊接成本低、生产率高、抗锈能力强、焊接变形小、操作性能好和适用范围广等。但在实际应用中也有一定的不足，主要表现为：金属飞溅较多，焊缝表面成形差；很难用交流电焊接，焊接辅助设备较多；不能在有风的位置施焊，否则容易出现气孔；不能焊接易氧化的金属材料等。

（2）CO_2 气体保护焊的应用。

CO_2 气体保护焊可用于焊接低碳钢、低合金钢、耐热钢、不锈钢，耐磨零件的堆焊、铸钢件的补焊以及异种金属材料的焊接，短焊缝、曲线焊缝和空间位置焊缝的焊接，也适于薄板的点焊和定位焊；长直缝和环缝则宜采用 CO_2 自动焊。

2.3.2 CO_2 气体保护焊的焊接工艺

CO_2 气体保护焊所用的焊接材料有：CO_2 气体和焊丝。纯净的 CO_2 是无色、无味和无毒的气体，一般将其压缩成液体储存于钢瓶供应使用。要求 CO_2 纯度大于 99.5%。CO_2 焊丝既是填充金属又是电极。CO_2 焊丝分为实芯焊丝和药芯焊丝两种。药芯焊丝在国际上被公认为是焊接材料中最先进、发展最快的高科技技术之一，并将成为 21 世纪焊接材料的主导产品。

在 CO_2 气体保护焊中，为了获得稳定的焊接过程，熔滴过渡通常有两种形式，即短路过渡和细滴过渡。

1. 短路过渡时工艺参数的选择

短路过渡焊接时的主要特点是电压低、电流小，适合于焊接薄板及全位置焊接。短路过渡焊接主要采用细焊丝，常用焊丝直径为 0.6 ~ 1.2 mm。

（1）焊接电流。

焊接电流的大小主要根据焊件厚度、焊丝直径、送丝速度和焊接位置等综合选择。

（2）电弧电压。

短路过渡要求保持短电弧，即低电压。通常电弧电压在 17 ~ 24 V，必须与一定的焊丝直径和焊接电流配合适当，且允许电压只在 1 ~ 3 V 波动。

（3）焊接速度。

焊接速度对焊接成形、接头性能都有影响。一般半自动焊速度为 15 ~ 40 m/h。

（4）焊丝干伸长度。

干伸长度应为焊丝直径的 10 倍（5 ~ 15 mm）。

（5）气体流量及纯度。

通常焊接电流在 200 A 以下时，气体的流量选用 10 ~ 15 L/min；焊接电流大于 200 A 时，气体流量选用 15 ~ 25 L/min。

（6）电源极性。

细丝 CO_2 气体保护焊普遍采用直流反接，此时电弧稳定性好，飞溅也小，焊件熔深大。

2. 细滴过渡时工艺参数的选择

细滴过渡 CO_2 气体保护焊的特点是电弧电压比较高，焊接电流比较大。焊丝的熔化金属以细滴形式进行过渡，所以电弧穿透力强，焊缝熔深大，适合于中等厚度及大厚度焊件的焊接。

2.3.3 CO_2 气体保护焊的基本操作

1. CO_2 气体保护焊的焊运丝方式

常用运丝（焊枪摆动）方式如图 2-2-26 所示。

图 2-2-26　常用运丝方式

2．CO_2 气体保护焊的操作要领

（1）在操作中，一般均使用头盔式焊帽，双手持握焊枪进行焊接。

（2）选择焊接工艺参数调整电流、电压和气体流量。

（3）用专用尖嘴钳将焊丝端头掐断，使焊丝达到伸出的长度要求（5～15 mm）。

（4）起头：打开焊帽上的活动镜片，右手握焊枪手柄，左手协助右手使焊枪嘴中心对准焊缝起头处，右手稳定住焊枪嘴的位置，左手立即将焊帽活动镜片复位，并返回到焊枪上来，右手立即钩按开关引弧，借助弧光找到始焊处，转入正常焊接。

（5）接头：CO_2 接头焊时没有预热过程，即只要一按开关焊接就开始了，很容易使接头接偏或重叠过高，因此，要求稳、熟、准、快地完成一系列动作过程，整个过程与起头完全相似。

（6）收尾：一般采用灭弧收尾法，以填满弧坑为宜。

2.4　氧-乙炔焊

2.4.1　氧-乙炔焊的工作原理及设备

氧-乙炔焊接是利用氧气和乙炔气体混合点燃后产生的高温火焰来熔化两个焊件连接处的金属和焊丝，使被熔化的金属形成熔池，冷却凝固后形成一个牢固的接头，从而使两焊件连接成一个整体的焊接方法，如图 2-2-27 所示。氧-乙炔火焰必须覆盖接头处的熔池，以避免空气腐蚀。

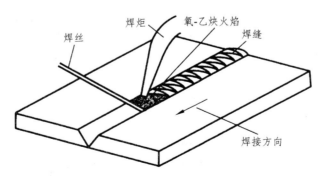

图 2-2-27　气焊焊缝形成示意图

氧-乙炔焊设备如图 2-2-28 所示，主要包括氧气瓶、乙炔瓶、调压器、焊炬、软管、焊嘴等设备。

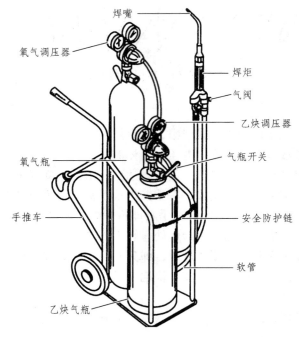

图 2-2-28　气焊设备

（1）氧气瓶：瓶体外表面为天蓝色，瓶体上用黑漆标注"氧气"字样。

（2）乙炔瓶：瓶体外表面为白色，并用红漆标注"乙炔"字样。

（3）调压器：它的作用是调节氧气和乙炔气体的压力，把气瓶内的高压气体降为工作所需的压力。

（4）焊炬：用来控制气体的混合比例、流量以及火焰结构。

（5）软管：氧气软管外表为黑色，乙炔软管外表为红色。

（6）焊嘴：焊嘴有不同尺寸，适用于不同金属厚度，它们通过螺纹拧进焊炬端部的气体混合部位，如图 2-2-29 所示。

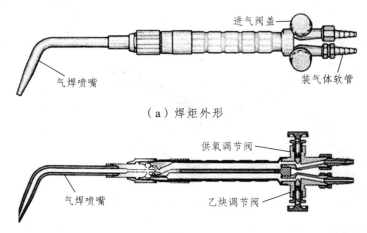

（a）焊炬外形

（b）焊炬内部结构

图 2-2-29　焊嘴与焊炬

2.4.2 氧-乙炔焊火焰与焊丝

1. 碳化焰

乙炔过量，乙炔燃烧不充分，火焰温度低，火焰形状大，其颜色发暗，而且没有力度，如图 2-2-30（a）所示。碳化焰主要适用于焊接高碳钢、铸铁及硬质合金等。

2. 中性焰

氧气与乙炔量相当，乙炔燃烧充分，火焰温度可达 3100～3150 ℃，如图 2-2-30（b）所示。中性焰主要适用于焊接一般碳素钢和有色金属。

3. 氧化焰

氧气过量，火焰挺直且较短，焰心发白，温度可达 3100～3300 ℃，如图 2-2-30（c）所示。氧化焰主要适用于焊接锰钢、黄铜等，同时也是常用的气割火焰。

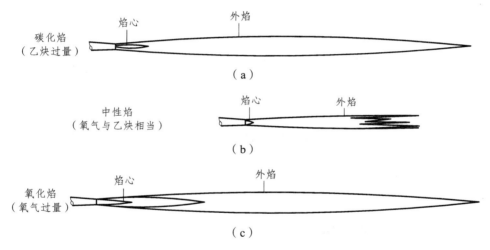

图 2-2-30 氧-乙炔焊火焰

气焊丝有各种不同的直径。不同的焊丝适用于不同的接头金属，必须根据金属类型和使用的设备选择焊丝。一般来说，焊接黑色金属与有色金属所用焊丝的化学成分基本上与被焊金属的化学成分相同。

常用的气焊丝主要包括碳素结构钢焊丝、合金结构钢焊丝、不锈钢焊丝、铜及铜合金焊丝、铝及铝合金焊丝、铸铁气焊丝等。

2.4.3 氧-乙炔焊用途及注意事项

1. 氧-乙炔焊的用途

氧-乙炔气焊主要适用于厚度小于 5 mm 薄板的焊接，低熔点材料的焊接，有色金属的焊接、钎焊，磨损和报废件的补焊等。

氧-乙炔焊一般用于轻型结构行业，如修理各种轻型零件、汽车车身板材及排气管等；由于移动方便，常用于现场修理和制造轻型结构或机械；由于具备焊接多种金属的能力，是一种有价值的维修工具；由于焊接速度较慢，用途受限等。

2. 氧-乙炔焊的保护服装及注意事项

（1）保护服装：当进行氧-乙炔焊接时，必须保护好自己，以避免辐射的热量和射线。焊接时请戴好保护镜，并穿戴结实防火的保护衣服和裤子、紧贴的皮鞋和皮靴、皮手套、头盔等。

（2）注意事项：氧气本身不能燃烧和爆炸，但可以支持材料燃烧。使用氧气时应注意以下几点：

① 不要使用氧气来代替压缩空气操作气动工具。

② 不能用氧气来代替压缩空气进行喷漆。

③ 不能用氧气清洁管道、容器等。

④ 不能用氧气来清洁封闭空间内的有毒气体。

⑤ 在天气热时，不能用氧气来冷却自己。

乙炔具有燃烧性，使用乙炔时应注意以下几点：

① 不要试图将乙炔气体从一个气瓶转移到另一个气瓶中。

② 使用乙炔时，不要从气瓶上取下气瓶开关。

③ 应在凉爽通风的区域，向上直立保存乙炔气瓶。

④ 确保工作区域通风良好。

⑤ 当焊完工件后，请标上"高温"警告其他人不要接触工件。

⑥ 氧-乙炔混合气的燃烧温度大约为 3100 ℃，请特别小心。

⑦ 在设备损坏或有故障时，请及时向教师报告。

在使用中，如果设备使用恰当，氧-乙炔焊接使用起来相当安全。

2.4.4　氧-乙炔气焊的操作技术

1. 氧-乙炔焊的基本操作技能

（1）火焰的点燃：在点燃火焰时，应先稍许开启氧气调节阀，再开乙炔调节阀，此时将焊炬接近火源，即可点燃。

（2）火焰的调节：点燃火焰后，分别调节氧气调节阀和乙炔调节阀，可获得所需的火焰性质。在焊接过程中，若发现火焰不正常时，要及时调节或用通针将焊嘴内的杂质清除掉，使火焰颜色正常后，方可继续焊接。

（3）火焰的熄灭：熄灭火焰时，应先关闭乙炔调节阀，后关闭氧气调节阀。

（4）起焊：使焊炬在起焊处往复移动，使温度均匀上升，当起焊处形成熔池时，即可加入焊丝，并向前移动焊炬进行正常焊接。

（5）焊丝的填充方法：焊接时，将焊丝末端置于外层火焰下，当焊丝熔滴进入熔池后，要立即将焊丝抬起，并将火焰向前移动，形成新的熔池，然后加入焊丝，如此循环就形成了焊缝。

2. 氧-乙炔气焊的基本操作方法

（1）左焊法。

左焊法是指焊炬从接头右端向左端移动，并指向待焊部分的操作方法，如图 2-2-31 所示。左焊法操作方便，容易掌握，应用最普遍。左焊法一般用于焊接厚度小于 5 mm 的薄板和低熔点的金属。

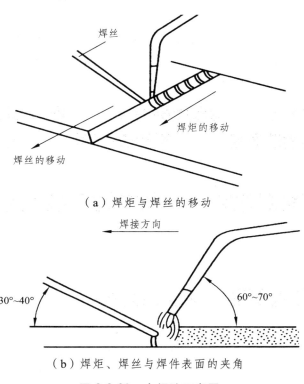

焊丝

焊炬的移动

焊丝的移动

（a）焊炬与焊丝的移动

焊接方向

30°~40°   60°~70°

（b）焊炬、焊丝与焊件表面的夹角

图 2-2-31   左焊法示意图

（2）右焊法。

右焊法是指焊炬从接头左端向右端移动，并指向已焊部分的操作方法，如图 2-2-32 所示。右焊法不易掌握，一般较少采用。它只适用于厚度较大、熔点较高焊件的焊接。

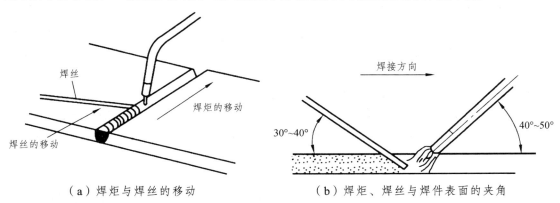

焊丝

焊炬的移动

焊丝的移动

（a）焊炬与焊丝的移动

焊接方向

30°~40°   40°~50°

（b）焊炬、焊丝与焊件表面的夹角

图 2-2-32   右焊法示意图

2.5 钎焊

2.5.1 钎焊的基本原理与特点

钎焊是采用熔点比母材低的金属作钎料，将焊件加热到高于钎料熔点、低于母材熔点的温度，使钎料填充接头间隙，与母材产生相互扩散，冷却后实现连接焊件的方法。其焊接过程及原理如图 2-2-33 所示。钎焊焊接变形小，焊件尺寸精确，可以焊接异种材料和一些其他方法难以焊接的特殊结构（如蜂窝结构）。钎焊可以整体加热，一次焊成整个结构的全部焊缝。因此生产率高，并且易于实现机械化和自动化。

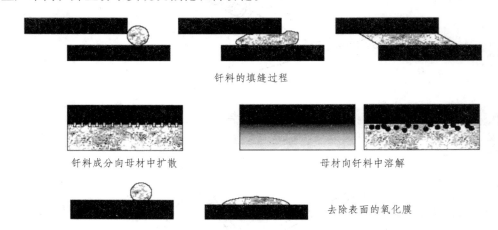

钎料的填缝过程

钎料成分向母材中扩散　　　　　　母材向钎料中溶解

去除表面的氧化膜

图 2-2-33　钎焊的过程

钎焊的根本问题是如何得到一个优质接头，得到这样接头的两个前提：① 液体钎料能充分流入并致密地填满全部钎焊间隙，润湿性好；② 与母材有很好的相互作用。

钎焊包含 3 个过程：一是钎料填满钎缝的过程（液体对固体的润湿性好；钎缝间隙的毛细作用）；二是钎料同母材相互作用的过程（母材向液态钎料的扩散，即溶解；钎料组分向母材的扩散）；三是钎剂的填缝过程（真空钎焊、保护气氛中钎焊无此过程）。

钎焊时一般都要用钎剂，它的作用为清除钎料和母材表面的氧化物，并保护焊件和液态钎料在钎焊过程中免于氧化，改善液态钎料对焊件的润湿性。

钎焊多用搭接接头，以便通过增加搭接长度（一般为板厚的 2～5 倍，但实际生产中，一般根据经验确定，推荐搭接长度值大于 15 mm）来提高接头强度。焊件之间的装配间隙很小（十分之几到百分之几毫米），目的是增强毛细作用。

钎焊通常是以实现钎焊加热所使用的热源来命名的。常用方法有烙铁钎焊、火焰钎焊、炉中钎焊等。特殊方法有红外线钎焊、激光钎焊、光束钎焊、蒸气浴钎焊等。钎焊的主要作用是创造必要的温度条件，获得优质的钎焊接头。钎焊在使用中有优点，也存在一定的缺点。

1. 钎焊的优点

（1）对母材的物理化学性能通常没有明显的不利影响（加热温度一般远低于母材熔点）；

（2）钎焊温度低，可对焊件整体加热，引起应力和变形小，容易保证焊件的尺寸精度；

（3）有对焊件整体加热的可能性，可用于结构复杂、开敞性差的焊件，并可一次完成多缝多零件的连接；

（4）容易实现异种金属、金属与非金属的连接；

（5）对热源要求较低，工艺过程简单。

2. 钎焊的缺点

（1）钎焊接头的强度一般比较低、耐热能力差；

（2）多采用搭接接头形式，增加了母材消耗和结构质量。

2.5.2　钎焊的分类及应用

按钎料熔点的不同，钎焊分为硬钎焊和软钎焊两种。

1. 硬钎焊

钎料熔点高于 450 ℃（硬钎料），有铜锌、铜磷、银基、铝基、镍基及其他不同类型的合金。钎剂常用硼砂、硼酸、氯化物、氟化物等，含硼酸的熔点较高，含氯化物或氟化物的熔点较低。若钎料为铜磷合金，可不用钎剂。加热方法有火焰加热（用钎炬或喷灯）、炉内如热、电阻加热、高频感应加热、盐浴（氯化盐类物质的液态浴槽）加热和金属浴（覆盖有钎剂的钎料浴槽）加热等。硬钎焊的接头强度可达 490 MPa，适用于受力较大或工作温度较高的焊件。

2. 软钎焊

钎料熔点低于 450 ℃（软钎料），应用最广的是锡铅钎料（即焊锡）。钎剂常用的有松香（中性）、氯化锌或氯化铵溶液（酸性）。常用烙铁加热，也可用火焰或其他方法加热。软钎焊接头强度较低，一般不超过 68.6 MPa，只用于受力不大或工作温度较低的焊件。

3. 钎焊的应用

钎焊可用于各种黑色金属、有色金属和合金以及异种金属的连接，适宜于小而薄和精度要求高的零件，在机械、电机、无线电、仪表、航空、导弹、原子能、空间技术以及化工、食品等部门都有应用。

2.5.3　钎焊的基本操作

钎焊生产工艺过程包括焊前表面准备、装配、安置钎料、钎焊及焊后处理等过程，其中每一个过程都会影响钎焊产品的质量。

1. 工件表面的准备

钎焊前必须仔细地清除工件表面的氧化物、油脂、脏物及油漆等，因为熔化了的钎料不能润湿未经清理的零件表面，也无法填充接头间隙。有时为了改善母材的钎焊性能及提高钎焊接头的抗腐蚀性能，钎焊前还必须将零件预先镀覆某种金属层。

（1）清除油污。

油污可用有机溶剂去除。常用的有机溶剂有酒精、四氯化碳、汽油、三氯乙烯、二氯乙烷及三氯乙烷等。对于形状复杂而数量很大的小零件，也可在专门的槽子中用超声波去油。

（2）清除氧化物。

钎焊前，零件表面的氧化物可用机械法、化学浸蚀法和电化学浸蚀法进行。化学浸蚀和电化学浸蚀后，还应进行光亮处理或中和处理，随后在冷水或热水中洗净并加以干燥。

（3）母材表面镀覆金属。

在母材表面镀覆金属的目的是改善材料的钎焊性，增强钎料对母材的浸湿能力；防止母材与钎料的相互作用对接头质量的影响。在母材表面镀覆金属可用不同的方法进行，常用的有电镀、化学镀、熔化钎料中的热浸、轧制包覆等。

2. 装配和固定

钎焊前零件应进行相应的装配并加以固定，具体的固定方法可根据零件的结构及特性加以选择。复杂零件可采用专用夹具。

3. 钎料的放置

在各种钎焊方法中，除火焰钎焊和烙铁钎焊外，大多数是将钎料预先安置在接头上。安置钎料时应尽可能利用钎料的重力作用和间隙的毛细作用来促进钎料填满间隙。箔状钎料应直接放在接头间隙内，并建议施加一定的压力，以保证填满间隙。膏状钎料可直接涂在钎焊处；粉末状钎料可用黏结剂调和后黏附在接头上。

4. 涂阻流剂

为了完全防止钎料流失，有时需要涂阻流剂。阻流剂主要是由氧化物，如氧化铝、氧化钛或氧化镁等稳定氧化物与适当的黏结剂组成。将糊状阻流剂在钎焊前涂在邻近接头的零件表面上。由于钎料不能润湿这些物质，故被阻止流动。钎焊后再将它去除。

5. 钎焊工艺参数

钎焊过程的主要工艺参数是钎焊温度和保温时间。钎焊温度通常选为高于钎料液相线温度 $25\sim600$ °C，以保证钎料能填满间隙。对于某些钎料，如镍基钎料，希望钎料与母材发生充分的反应，钎焊温度可能高于钎料液相线温度 1000 °C 以上。

钎焊保温时间视工件大小、钎料与母材相互作用的剧烈程度而定。大件的保温时间应长些，以保证加热均匀。钎料与母材作用强烈的，保温时间要短些。一般来说，一定的保温时间是促使钎料与母材相互扩散、形成牢固结合所必需的。但过长的保温时间将导致熔蚀等缺陷的发生。

6. 钎焊后清洗

钎剂残渣大多数对钎焊接头起腐蚀作用，也妨碍对钎缝的检查，常需清除干净。软钎剂松香不会起腐蚀作用，不必清除。含松香的活性钎剂残渣不溶于水，可用异丙醇、酒精、汽油、三氯乙烯等有机溶剂除去。对有机酸及盐组成的钎剂，一般都溶于水，可采用热水洗涤。由无机酸组成的软钎剂溶于水，可用热水洗涤。含碱金属及碱土金属氯化物的钎剂可用2%的盐酸溶液洗涤。硬钎焊用的硼砂和硼酸钎剂残渣基本上不溶于水，很难去除，一般用喷砂去除。含氟硼酸钾或氟化钾的硬钎剂残渣可用水煮或在10%的柠檬酸热水中清除。铝用软钎剂残渣可用有机溶剂清除。

2.6 电阻焊

2.6.1 电阻焊的原理及类型

电阻焊是将被焊工件压紧于两电极之间，并通以电流，利用电流流经工件接触面及邻近区域产生的电阻热将其加热到熔化或塑性状态，使之形成金属结合的一种方法。

电阻焊方法主要有四种，即点焊、缝焊、凸焊、对焊，如图 2-2-34 所示。

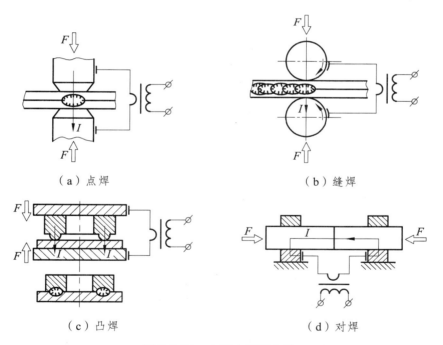

（a）点焊　　　　　　　　　　　　（b）缝焊

（c）凸焊　　　　　　　　　　　　（d）对焊

图 2-2-34　主要电阻焊方法

点焊时，工件只在有限的接触面上，即所谓"点"上被焊接起来，并形成扁球形的熔核。点焊又分为单点焊和多点焊。多点焊时，使用两对以上的电极，在同一工序内形成多个熔核。

缝焊类似点焊，缝焊时，工件在两个旋转的盘状电极（滚盘）间通过后，形成一条焊点前后搭接的连续焊缝。

凸焊是点焊的一种变型，在一个工件上有预制的凸点。凸焊时，一次可在接头处形成一个或多个熔核。

对焊时，两工件端面相接触，经过电阻加热和加压后，沿整个接触面被焊接起来。

1. 电阻焊的优点

（1）熔核形成时，始终被塑性环包围，熔化金属与空气隔绝，过程简单。

（2）加热时间短、热量集中，故热影响区小，变形与应力也小，通常在焊后不必安排校正和热处理工序。

（3）不需要焊丝、焊条等填充金属，以及氧气、乙炔、氩气等焊接材料，焊接成本低。

（4）操作简单，易于实现机械化和自动化，改善了劳动条件。

（5）生产率高，且无噪声及有害气体。在大批量生产中，可以和其他制造工序一起编到组装线。但闪光对焊因有火花喷溅，需要隔离。

2. 电阻焊的缺点

（1）目前还缺乏可靠的无损检测方法。焊接质量只能靠工艺试样和工件的破坏性试验来检查，并靠各种监控技术来保证。

（2）点焊、缝焊的搭接接头不仅增加了构件的质量，且因在两板间熔核周围形成夹角，致使接头的抗拉强度和疲劳强度均较低。

（3）设备功率大，机械化、自动化程度较高，使设备成本较高、维修较困难，并且常用的大功率单相交流焊机不利于电网的正常运行。

2.6.2 电阻焊设备及安全操作

1. 电阻焊设备分类

电阻焊设备是指采用电阻加热原理进行焊接操作的一种设备，包括点焊机、缝焊机、凸焊机和对焊机。有些场合还包括与这些焊机配套的控制箱。一般的电阻焊设备由 3 个主要部分组成。

（1）以阻焊变压器为主体，包括电极及次级回路组成的焊接回路。

（2）由机架和有关夹持工件及施加焊接压力的传动机构组成的机械装置。

（3）能按要求接通电源，并可控制焊接程序中各段时间及调节焊接电流的控制电路。

为了保证电阻焊设备的正常运行，使其能发挥最大的效能，电阻焊设备要尽量满足下列使用要求：

（1）空气自然冷却的焊机，海拔高度不超过 1000 m，周围空气最高温度不大于 40 ℃。

（2）通水冷却的焊机，进水口的水温不大于 30 ℃，冷却水的压力应能保证必需的流量，水质应符合工业用水标准。

（3）电网供电参数：220 V 或 380 V，50 Hz。在下列电网供电品质条件下焊机应能正常工作，电压波动在 ±10% 内（当频率为额定值时）；频率波动不大于 ±2%（当电压为额定值时）。

2. 常用电阻焊设备简介

（1）摇臂式焊机。

最简单和最通用的点焊机是摇臂式点焊机。这种点焊机是利用杠杆原理，通过上电极臂施加电极压力。上、下电极臂为伸长的圆柱形构件，既传递电极压力，也传递焊接电流。摇臂式焊机有三种操作方法：① 气动；② 脚踏；③ 电动机-凸轮。

（2）直压式焊机。

直压式焊机适用于点焊及凸焊。这类焊机的上电极在导向构件的控制下做直线运动。电极压力由气缸或液压缸直接作用。

（3）多点焊机。

多点焊机是大批量生产中的专用设备，如汽车生产线上针对具体冲压-焊接件而专门设计制造的多点焊机。

（4）缝焊机。

缝焊机除电极及其驱动机构外，其他部分与点焊机基本相似。缝焊机的电极驱动机构由电动机通过调速器和万向轴带动电极转动。有三种普通类型的缝焊机：

① 横向缝焊机：在焊接操作时形成的缝焊接头与焊机的电极臂相垂直的称为横向缝焊机。这种焊机用于焊接水平工件的长焊缝以及圆周环形焊缝。

② 纵向缝焊机：在焊接操作时形成的缝焊接头与焊机的电极臂相平行的称为纵向缝焊机。这种焊机用于焊接水平工件的短焊缝以及圆筒形容器的纵向直缝。

③ 通用缝焊机：一种纵横两用缝焊机，上电极可做 900° 旋转，而下电极臂和下电极有两套，一套用于横向，另一套用于纵向，可根据需要进行互换。

（5）闪光对焊机。

一台标准的闪光对焊机包括机架、静夹具、动夹具、闪光和顶锻机构、阻焊变压器、级数调节组以及配套的电气控制箱。通常静夹具是固定安装在机架上并与机架在电气上绝缘。大多数焊机中还有活动调节部件，以保证电极和工件焊接时对准中心线。动夹具则安装在活动导轨上并与闪光和顶锻机构相连接。夹具座由于承受很大的钳口夹紧力，通常都用铸件或焊接结构件。两个夹具上的导电钳口分别与阻焊变压器的次级输出端相连。钳口一方面夹持工件，另外要向工件传递焊接电流。

（6）电阻对焊机。

电阻对焊机除了没有闪光过程外，其原理与闪光对焊机十分相似。典型的电阻对焊机包括一个容纳阻焊变压器及级数调节组的主机架、夹持工件并传递焊接电流的电极钳口和顶锻机构。最简单的电阻对焊机是手工操作的。自动电阻对焊机可以采用弹簧或气缸提供压力。这样得到的压力稳定，适合焊接塑性范围很窄的有色金属。

3. 电阻焊安全操作技术

电阻焊的安全技术主要有预防触电、压伤（撞伤）、灼伤和空气污染等。除了在技术措施方面作必要的安全考虑外，操作人员也需了解安全常识，应事先对其进行必要的安全教育。

（1）防触电。

电阻焊二次电压很低，不会产生触电危险。但一次电压为高压，尤其是采用电容放电的一类，电压可高于千伏。晶闸管一般均带水冷，水柱带电，故焊机必须可靠接地。通常次级回路的一极均与机身相连而接地。但有些多点焊机因工艺需要而二极不与机身相连，则应将一极串联 1 kΩ 的电阻后再接到机身。因为二次浮起后将与一次之间的绝缘电阻造成分压而带对地约 180 V 的电位。在检修控制箱中的高压部分时必须切断电源。电容放电类焊机如采用高压电容，则应加装门开关，在开门后自动切断电源。

（2）防压伤（撞伤）。

电阻焊机须固定一人操作，防止多人因配合不当而产生压伤事故。脚踏开关必须有安全防护。国外的对焊机上夹紧按钮采用双钮式，操作人员必须双手同时各按一钮才夹紧，以杜绝夹手事件。多点焊机则在其周围设置栅栏，操作人员在上料后必须退出，离设备一定距离或关上门后才能启动焊机，确保运动部件不致撞伤人员。

（3）防灼伤。

电阻焊工作时常有喷溅产生，尤其是闪光对焊时，火花持续数秒至十多秒。因此操作人员应穿防护服、戴防护镜，防止灼伤。在闪光产生区周围宜用黄铜防护罩罩住，以减少火花外溅。闪光时火花可飞高 9 ~ 10 m，故周围及上方均应无易燃物。

（4）防污染。

电阻焊焊接镀层板时，产生有毒的锌、铅烟尘，闪光对焊时有大量金属蒸气产生，修磨电极时有金属尘，其中镉铜和铍钴铜电极中的镉与铍均有很大毒性，因此必须采用一定的通风措施。

2.7　汽车焊接技术

2.7.1　汽车焊接技术的特点

在以"钢结构"为主的汽车焊接加工中，尤其是车身零件大都是薄壁板件，其刚性很差，所以汽车焊接又有不同于其他产品焊接的要求：

（1）对焊接件的尺寸精度要求高。

（2）为了保证产品的装配精度和尺寸稳定性，要求尽可能减少薄板件在焊前的精度偏差和焊后的热应力与变形。

（3）对焊缝接头的性能要求高。焊接接头不仅要满足静态和动态的力学性能指标，而且有苛刻的低疲劳性能要求。

（4）对批量焊接有生产品质高且一致性好的要求。

（5）对焊接生产过程有高节拍、高效率的要求。

（6）对"零缺陷"的质量控制与保证，提出了自动化焊接过程的监测与信息化管理的要求。

2.7.2　汽车车身及其他常见部位的焊接方法

汽车车身各部位的焊接，60% 以上采用电阻焊，有的车身几乎全部采用电阻焊。因为电阻焊有如下特点：

（1）焊接质量好。因为是内部热源，热量集中，加热时间短促，在焊点形成过程中始终被塑性环包围，故电阻焊冶金过程简单，热影响区小，变形小，易于获得质量较好的焊接接头，特别是焊接的表面质量也较好，这对轿车、客车等外观要求较高的车身来说更具有重要意义。

（2）生产效率高。一个焊点可以在几分之一秒内完成。目前通用点焊机的生产率为每分钟 60 个焊点，对焊机每小时大约可焊 150 个焊点，快速点焊机每分钟可焊 500 多个焊点。

（3）省材料，成本低。因为它不需在焊缝区添加任何填充材料和不使用使熔焊区的金属氧化的保护材料，因此既不需焊丝，也不需焊剂。

（4）劳动条件好，不放出有害气体和强光。

（5）操作简单，容易实现机械化和自动化。通过夹具和自动传送装置，可以与其他设备连成生产线。

但是电阻焊仍然存在一些缺点：

（1）焊接设备费用较高，投资较大。

（2）需要电力网供电功率大，一般电阻焊机的功率为几十甚至上百千瓦。

（3）焊件的尺寸、形状和厚度受到设备的限制。

汽车车身壳体是一个复杂的结构件，它是由百余件零件经焊接、铆接、机械连接及黏结等方法连接而成的，其至由数百种（例如轿车）薄板冲压而成。由于车身冲压件的材料大都是具有良好焊接性能的低碳钢，所以焊接是现代车身制造中应用最广泛的连接方式。表 2-2-3 中列举了车身制造中常用的焊接方法。

表 2-2-3　车身制造中常用的焊接方法及典型应用实例

焊接方法			典型应用实例
电阻焊	点焊	单点焊	
		悬挂式点焊机	车身总成、车身侧围等分总成
		固定式点焊机	小型板类零件
		多点焊	
		压床式多点焊机	车身底板总成
		C 形多点焊机	车门、发动机盖等总成
	缝焊		
		悬挂式缝焊机	车身顶盖流水槽
		固定式缝焊机	油箱总成
	凸焊		螺母、小支架
电弧焊	手工电弧焊		厚料零部件
	CO_2 气体保护焊		车身总成
	氩弧焊		车身顶盖后两侧接缝
气焊	氧-乙炔焊		车身总成补焊
钎焊	锡钎焊		水箱
特种焊	微弧等离子焊		车身顶盖后角板
	激光焊		车身底板

由于车身零件大都是薄壁板件或薄壁杆件，其刚性很差，所以在装焊过程中必须使用多点定位夹紧的专用装焊夹具，以保证各零件或部件在焊接处的贴合和相互位置，特别是门窗等孔洞的尺寸等。这也是车身装焊工艺的特点之一，一般占整个焊接工作量的 60% 以上，有的车身几乎全部采用电阻焊。除此之外就是 CO_2 气体保护焊，它主要用于车身骨架和车身总成的焊接中。

为便于制造，车身设计时，通常将车身划分为若干个分总成，各分总成又划分为若干个合件，合件由若干个零件组成。车身装焊的顺序则是上述过程的逆过程，即先将若干个零件装焊成合件，再将若干个合件和零件装焊成分总成，最后将分总成和合件、零件装焊成车身总成。例如图 2-2-35 所示的轿车车身大致是按图 2-2-36 所示的制造程序焊装的。

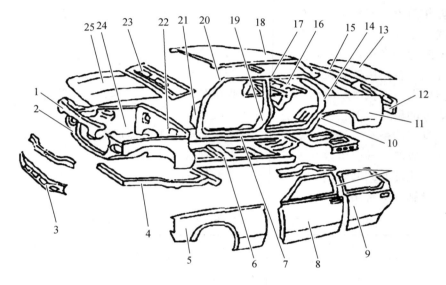

图 2-2-35　轿车白车身结构

1—发动机罩前支撑板；2—水箱固定框架；3—前招板；4—前框架；5—前翼子板；
6—地板总成；7—门槛；8—前门；9—后门；10—车轮挡泥板；11—后翼子板；
12—后围板；13—行李箱盖；14—后立柱；15—后围上盖板；16—后窗台板；
17—上边梁；18—顶盖；19—中立柱；20—前立柱；21—前围侧板；
22—前围板；23—前围上盖板；24—前挡泥板；
25—发动机罩；26—门窗框

对于有骨架的中型或大型客车的车身，一般是先焊装前、后围和左、右侧围及顶盖等几大片骨架分总成，然后在底板的基础上将这几大片分总成焊合成车身骨架总成，最后在骨架上蒙上蒙皮就成为白车身总成。

车身焊装的方式与生产率密切相关。在单件小批量生产中，大都是采用手工焊装的方式。随着批量的增大，焊装工作转为流水线式，特别是车身总装常常是在有多个工位的流水焊装线上完成的。每个工位都有保证焊装质量的夹具。若是大批量生产，焊装工作则是在具有定位迅速准确的焊装夹具和完善的质量控制手段的自动化生产线上完成的。有的自动线上还大量使用了焊接机器人，以适应快的生产节奏和保证稳定的焊接质量。

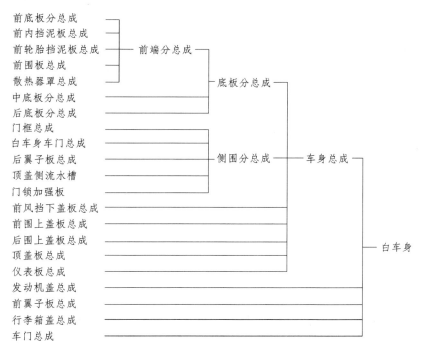

图 2-2-36　轿车白车身焊装程序图

　　另外，随着电子技术、计算机技术、数控及机器人技术的发展，自动弧焊机器人工作站从 20 世纪 60 年代开始用于生产以来，其技术已日益成熟，目前已广泛应用在汽车制造业中，在汽车底盘、座椅骨架、导轨、消声器以及液力变矩器等焊接生产中，尤其在汽车底盘焊接生产中得到了广泛应用。

　　近几年来，汽车工业在焊接新技术的应用及推广方面起了积极的推动作用。针对汽车产品"更轻、更安全、性能更好且成本更低"的发展目标，当前的汽车焊接技术正在传统的材料连接概念与方法的基础上迅速地延伸和拓展，并向先进的"精量化焊接制造"的方向发展。

2.8　汽车焊接技术的现状及发展趋势

2.8.1　汽车焊接技术的现状

1. 电阻焊的节能及控制技术的应用

　　目前，电阻焊机大量使用 50 Hz 的单相交流电源，容量大、功率因数低。发展三相中频电阻焊机、三相次级整流接触焊机和 IGBT 逆变电阻焊机，可以解决电网不平衡和提高功率因数的问题。在标准焊接电流的条件下，中频点焊机按设置的焊接电流无飞溅现象，且焊接电流小、电极发热量小，延长了电极的使用时间，同时可进一步节约电能，利于实现参数的微机控制。焊接回路的小型化和轻量化还可进一步减轻设备质量。

2. 气体保护焊接技术的应用

（1）表面张力过渡波形控制技术：用2个电流脉冲完成1个熔滴过渡，第1个脉冲形成熔滴直至熔滴与工件短路；第2个脉冲是1个短时窄脉冲并不断检测 di/dt，同时控制电流的脉冲值，以产生适当的电磁收缩力，使熔滴颈部收缩，靠熔池表面张力拉断，完成1个熔滴过渡而不产生飞溅。

（2）逆变电源波形控制技术：利用逆变电源良好的动态特性和可控性，采用波形控制，在短路阶段初期抑制电流上升，以减少大颗粒飞溅，并利于熔滴在熔池铺开；当熔滴在熔池铺开后，使电流迅速上升，以加速形成缩颈，使小桥爆断时飞溅减少。

（3）氩弧焊新技术：氩弧焊有非熔化极和熔化极两种，均用于汽车工业有色金属和高合金钢焊接中。为改善 CO_2 气体保护焊的成形和减少飞溅，采用加入 80% 或 20% 氩气的混合气体保护焊。

3. 激光和电弧复合热源焊接的应用

由于激光焊接成本较高，因此以激光为核心的复合热源焊接技术应运而生。现在研究最多、应用最广的是激光-电弧复合热源焊接技术，其主要目的是有效利用电弧热源，在较小的激光功率条件下获得较大熔深，同时提高激光焊接对焊缝间隙的适应性，实现高效率、高质量的焊接过程。

激光焊是利用激光器受激产生的激光束，通过聚焦系统并调焦到焊件接头处，将光能转换为热能，使金属熔化形成接头。与传统的点焊相比，激光焊接在焊接精度、效率、可靠性、自动化、轻量化和降低成本等方面都具有无可比拟的优越性。激光焊接工序不能暴露在外，必须在一个封闭的焊接室内进行。大的板件（如侧围和车顶）用大的焊接房，小板件（如车门）用小的焊接房。工人要做的只是将要焊接的板件固定在夹具上，然后送入焊接房，工人只需要确认夹具状态是否正确，然后关上门，接下的工作就可交由自动化焊接设备完成，如图 2-2-37 所示。激光焊接被认为是 21 世纪最有发展前景的制造技术之一。

图 2-2-37　激光焊接房

激光焊接设备的关键是大功率激光器，目前主要有两大类：一类是固体激光器，其主要优点是产生的光束可以通过光纤传送，适用于柔性制造系统或远程加工；另一类是气体激光器，又称 CO_2 激光器，以分子气体作工作介质，可以连续工作并输出很高的功率。

汽车工业中，激光技术主要用于车身拼焊和零件焊接，如顶篷与侧围的焊接，如图 2-2-38 所示。但激光焊接要求焊件装配精度高，且要求光束在工件上的位置不能有显著偏移，否则很容易造成焊接缺陷。

图 2-2-38　侧围门框上的脉冲式激光焊接

4. 焊接机器人技术的应用

汽车制造的批量化、高效率和对产品质量一致性的要求，使机器人生产方式在汽车焊接中获得了大量应用。焊接机器人是本体独立、动作自由度多、程序变更灵活、自动化程度高和柔性程度极高的焊接设备，具有重复精度高、焊接质量好、运动速度快和动作稳定可靠等特点，且机器人具有焊钳储存库，可根据焊装部位的不同要求或焊装产品的变更，自动从储存库抓换所需焊钳，如图 2-2-39 所示。传输装置则已发展为采用无人驾驶的更具柔性化的感应导向小车。

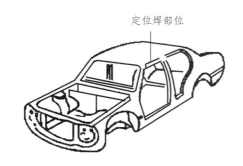

（a）焊接机器人焊接部位

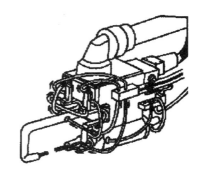

（b）焊接机器人手臂

图 2-2-39　点焊机器人焊接部位与机器人手臂

焊接机器人是焊接设备柔性化的最佳选择。焊接设备作为焊装生产线的重要组成部分，采用焊接机器人是焊装生产线柔性程度的重要标志之一。

（1）焊接机器人的组成

焊接机器人主要包括机器人和焊接设备两部分。机器人由机器人本体和控制柜（硬件及软件）组成。而焊接装备，以弧焊及点焊为例，则由焊接电源（包括其控制系统）、送丝机（弧焊）、焊枪（钳）等部分组成。对于智能机器人还应有传感系统，如激光或摄像传感器及其控制装置等。

（2）焊接机器人的主要结构形式及性能

世界各国生产的焊接机器人基本上都属关节机器人，如图 2-2-40 所示。绝大部分关节机器人有 6 个轴。其中，1、2、3 轴可将末端工具送到不同的空间位置，而 4、5、6 轴可满足工具姿态的不同要求。

焊接机器人本体的机械结构主要有两种形式：一种为平行四边形结构，另一种为侧置式（摆式）结构。侧置式（摆式）结构的主要优点是上、下臂的活动范围大，使机器人的工作空间几乎能达一个球体。因此，这种机器人可倒挂在机架上工作，以节省占地面积。但是这种侧置式机器人，2、3 轴为悬臂结构，降低于机器人的刚度，一般适用于负载较小的机器人，用于电弧焊、切割或喷涂。平行四边形机器人如图 2-2-41 所示，其上臂是通过一根拉杆驱动的。拉杆与下臂组成一个平行四边形的两条边，故而得名。早期开发的平行四边形机器人工作空间比较小（局限于机器人的前部），难以倒挂工作。但 20 世纪 80 年代后期以来开发的新型平行四边形机器人（平行机器人），已能把工作空间扩大到机器人的顶部、背部及底部，又没有侧置式机器人的刚度问题，从而得到普遍的重视。这种结构不仅适合于轻型设备，也适合于重型设备。近年来，点焊机器人（负载 100～150 kg）大多选用平行四边形结构形式的机器人。

图 2-2-40 关节机器人

图 2-2-41 平行四边形机器人

2.8.2 汽车工业焊接总体发展趋势

如图 2-2-42 所示为点焊机器人加工汽车车身外壳。点焊机器人是用于点焊自动作业的工业机器人。世界上第一台点焊机器人于 1965 年开始使用，是美国 Unimation 公司推出的 Unimate 机器人。中国在 1987 年自行研制了第一台点焊机器人——华宇-Ⅰ型点焊机器人。点焊机器人由机器人本体、计算机控制系统、示教盒和点焊焊接系统几部分组成，由于为了适应灵活动作的工作要求，通常点焊机器人选用关节式工业机器人的基本设计，一般具有 6 个自由度：腰转、大臂转、小臂转、腕转、腕摆及腕捻，且机器人具有焊钳储存库，可根据焊装部位的不同要求或焊装产品的变更，自动从储存库抓换所需焊钳。传输装置则已发展为采用无人驾驶的更具柔性化的感应导向小车。

图 2-2-42　点焊机器人加工汽车车身外壳

其驱动方式有液压驱动和电气驱动两种。其中，电气驱动具有保养维修简便、能耗低、速度高、精度高、安全性好等优点，因此应用较为广泛。点焊机器人按照示教程序规定的动作、顺序和参数进行点焊作业，其过程是完全自动化的，并且具有与外部设备通信的接口，可以通过这一接口接收上一级主控与管理计算机的控制命令进行工作。

1. 发展焊接机器人自动化柔性生产系统

从目前发展来看，自动化柔性生产系统是汽车焊接的发展趋势，而工业机器人因其自动化和灵活性，在轿车生产中得到了大规模使用。

2. 发展轻便组合式智能自动焊机

近年来，国内的汽车制造厂都非常重视焊接的自动化。如一汽引进的捷达车身焊装车间的 13 条生产线的自动化率达 80% 以上。各条线都由计算机（可编程控制器 PLC-3）控制，自动完成工件的传送和焊接。机器人的动作采用点到点的序步轨迹，具有很高的焊接自动化水平，既改善了工作条件，提高了产品质量和生产率，又降低了材料消耗。

3. 发展计算机与信息技术

计算机与信息技术的工业应用，促进了传统的焊接生产向"精量化"的制造方式转变。基于虚拟现实建模的机器人焊接过程仿真技术提供了关于工件、夹具和机器人焊枪姿态的三维信息，已大量地应用于焊接过程策划、工艺参数优化以及焊接夹具设计等各个环节，对加快焊接程序的编制、缩短现场调试时间及焊接过程位置信息的准确获取具有重要应用价值。同时，仿真技术也运用于焊缝质量的评估及焊后的应力与变形预测。在新车型设计阶段，还可以对多种材料的连接方式及疲劳性能、冲击性能等进行综合考虑，通过对接头的仿真作出适用性评价。

以计算机和信息技术为平台的焊接生产过程信息系统，对汽车焊接生产过程的质量分析与优化、企业的管理与决策有着非常重要的意义。

随着车身向着轻量化方向发展，车身材料的轻量化及车身金属材料的非金属化是必然趋势。未来车身材料仍以钢板为主，但是一些复合材料如镀锌钢板、高强度钢板、铝合金、镁合金等将得到广泛应用。

总之，通过大力开发高效节能的焊接新技术、新材料、新工艺和新设备，应用机器人技术轻便灵巧的智能设备及计算机和信息技术，汽车工业必将取得更大的进步。

项目 3 矫正技术

🚗【学习目标】

（1）理解火焰加热矫正的原理。

（2）掌握火焰加热矫正技术的应用。

（3）掌握机械矫正技术的应用。

（4）合理选择矫正技术。

各种板材和型材由于受外力作用、焊接及不均匀加热等因素的影响，往往产生一定的变形，当变形超过技术规定要求时，就必须进行矫正。矫正就是通过外力消除材料的弯曲、凸凹不平等缺陷，把变形恢复到技术规定范围内的几何形状的加工方法。矫正通常有火焰加热矫正和机械矫正等形式。

3.1 火焰加热矫正

3.1.1 火焰加热矫正的原理及工艺要领

1. 火焰加热矫正的原理

金属材料具有热胀冷缩的物理特性，但其受热部分膨胀会受到周围温度较低部分的阻碍，此时被加热处金属会受到压缩应力。当加热温度达到 $600 \sim 700 \, ^\circ\text{C}$ 时，压缩应力超过屈服点，便产生了压缩塑性变形。火焰矫正就是利用金属局部受热后所引起新的变形来矫正原有的变形。因此，了解金属局部受热时引起的变形规律，是掌握火焰矫正的关键。

图 2-3-1 所示为钢板、角钢、丁字钢在加热中和加热后的变形情况。可以看出受热处的金属在冷却后会缩短，向加热一侧发生弯曲变形。

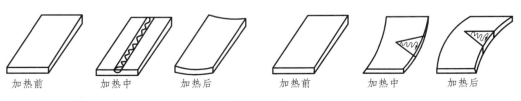

加热前　　　加热中　　　加热后　　　　加热前　　　加热中　　　加热后

（a）钢板

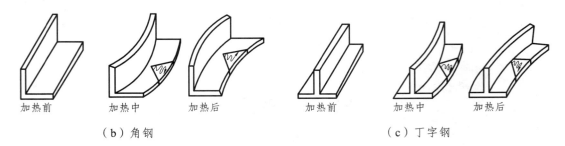

（b）角钢   （c）丁字钢

图 2-3-1　型钢在加热过程中的变形

　　火焰矫正时，必须使加热产生的变形与原变形的方向相反，才能抵消原来的变形而获得矫正。火焰矫正加热的热源，通常采用氧-乙炔焰，因其温度高，加热速度快，操作方便。

　　2. 火焰矫正的工艺要领

　　（1）加热位置和火焰能率。

　　火焰矫正的效果，取决于火焰加热的位置和火焰的能率。不同的加热位置可以矫正不同方向的变形，加热位置应选择在构件较长的变形部位反向位置，即构件弯曲变形部位的外侧。而用不同的火焰能率加热，会获得不同的矫正效果。若火焰的能率不足，就会延长加热时间，使受热范围扩大，不易矫正构件。加热能率大，则加热速度快，矫正能力加强，矫正变形量增大。

　　低碳钢和普通低合金钢火焰矫正温度通常在 600～800 ℃，加热温度一般不宜超过850 ℃，否则会影响到金属构件的力学性能。实践中，根据钢材在加热中颜色的变化（见表2-3-1）来判断温度的高低。

表 2-3-1　钢材表面颜色及其相应温度（在暗处观察）

颜　色	温度/℃	颜　色	温度/℃
深褐红色	550～580	亮樱红色	830～900
褐红色	580～650	橘黄色	900～1050
暗樱红色	650～730	暗黄色	1050～1150
深樱红色	730～770	亮黄色	1150～1250
樱红色	770～800	白黄色	1250～1300
淡樱红色	800～830		

　　（2）加热方式。

　　火焰矫正的加热方式有点状加热、线状加热和三角形加热三种。

　　① 点状加热矫正。

　　如图 2-3-2 为点状加热矫正钢板和钢管的实例。图 2-3-2（a）所示为钢板（厚度在 8 mm以下）波浪变形的点状加热矫正，其加热点直径 d 一般不小于 15 mm。点间距离 l 随变形量的大小而变，残余变形越大，l 越小，一般在 50～100 mm 变动。为提高矫正速度和避免冷却后在加热处出现小泡突起，往往在加热完一个点后，立即用木锤锤打加热点及其周围，然后浇水冷却。图 2-3-2（b）所示为钢管弯曲的点状加热矫正，加热温度为 800 ℃，加热速度要快，加热一点后迅速移到另一点加热，经过同样方法加热、自然冷却一到两次，即能矫直。

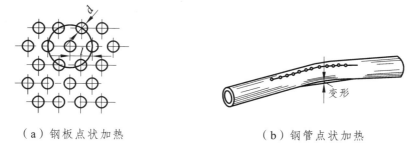

（a）钢板点状加热　　　　　　　　　（b）钢管点状加热

图 2-3-2　点状加热矫正

② 线状加热矫正。

火焰沿着直线方向或者同时在宽度方向做横向摆动的移动，形成带状加热，均称线状加热，图 2-3-3 为线状加热的几种形式。在线状加热矫正时，加热线的横向收缩大于纵向收缩，加热线的宽度越大，横向收缩也越大。所以，在线状加热矫正时要尽可能发挥加热线横向收缩的作用。加热线宽度一般取钢板厚度的 0.5～2 倍。这种矫正方法多用于变形较大或刚性较大的结构，也可矫正钢板。图 2-3-4 为线状加热矫正的实例。

（a）直线加热　　　　　　（b）链状加热　　　　　　（c）带状加热

图 2-3-3　线状加热的形式

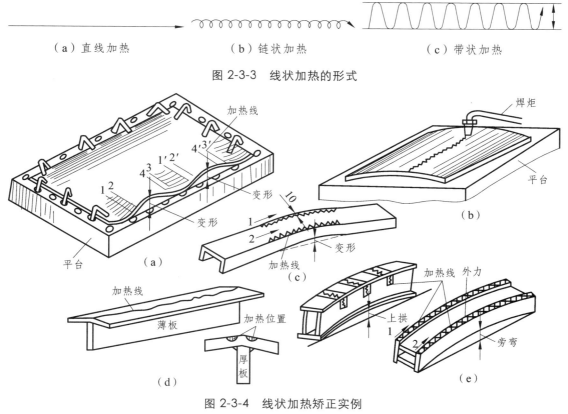

图 2-3-4　线状加热矫正实例

（a）薄钢板；（b）厚钢板；（c）槽钢；（d）T 形钢；（e）箱形梁

线状加热矫正时，根据钢材性能和结构的可能，可同时用水冷却，即水火矫正。这种方法一般用于厚度小于 8 mm 以下的钢板，水火距离通常在 25～30 mm。对于允许采用水火矫正的低碳钢，在矫正时，应根据不同钢种，调整水火距离。水火矫正如图 2-3-5 所示。

三角形加热即加热区呈三角形。加热的部位是在弯曲变形构件的凸缘，三角形的底边在被矫正构件的边缘，顶点朝内，如图 2-3-6 所示。由于加热面积较大，所以收缩量也较大，尤其在三角形底部，可用多个焊炬同时加热，并根据结构和材料的具体情况，另加外力或用水火矫正。这种方法常用于矫正厚度较大、刚性较强构件的弯曲变形。

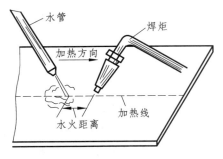

图 2-3-5　水火矫正

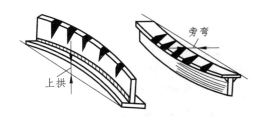

图 2-3-6　T 形梁的三角形矫正

（3）火焰矫正的相关事宜。

① 预先了解构件的材质，以确定能否使用火焰矫正，避免易淬火钢构件因火焰矫正而导致其力学性能严重下降，甚至断裂。

② 加热火焰一般采用中性焰。如果要求加热深度浅，所需要的角变形较小些，并提高加热的速度，也可采用氧化焰加热。

③ 对于一些大型结构进行火焰矫正时，可同时对结构施加外力，如利用本身的自重、加压重物造成附加弯矩或利用机具牵拉和顶压，都可增大矫正效果。

火焰矫正的操作灵活多变，无固定模式，应根据不同构件变形特点，分析其变形原因，掌握变形规律，从而确定最佳加热方案。

3.1.2　火焰矫正实例

1. 薄板中部凸起的火焰矫正

先将钢板置于平台上，用羊角夹将钢板四周压紧，如图 2-3-7（a）、（b）所示，然后用点状加热法加热凸起处周围，加热次序如图 2-3-7（a）中数字所示。也可用线状加热法，加热次序如图 2-3-7（b）中数字所示。从中间凸起的两侧开始加热，然后逐步向凸起处靠拢，即能矫正。

2. 薄板边缘呈波浪变形的火焰矫正

将钢板置于平台上，用羊角夹压紧三条边缘，使波浪变形集中在另一条边缘上，然后用线状加热法从凸起的两侧较平的部位开始，再向凸起处靠拢，加热次序如图 2-3-7（c）所示。加热长度一般为板宽的 1/2～1/3；加热线间的距离视凸起的高度而定，凸起越高，则变形越大，加热线间的距离应越近，一般在 50～20 mm。如经第一次加热后仍不平，可重复进行第二次加热矫正，但加热线位置应与前一次错开。

3. 较厚板弯曲变形的火焰矫正

将钢板凸起朝上平放在平台上，用线状加热法在凸起最高位置加热，如图 2-3-7（d）所示。加热温度取 500 ~ 600 ℃，加热深度不要超过板厚的 1/3，使厚度方向上部收缩量大于下部收缩量，从而使钢板得到矫正。加热时必须用较强的火焰，以提高加热速度，缩短矫正时间。如果一次未能矫平，可进行二次加热，但需与前次加热线位置错开，直至矫平。

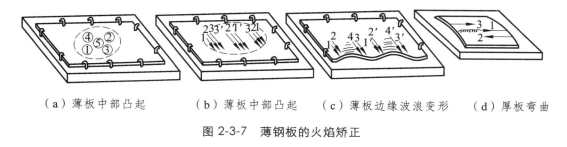

（a）薄板中部凸起　　（b）薄板中部凸起　　（c）薄板边缘波浪变形　　（d）厚板弯曲

图 2-3-7　薄钢板的火焰矫正

3.2　机械矫正

3.2.1　板材的手工矫正

1. 薄板的手工矫正

薄板变形的主要原因是由于板材内存在着不均匀的拉、压残余应力，致使内部组织松紧不一而出现几何形状的变化。矫正的目的，就是通过施加外力锤击板材的紧缩区，使其延伸扩展，纤维伸长趋于一致。

薄板的变形与手工矫正如图 2-3-8 所示。矫正薄板中间凸起时，要锤击板的四周，原因是板材四周紧、中间松。由凸起处的边缘开始向周边呈放射形锤击，越向外锤击密度越大，锤击加重，以使由里向外各部分金属得到同程度的延伸，凸起变形在锤击过程中逐渐消失，如图 2-3-8（a）所示。若钢板中间有几处相邻的凸起，则应在交界处轻轻锤击，使数处凸起合并成一个，然后再锤击四周使之展开。必须指出：如果直接锤击凸起处，则由于薄板的刚性差，锤击时凸起处被压下，并使凸起部分进一步伸长，其结果会适得其反。

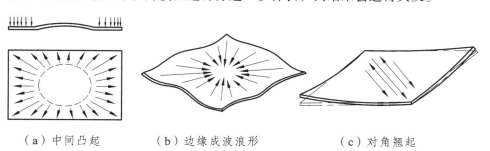

（a）中间凸起　　　　（b）边缘成波浪形　　　　（c）对角翘起

图 2-3-8　薄板的变形与手工矫正

如果薄板四周呈波浪变形，则表示板材四周松、中间紧。矫正时，由外向内锤击，如图2-3-8（b）箭头所示，随着锤击的密度和力度逐渐增加，板材中部有较大延展，四周波浪变形得到矫平。

如果薄板发生扭曲等不规则变形，如在平台上检查时，发现薄板对角翘起，是由于毛边部位松，未翘起部位紧。矫正时，应该沿未翘起部位的对角线处进行锤击，如图 2-3-8（c）所示，使其延展而矫平。

薄板变形矫正的难度较大，应首先判明变形的程度及状态，然后确定锤击的正确部位，使其延展，并不断翻转检查，直到矫正为止。

2. 厚板的手工矫正

厚板的手工矫正，可直接锤击凸起处，直接锤击凸起处的锤击力量要大于材料的屈服点，才能使凸起处受到强制压缩而矫平；也可锤击凸起区域的凹面，锤击凹面可以用较小的锤击力，使材料仅在凹面扩展，迫使凸面受到相对压缩。由于厚板的厚度较大，其凸起处的断面两侧边缘可以看作是同心圆的两个弧，凹面的弧长小于凸起的弧长。因此，矫正时应锤击凹面，使其表面扩展，再加上钢板有一定厚度，锤击力小，凹面的表面扩展并不能导致凸面随之扩展，从而使钢板得以矫平。

对于厚板的扭曲变形，可沿其扭曲方向和位置，采用反变形的方法进行矫正。

手工矫正厚钢板时（适于低碳钢），往往与加热矫正相结合效果较好。但在有压力机的条件下，厚板已很少使用手工进行矫正。

3.2.2 型钢的手工矫正

1. 角钢的手工矫正

角钢的变形有扭曲、弯曲和两面不垂直等形式。手工矫正角钢一般应先矫正扭曲，然后矫正弯曲和两面垂直度。

（1）角钢扭曲的矫正。

小角钢的扭曲可用叉子扳扭，如图 2-3-9 所示；较大尺寸的角钢可斜置于平台边缘锤击矫正。对于有严重扭曲不适于冷矫正时，可采用加热的方法进行矫正。

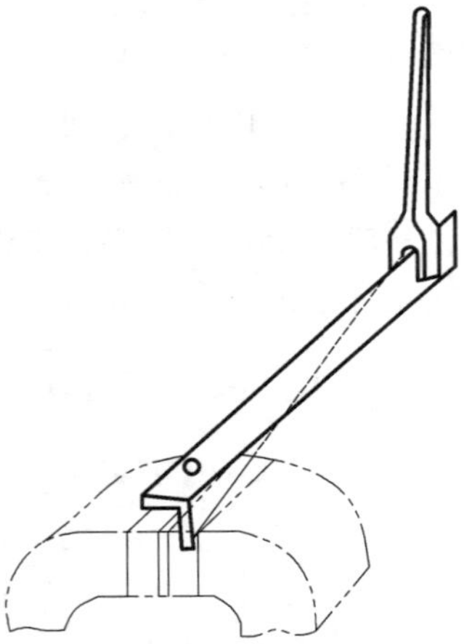

（2）角钢弯曲的矫正。

角钢的弯曲变形是最常见的，矫正时可采用一个直径和刚度适宜的钢圈，将角钢放在钢圈上锤击凸起处，使其发生反向弯曲而矫直。

① 矫正角钢外弯。

将角钢平放在钢圈上，锤击时为防止角钢翻转，锤柄应稍微抬高或放低一角度（α 约 5°）。在锤击的同时，除适当用力打击外，还稍施加向内的拉力（锤柄后手抬高）或向外的推力（锤柄后手放低），具体作法应视锤击者所站位置而定，如图 2-3-10（a）所示。

图 2-3-9　角钢扭曲的矫正

② 矫正角钢内弯。

将角钢背面朝上立面放在钢圈上，然后锤击角钢的立面部位矫正。为防止角钢扣倒，锤击时握柄后手高度也应适当调整（α 约 5°），并在锤击的同时稍施加拉力或推力，如图 2-3-10（b）所示。

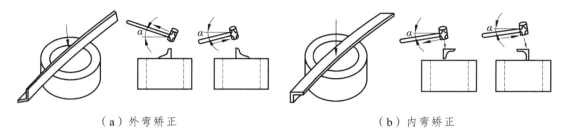

（a）外弯矫正 　　　　　　　　　　　　（b）内弯矫正

图 2-3-10　角钢弯曲的矫正

（3）角钢两面不垂直的矫正。

① 角钢两面夹角大于 90° 时，应将大于 90° 的区段放在 V 形槽垫铁或平台上，另一端用手握住，锤击角钢的边缘，如图 2-3-11 所示。打锤要正，落锤要稳，否则工件容易歪倒，振伤握件的手。

② 角钢两面夹角小于 90° 时，可将角钢仰放，使其脊线贴于平台上，另一端用手握住，用平锤垫在角钢小于 90° 区段内，再用大锤击打平锤，使角钢两面劈开为直角，如图 2-3-12 所示。

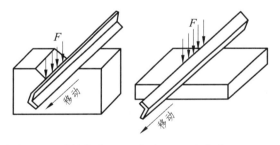

（a）用 V 形槽垫铁　　（b）用平台作垫

图 2-3-11　角钢大于 90° 的手工矫正　　　　图 2-3-12　角钢小于 90° 的手工矫正

2. 槽钢的手工矫正

槽钢的变形有立弯、旁弯和扭曲等形式。由于它的刚性较大，所以矫正比较费力，手工矫正适宜规格较小的槽钢。

（1）槽钢立弯的矫正。

可将槽钢置于两根平行圆钢组成的简易矫正台架上，如图 2-3-13（a）所示，使凸部朝上，用大锤击打，为使槽钢辐板部发生反向变形，并防止翼板受击打，锤击点应准确落在辐板部位，如图 2-3-13（a）中箭头所示。

（2）槽钢旁弯的矫正。

与矫正槽钢立弯相似，将槽钢仰置于简易矫正台架上，用大锤锤击翼板立面进行矫直，如图 2-3-13（b）中箭头所示。

（3）槽钢扭曲的矫正。

将槽钢斜置在平台上，使扭曲翘起部分伸出平台之外，如图 2-3-14 所示，用羊角夹或大锤将槽钢压住，锤击伸出平台部分翘起的一边，使其反方向扭转，边锤击边使槽钢向平台内移动，然后再调头进行同样的锤击，直至矫直。

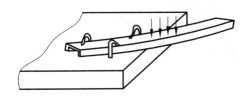

（a）立弯的矫正　　（b）旁弯的矫正

图 2-3-13　槽钢弯曲的手工矫正

图 2-3-14　槽钢扭曲的手工矫正

（4）槽钢翼板变形的矫正。

① 矫正外凸。

用大锤垂直顶住翼板凸起附近未变形处，或将大锤横向顶住凸部背面，如图 2-3-15（a）、（b）所示，然后再用大锤击打凸起处，即可矫平。

② 矫正凹陷。

将翼板平置于平台上，用大锤击打凸起处，或在凸起处垫上平锤，再用大锤击打，便可矫平，如图 2-3-15（c）所示。

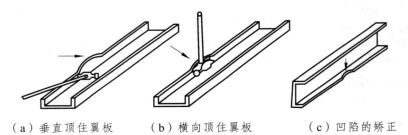

（a）垂直顶住翼板　　（b）横向顶住翼板　　（c）凹陷的矫正

图 2-3-15　槽钢翼板变形的手工矫正

思 考 题

（1）简述焊接及钎焊的概念。

（2）常见的焊接方法有哪些？

（3）在实施手工电弧焊时应注意什么？

（4）焊条 E4303 中各参数代表什么含义？

（5）手工电弧焊包括哪几个基本过程？

（6）简述钨极氩弧焊的原理及应用。

（7）说出 CO_2 气体保护焊焊接设备组成。

（8）说出 CO_2 气体保护焊供气系统的组成。

（9）CO_2 气体保护焊焊接参数如何选择？

（10）说出 CO_2 气体保护焊的基本操作技术。

（11）说出电阻焊的热过程。

（12）说出点焊的形成过程及点焊工艺基本操作。

（13）点焊接头形式有哪些？

（14）说出激光焊接在车身焊接上的应用。

第三部分 汽车涂装技术

【导读】

　　奇瑞 QQ 一上市就吸引了年轻人的眼球，时尚的外观、丰富醒目的车身色彩、极具张扬的个性和青春气息，深受年轻人的喜爱，如图 3-0-1 所示。自上市以来，奇瑞 QQ 就像一串活泼明快的音符，给整个传统沉闷的车市增添了无限活力。

图 3-0-1　奇瑞 QQ 汽车外观图

　　目前，奇瑞 QQ 拥有柠檬黄、苹果绿、法兰红等十多种赏心悦目的色彩，可以满足众多时尚人士的不同爱好，而所有 QQ 车的车身颜色均为 DURR 涂装生产线下的杰作。这条涂装线是奇瑞斥资 6 亿元人民币引入的一条德国 DURR 公司定位于高档车的全新涂装生产线，也是继宝马、大众、奥迪等之后世界第五条 DURR 涂装生产线。从此，国产车也拥有了与世界顶级汽车品牌完全相同的喷漆涂装工艺。

　　车辆在进行完焊装工艺后便进入了涂装车间，根据编程软件设定好的颜色进行喷涂，一般通过喷前的磷化处理、电泳涂装、中涂漆及面漆涂装等工序。涂装工艺车间属于无尘车间，只有在保证室内洁净度的前提下才可能使漆面光滑均匀。因此，涂装工艺是整车生产复杂、难度大的生产环节，这一工艺不仅具有外在的装饰效果，更决定了车身的防腐、防锈能力，还具有隔热、隔音和减振等多重作用。可以说，涂装水平的好坏对一辆车的品质和销量有着莫大的影响。

项目 1　汽车涂装概述

🚗【学习目标】

（1）理解汽车涂装的定义。

（2）理解汽车涂装的功能、特点及分类。

（3）掌握汽车涂装的三要素。

（4）了解常用的涂装方法。

1.1　涂装的基本概念

1.1.1　涂装的定义

涂装指将涂料涂覆于物面（基底表面）上，经干燥成膜的工艺。已经固化了的涂料膜称为涂膜（俗称"漆膜"）。由两层以上的涂膜组成的复合层称为涂层。汽车表面涂装是典型的多涂层涂装。

1.1.2　涂装的功能

1. 保护作用

汽车运行环境复杂，经常会受到水分、微生物、紫外线和其他酸碱气体、液体等的侵蚀，有时会被磨、刮而造成损伤。如果在它的表面涂上涂料，就能保护汽车免受损坏，延长使用寿命。这是因为，车身表面经涂装后，使零件的基本材料与大气环境隔绝，起到一种"屏蔽"作用而防止锈蚀；有些涂料对金属来讲还能起到缓蚀作用，比如磷化底漆可以借助涂料内部的化学成分与金属反应，使金属表面钝化，这种钝化膜加强了涂膜的防腐蚀效果。

2. 装饰作用

现代汽车不但是实用的交通运输工具，而且更像是一种艺术品。车身颜色与车内颜色相匹配，与环境颜色相协调，与人们的爱好以及时代感相适应。绚丽的色彩与优美的线形融为一体构成了汽车的造型艺术，协调的色彩烘托了汽车的造型，使汽车具有更佳的艺术美。

3. 特殊标识作用

涂装的标识作用是由涂料的颜色体现的。在汽车上涂装不同的颜色和图案区别不同用途的汽车。例如，消防车涂成大红色；邮政车涂成橄榄绿色，字号、车号为白色；救护车为白色并做红十字标记；工程车涂成黄色与黑色相间的条纹，字号、车号用黑色等。另外，颜色在指示、警告、禁令、指路等标志中的含义作用也非常明显。

4. 达到某种特定的目的

应用涂料的特殊性能，使汽车具有特殊功用来完成特种作业或适应特定的使用条件。例如，化工物品运输车辆要在车体表面或货箱、罐舱内部涂覆耐酸碱、耐油、耐热、绝缘等涂料以防止化学品的腐蚀、渗漏等；军用汽车采用保护色达到隐蔽的作用；涂在船底上的防污漆，漆中的毒剂缓慢渗出，可杀死寄生在船底上的海洋生物，从而延长船舶的使用寿命，并保证其航行速度；为使导弹、航天器等在飞行过程中不至于被大气摩擦产生高温烧毁，在其表面涂覆一种既耐高温又耐摩擦的涂料；还有用于消音等方面的涂料。不胜枚举的各种特殊要求，必须有各种各样的涂料去适应。

1.2 汽车涂装的特点和分类

1.2.1 汽车涂装的特点

1. 汽车涂装属于高级保护性涂装

汽车涂层必须具备极优良的耐蚀性、耐候性和耐沥青、耐油污、耐酸碱、耐鸟粪等物质的侵蚀作用。

2. 汽车涂装（以车身涂装为主）属于中、高级装饰性涂装

车身（尤其是轿车的车身）必须进行精心的涂装设计，在具有良好的涂装设备条件和环境下，才能使涂层具有优良的装饰性。

汽车的装饰性除车型设计外，主要靠涂装，因此汽车涂层的装饰性直接影响汽车的商品价值。汽车涂层的装饰性主要取决于色彩、光泽、鲜映性、丰满度和涂层外观等。汽车的色彩一般根据汽车类型、汽车外形设计和时代流行色来选择。除特殊用途的汽车（如军用汽车）外，一般都希望汽车涂层具有极好的色彩、光泽和鲜映性。例如，运动型跑车的色彩多采用明快的大红色、明黄色等，给人以强烈的动感；高级轿车多采用较深的色调，给人以庄重、稳健的感觉。涂层的外观优劣直接影响涂层的装饰性，涂膜的桔皮、颗粒等是影响涂层外观的主要因素。一般要求汽车外表涂层平整光滑，镜物清晰，不应有颗粒。

3. 汽车涂装是最典型的工业涂装

汽车制造涂装流水线的生产节奏一般为几十秒至几分钟，为此必须选用高效快速的涂装

前的表面预处理方法、涂装方法、干燥方法、传送方法和工艺设备。汽车修补涂装也是如此，为恢复汽车涂层的要求，达到无痕修补的目的，汽车修补涂装也采用了与汽车制造涂装相类似的先进的涂装设备、涂料和施工工艺，因此可以达到与汽车制造相同的良好效果。

4. 汽车涂装一般为多涂层涂装

汽车车身涂层如果是单涂层则会失去装饰性，漆面会显得不够饱满，色彩干涩且达不到上述优良的保护性。所以汽车涂层一般都是由三层以上的涂层组成的，如轿车车身的涂层就是由底涂层（主要是防锈底漆层）、中间涂层（提高上下涂膜的结合能力，提供韧性和抗冲击能力）和面涂层（提供多彩的颜色）组成的，涂层的总厚度一般控制在 100 μm 左右。

1.2.2 汽车涂装的分类

1. 车身外表涂装

车身外表涂装是汽车制造涂装的重点，达到高装饰性和抗腐蚀性的目的，并且与汽车用途相适应，具有优良的耐久性。

2. 车厢内部涂装

车厢内部涂装指客车车厢内部表面和载货车、特种车的驾驶室内部表面的涂装。

3. 车身骨架涂装

车身骨架是指支撑汽车覆盖件且构成汽车形体的承力结构件总成。

4. 底盘部件涂装

汽车底盘部件都在汽车的下部，要求涂膜具有良好的耐水、耐油、抗冲击和耐久性，尤其是底漆应有良好的附着力。

5. 发动机部件涂装

发动机的温度较高且经常接触水、油等，因此要求漆膜应耐热、耐水和耐油。

6. 电气设备涂装

电气设备涂装主要要求防水、防腐蚀和绝缘；对于蓄电池附近的构件则要求耐酸。

1.3 汽车涂装的三要素

1.3.1 涂装材料

涂装材料的质量和作业配套性是获得优质涂层的基本保障。汽车修补涂料和汽车制造涂料是不同的。因此，在选用涂料时要根据实际情况，从涂膜性能、作业性能和经济效益等方面综合衡量，汲取他人经验或通过实验确定。如果忽视涂膜的性能单纯考虑涂料的价格，有时会明显地影响涂膜质量，缩短涂层的使用寿命，从而造成更大的经济损失。如果涂料选用不当，即使精心施工所得涂层也不可能获得良好的效果，如内用涂料用作面漆，就会早期失光、变色和粉化；在硝基旧漆层上喷涂双组分面漆，就会出现咬底、开裂等现象。又如含铁颜料的涂料涂在黑色金属表面是好的防锈涂料，而涂在铝制品表面上反而会促进铝的腐蚀。

1.3.2　涂装工艺

涂装工艺是充分发挥涂装材料的性能、获得优质涂层、降低生产成本的必要条件。涂装工艺包括涂装技术的合理性和先进性，涂装设备的先进性和可靠性，涂装环境条件和工作人员的技能、素质等。如果涂装工艺与设备选择和配套不当，即使采用优质涂料，要获得优质涂膜也是困难的。若设备生产效率低，则势必造成涂装工程的成本增高，使经济效益下降。涂装环境的好坏直接影响到涂膜的质量，高级装饰性的汽车车身涂装必须在除尘、通风、照明良好的环境下操作。涂装操作人员的技能熟练程度和责任心是影响涂装质量的人为因素，加强操作人员的培训，提高人员的素质是非常必要的。

1.3.3　涂装管理

涂装管理是确保所制订的工艺的实施，确保涂装质量的稳定，达到涂装目的和最佳经济效益的重要条件。涂装管理包括工艺管理、设备管理、工艺纪律管理、质量管理、现场环境管理、人员管理等。

1.4　常用涂装方法

1. 浸　涂

浸涂是将经过表面处理的被涂物直接浸没在大量的液态涂料中，利用涂料与被涂物表面的附着力使涂料附着在被涂物表面的涂装方法。

2. 喷　涂

喷涂是用特制的喷涂设备（主要是喷枪）将涂料雾化，并涂覆于被涂物表面的涂装方法。

3. 刷　涂

刷涂是用动物毛发或植物纤维制成的刷子将涂料刷在物体表面的涂装方法。

4. 电泳涂装

电泳涂装是将被涂物浸没于涂料中，被涂物与涂料加以不同极性的电荷，利用电荷移动的原理进行涂装的方法，如图 3-1-1 所示。

图 3-1-1　生产在线的电泳涂装

项目 2　汽车涂装修理常用设备

🚗【学习目标】

（1）理解喷枪的工作原理。

（2）掌握喷枪的调整方法及使用方法。

（3）掌握其他涂装设备的使用方法。

2.1　喷　枪

2.1.1　喷枪的工作原理

1. 喷枪的雾化

空气喷枪是指利用空气压力将液体转化为小液滴的喷涂工具，该过程即雾化。雾化的过程就是喷枪工作的过程，雾化使涂料成为可喷涂的细小且均匀的液滴，当这些小液滴以正确的方式喷上汽车表面后就会结合形成一层厚度极薄的像镜子一样平整的膜。

雾化分为以下三个阶段进行，如图 3-2-1 所示。

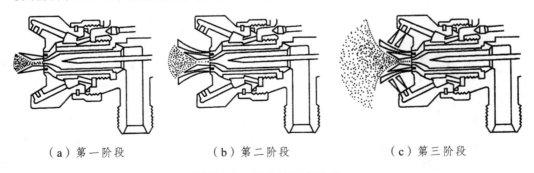

（a）第一阶段　　　　　（b）第二阶段　　　　　（c）第三阶段

图 3-2-1　雾化的三个阶段

第一阶段，涂料由于虹吸作用从喷嘴喷出后，被从环形口喷出的气流包围，气流产生的气旋使涂料分散。

第二阶段，涂料的液流与从辅助孔喷出的气流相遇时，气流控制液流的运动，并进一步使其分散。

第三阶段，涂料受从空气帽喇叭口喷出的气流作用，气流从相反的方向冲击涂料，使其成为扇形的液雾。

2. 喷枪的结构

喷枪主要由气帽、喷嘴、针阀、扳机、气阀、调节钮和手柄等组成。

空气帽引导压缩空气撞击涂料，使其雾化成有一定直径的漆雾。空气帽上有 3 个小孔，即中心孔、辅助孔、侧孔。中心孔位于喷嘴末端，产生喷出涂料所需的负压。辅助孔可促进涂料的雾化，喷出空气量的多少与涂料雾化好坏有很大关系。侧孔喷出的气流可控制喷雾的形状，当扇形调节旋钮关上时，喷雾的形状是圆形；当调节旋钮打开时，喷雾的形状变成长方形。

2.1.2 空气喷枪的类型

空气喷枪按涂料的供给方法分为吸力式、重力式和压力式 3 种，涂装修补常用吸力式和重力式，如图 3-2-2 所示为吸力式喷枪的结构示意图。空气喷枪按涂料罐的安装位置常称为下壶枪和上壶枪，小修补时多用上壶枪。

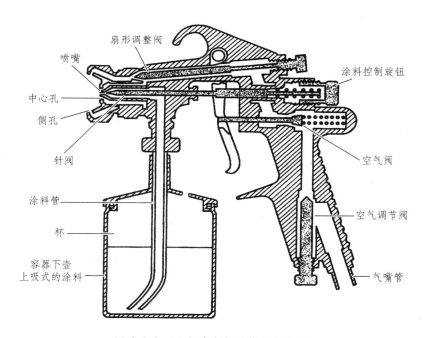

图 3-2-2　吸力式空气喷枪的结构图

喷枪口径选用依据：吸力式喷枪要高的气压和气流才能将涂料吸出，所以一般底漆选用 2.5 mm 左右为宜，面漆选用 1.8 mm 左右为宜，喷涂清漆时要膜厚一些，因此用 2.0 mm 为宜；重力式喷枪因出漆量不受黏度限制，所以压力、流量小一些，底漆选用 1.9 mm 左右，面漆选用 1.3 mm 左右，清漆选用 1.4 mm 左右；压力式喷枪因出漆压力高，所以选用口径较重力式又小，一般选用 0.5 mm 左右。

2.1.3 喷枪的调整与使用

1. 喷涂模式调整

喷涂模式调整是指喷雾扇形区域的调节，喷雾扇形取决于空气和雾化的涂料液滴混合是否合适（就像发动机的工作取决于空气和燃油的混合是否合适）。涂料的喷涂应平稳，喷涂出的湿润涂层应没有凹陷或流泪现象，在一般情况下要想获得合适的喷雾扇形，有 3 种基本调节方式。

（1）调节压力。

喷枪喷嘴处的压力对于得到合适的喷雾扇形有明显的影响。空气压力的调节一般可通过分离调压器来调节，但由于空气从调压器经过输气软管到达喷枪还受到摩擦力的作用，因此存在压降。调压器处测得气压与喷枪处测得气压的差值取决于输气管的长度和直径，一般来说，孔径越大压降越小，管长越短压降越小，但管长一般不超过 10 m。因此，应该在喷枪处测量气压值，而且我们所提到的压力值都是指喷枪处的气压。

测量气压最可靠的方法是使用一块插在喷枪和输气管接头之间的气压表。有些喷枪本身就带有气压表，可用来检查和调节喷枪处的压力值，而大多数喷枪的气压表是可选件，建议在生产实际中使用气压表。

（2）调节喷雾扇形。

通过调节喷雾扇形控制旋钮可以调节喷雾直径的大小。调节喷雾形状时，将扇形控制旋钮旋紧到最小，可使喷雾的直径变小，形状变圆。将扇形控制旋钮完全打开，可使喷雾形状变成宽的椭圆形。较窄的喷雾可用于局部修理，而较宽的喷雾则用于整车喷涂。

（3）调节涂料流量。

调节涂料控制旋钮可调节适应不同喷雾形状所需的涂料流量。逆时针转动涂料控制旋钮可增大出漆量，而顺时针转动将减小出漆量。

最佳的喷涂压力是指获得适当雾化、挥发率和喷雾扇形宽度所需的最低压力。压力过高会产生过多弥漫的喷雾，从而导致用料量增加，而涂层流动性降低，因为在涂料到达喷涂表面之前已有大量的溶剂被蒸发掉了，易产生桔皮等缺陷。

如果压力过低，会使涂层的干燥困难，因为大多数溶剂都保留下来了，因此容易产生起泡和流挂。不同涂料喷涂时所需的空气压力都有最佳值。

2. 喷涂试验

如图 3-2-3 所示，设定好空气压力、喷雾扇形、出漆流量后，就可以在遮盖纸或报纸上进行喷雾形状测试。喷涂清漆类涂料时，喷枪与测试纸相距为 15 ~ 20 cm，而喷涂磁性漆时，则相距 20 ~ 25 cm。试验应在瞬时完成，将扳机完全按下，然后立即释放。喷射出来的涂料应在纸上形成长而窄的形状，然后旋转喷雾扇形旋钮，使试样高度达到一定高度为止。一般情况下，进行局部修理时，试样高度从底部到顶部应达到 10 ~ 15 cm；进行大面积或全身修理时，试样高度从底部到顶部应长 23 cm 左右。通常情况，试样高度在 15 ~ 20 cm 即可。

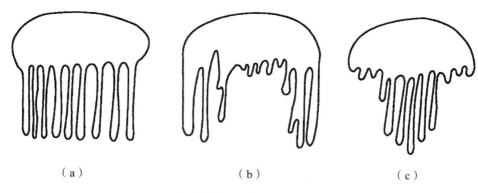

（a） （b） （c）

图 3-2-3　喷涂测试图形

进行这种喷涂测试，既可以确定涂料雾化是否均匀，又可以确定涂料雾化的颗粒是否足够小，以保证合适的流动性。

完成以上测试后，还应测试涂料分布是否均匀。

3. 喷涂操作

要想获得良好的喷涂效果，正确的喷涂操作与调节对喷涂工作是非常重要的，其主要有如下要领：

（1）喷枪与待喷表面保持适当的距离。

（2）喷枪移动时应保持水平，喷射线应与表面垂直。

（3）扣下扳机前，喷枪应先开机，而关机之前应先松开（涂料）扳机。这样才能平稳过渡，防止大起大落。

（4）喷涂时不要转动，喷枪的运动不要呈曲线形，否则会造成漆膜不均匀。喷漆时唯一可以转动的情况是进行局部喷涂时要求边缘处比中间厚时。

（5）移动喷枪的速度应稳定，每秒 30～40 cm。喷枪移动过快，会导致涂层过薄；而喷枪移动过慢，会导致出现流挂的现象。速度必须稳定，否则就会导致涂层不均匀。不要停在一个地方喷涂，否则喷涂就会下滴形成流挂。

（6）喷涂终了时应松开扳机，然后在反向喷涂开始时再扣下扳机。也就是说，掉头时应先松开扳机再扣下扳机。这样有利于避免流泪，减少多余的喷雾，节省涂料。

（7）像边角这些难喷涂的部位应先喷涂。直接对准这些部位，以使两侧平面喷涂均匀。

（8）喷涂表面非常窄的时候，应更换喷涂图案较小的喷枪或空气帽，而不必重新调节。

（9）一般而言，直立的表面应从顶部开始喷涂，喷嘴应与该表面的顶部齐平。

（10）手持喷枪一次移动的水平距离为 50～100 cm，如果面层水平喷涂尺寸超过 100 cm，就需分两次移动喷涂。两次喷涂应有 10 cm 的"湿边缘"重叠。在重叠区操作时，应掌握好扣动扳机的时机与力度，以免产生双涂层或形成涂料下垂现象，最后喷涂应位于表面的下缘。

（11）持续来回操作，每走到头应松开扳机，并降低喷涂图案一半的距离。最后一趟应使喷雾的一半低于已喷涂平面。

4. 持枪问题

持枪应注意倾斜、曲线运动、移动速度、重叠、覆盖等问题。

倾斜是指漆工将喷枪向下倾斜时，因为喷枪与喷涂斜面不相垂直，因此会导致喷雾过多，喷漆发干，甚至形成桔皮。

曲线运动是指漆工移动喷枪的轨迹与喷涂平面不平行。

2.1.4 喷枪的日常维护

1. 喷枪的清理

不注意保养和清洗是喷枪发生故障的主要原因。

注意：使用的气压要低，当涂料罐还装在喷枪上时，不要进行上述操作，否则涂料会从罐内飞溅出来。

重新将空气帽上紧，并把涂料罐中的涂料倒回原来的大罐中。用溶剂和稀毛刷清洗杯内和杯盖，用一块浸过溶剂的抹布擦掉残余物，然后向杯内倒入少许干净的清洁剂，扣动扳机，将清洁剂喷出，清洗输料管。

然后将空气帽卸下，泡在稀释剂或溶剂中，用像圆头牙刷或稻草扫帚样的软刷子清洗堵塞的小孔。记住，决不能用铁丝或铁钉这样的东西清理这些小孔，因为这些小孔都是精加工钻出的。用喷枪刷和溶剂清洗喷嘴。用泡过稀释剂的抹布将枪体外部擦干净，注意擦掉所有涂料的痕迹。

2. 喷枪的维护保养

最好每天工作完后进行润滑喷枪。由于正常的磨损和老化，密封圈、弹簧、针阀和喷嘴必须定期更换，更换应按生产厂家的说明进行。由于机油过量就会流入涂料和机油通道，造成喷涂缺陷，因此润滑时必须非常小心，机油和涂料混合后就会降低喷涂质量。

不要把整把喷枪长时间泡进清洗液中，这样会使密封圈硬化，并破坏润滑效果。

3. 喷枪的使用

为了获得最佳的修补效果，在不同的涂层和情况下要使用不同的喷枪。建议每人配备 4 把喷枪，一把用于底漆、中涂层喷涂，一把用于面漆、清漆层喷涂，一把用于银粉漆喷涂，还有一把小修补喷枪用于点修补时使用。如果这些喷枪保持良好的清洗和工作顺序，就会节省大量换枪时的调整和清洗时间。

2.1.5 环保型喷枪

环保型喷枪又称为 HVLP 喷枪，意为高流量低气压式喷枪，即使用大量空气，在低气压下将涂料雾化成低速的小液滴。它与传统喷枪的区别在于其材料传递效率非常高。

HVLP 喷枪将涂料分解成小液滴的气压不超过 70 kPa。当涂料流进入气流后，由于没有反弹现象，减少了弥漫的喷雾，因此传递效率有了很大提高。HVLP 喷枪适用于任何可用喷枪雾化的液体溶剂材料，包括双组分涂料、氨基甲酸乙酯、丙烯酸漆、环氧树脂、磁漆、清漆、着色涂料、底层防锈涂料等。高传递效率可以很好地保护环境，还可以有效地提高车间的工作环境以及喷涂的质量。

HVLP 喷枪和传统喷枪的操作基本相同，但有一些细微的差别。例如，HVLP 喷枪离喷涂表面应该近一些，因为漆流的速度较慢，喷涂时应距离 15~20 cm，距离过长会导致喷涂发干且漆膜厚度不够。气压为 150~200 kPa 时，就能使涂料很好地雾化。

2.2 烘干设备

按干燥设备的外形结构分，烘干设备分为室式、箱式和通过式 3 种。修理厂常用的喷烤漆房就属于室式烘干设备；箱式烘干设备适用于小批量、间歇式生产；通过式烘干设备主要用于汽车生产厂大批量、机器化生产。

按生产操作方式分，烘干设备分为连续式和周期式两种。前者适合于批量生产，后者适合于大批量流水作业。

按加热和传热方式分，烘干设备分为对流式、辐射式和感应式 3 种。对流式是指用蒸汽、电热和炉火加热空气，使热空气在房内对流加热；辐射式是指将热能转变为各种波长的电磁波，对物体加热，利用红外线作辐射源的称为红外线辐射干燥设备；感应式是指用电磁感应加热的设备。

2.2.1 红外线烤灯

红外线烤灯是一种可移动式的、方便的、小工件烤干设备，依靠被照物吸收光能转换成热能，而使物体升温，它适用于所有可加热固化的涂料的烘干和干燥工序，如图 3-2-4 所示。红外线辐射加热与热风对流加热相比，具有如下特点：热能靠光波传导，被涂膜和物体吸收，升温速度快；基于涂膜和物体吸收红外线而升温，热量从物体和涂膜内向外传，与涂膜干燥过程中溶剂的蒸发方向一致，这样就不易产生由于有溶剂封在涂膜内部而生成针孔的缺陷；设备简单，生产效率高；由于红外线辐射有方向性，可以进行局部加热。

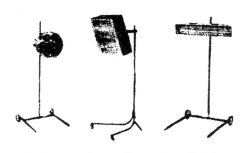

图 3-2-4　移动式远红外线干燥设备

2.2.2 喷烤漆房

喷烤漆房是汽车涂装修补重要的设备，常用喷烤漆房来解决喷涂时常见的下列问题：灰尘、污染、安全（由于与钣金等其他车间在一起，易引起明火）、喷涂完成后的干燥。喷烤漆房能够提供一个清洁、安全、明亮、有利于健康的工作场地。它可以使喷涂场地没有飞扬的粉尘，并能限制和安全排放掉进行车身喷涂工作时产生的挥发性气体。

现代喷烤漆房的空气供应系统一般采用上送下排式，又称下行式。气流从天花板吹进来后，经过车身，从气坑排出，如图 3-2-5 所示。干净、适温的气流经过车身表面的过程有利于减少喷涂表面的污染和多余的漆雾。风速为 0.3 m/s，可通过调整排风门的开度来调节。

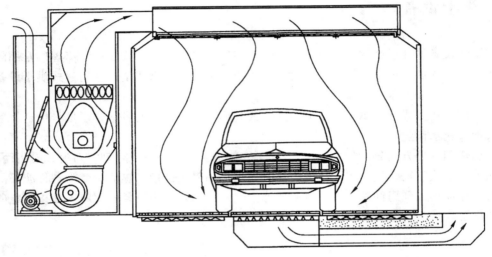

图 3-2-5 喷烤漆房

从保护漆工的健康与安全的角度出发，漆房最重要的部件是其空气滤清系统。目前，有各种配置和过滤材料，如纸、棉、玻璃纤维、聚酯纤维等。其空气滤清系统有湿式（或称水洗式）和干式两种过滤系统。

喷烤漆房的加热方式有燃油式、电加热式和红外线加热式，后两种加热方式目前已不多用。燃油式因其热效率高、排放较小，目前采用较多。燃油式燃料又分柴油、煤油和酒精等几种燃料。

2.2.3 烘 箱

烘箱在我们喷涂作业中多用于喷涂样板的烘干，一般为柜式结构，加热方式一般为电加热和红外线加热。它的特点是保温性能好、占地面积小。

2.3 压缩空气供给系统

压缩空气供给系统用于提供充足的达到预定压力值的压缩空气，以确保喷涂车间所有的气动设备都能有效地工作。系统的规格从小型的便携式装置到大型的安装在车间内的设备。这些系统的基本配置和安装要求都有以下相同点：一台或一组空气压缩机，有时也称之为"气泵"；动力源，一般为电动机，室外工作时可使用便携式汽油机驱动的压缩机；一只或一组用于调节压缩机和电动机工作的控制器；应使用规格合适的储气罐或容器，如果过小将导致压缩机频繁启动，从而使电动机负载过重，过大则浪费；分配系统，是指从空气容器到需要压缩空气的分配点的软管和固定管道，或者软管和固定管道的组合，包括规格合适的软管或者固定管道、接头阀、油和水分离器、气压调节器、仪表和其他能使特定的气动工具，以及喷涂设备有效工作的空气与流体控制装置，这些是压缩空气系统连接的关键。

2.3.1 压缩机和储气罐

1. 空气压缩机

压缩机是所有空气系统的"心脏"，它将空气的压力从普通的大气压升高到某一更高的压力值。空气压力的单位是千帕（kPa）。正常的大气压压力是 101.325 kPa，而典型的压缩机能够提供压力高达 1400 kPa 的空气。空气压缩机按其工作原理划分为膜片式、活塞式和螺杆式 3 类，活塞式空气压缩机使用比较普遍。

由于车身修理和喷涂工作通常需要消耗大量的压力相对较高的压缩空气，因此膜片式压缩机在普通工厂较少使用，而只用于专门进行定制喷涂和使用小型喷枪的表面精修厂家。

根据所需要的空气量和压力值的不同，可以选择单缸或多缸以及单级或双级的活塞式压缩气泵。如果空气是从常压下吸入的，并由一个冲程压至最终压力，则使用的压缩机就是单级压缩机。单级压缩机一般用于压力范围达 860 kPa 的间歇性作业中。双级压缩机的效率较高，工作温度较低，并且在消耗能量相同的情况下能提供更多的压缩空气，尤其是在 690 ~ 1400 kPa 的压力范围内，而这一压力范围完全可以满足大多数车身修理或喷涂工作的需要。

2. 储气罐

空气压缩机输出的压缩空气一般都要进入储气罐暂时储存。只有当储气罐气体的压力达到气动工具所需要的压力值时，气动工具才能正常工作。储气罐实质上是个蓄能器，其容积越大，所能储存的压缩空气量越多。只有当气动工具使用时，压力下降到一定值，压缩机才会启动，重新向储气罐充气。可见储气罐的作用在于减少压缩机的运转时间，同时又能保证供给气动工具用气的需要，因此可以减少压缩机的磨损和维修工作。

2.3.2 调压器和油水分离器

1. 调压器

调压器是用于降低从压缩机进入主输气管道气流压力的装置。它能够自动维持需要的气压，并且使波动最小。调压器用于已经装配空气冷凝器或其他类型过滤器的管路。调压器有多种口径和压力规格，另外还有是否附带仪表之分，以及不同的灵敏度和精度。它有两个接口，分别用于主输气管道气流的输入和调节后气流的输出。

2. 油水分离器

油水分离器，又称为水分分离调节器或空气转换器，是一种多功能的仪器。它可将油、脏东西和水从高压气体中分离出来，过滤和分离空气，显示调节后的空气压力，以及为诸如喷枪、吹尘枪、打磨机等气动工具提供多头空气输出口。

油水分离器可用于所有需要清洁、干燥以及压力调节过的高压气供应的修整喷涂工作，通过其内部一系列阻流板、离心器、膨胀室、振动片和过滤器的作用，将气流中的脏东西、油、水气分离出来，从而从输出口只输出清洁、干燥的空气。气压调节阀可提供主动的控制，确保气压均衡稳定。仪表用于显示调节后的气流压力，有的也能显示主输气管道的压力值。装有控制阀的输出口可将高压气分配到需要的工作地点。排水阀则可以放掉包含油、脏东西、水气的沉积物。

2.4 打磨和其他设备

2.4.1 打　磨

表面涂层的寿命及其外观效果在很大程度上取决于喷涂表面的状况如何。汽车修理行业用到的"表面"这个术语是指在整个喷涂过程中喷涂最后颜色涂层之前的一个工作阶段。因此，使车身表面光滑、平整是获得良好附着效果必需的一步，而接下来涂敷原子灰和进行打磨的工作也是如此。

由此可见，在表面预处理中，打磨是关键的一步。事实上，打磨在大多数表面预处理程序中是一道标准的工序。准备喷涂表面时可按以下几步进行打磨：将开裂的涂层突起的边缘逐步打平，以免在新涂层下出现一道凸线；在喷涂新的外涂层之前，必须清除干净开裂或剥落的涂层和小面积锈蚀。否则，这些状况会继续恶化，并最终破坏新的涂层；喷涂过底漆层和中涂层的部位必须打磨光滑和平整；必须对整个需要整修的表面进行磨伤打磨以提高新涂层的附着力。磨伤打磨可以清除干净旧的表面涂层上所有的污染痕迹。干净的、打磨过的表面对正确附着是非常重要的。

因为在打磨的操作过程中，涂敷磨料（砂纸）实际上起的是切割和平整的工作，所以选择合适的磨料对修整工作的质量而言，是至关重要的。砂纸的形状有矩形和圆盘形两种，前者多用于手工打磨，后者则只用于机器打磨。常用砂纸所采用的磨料有金刚砂和氧化铝的颗粒，还有新开发的锆铝磨料。

金刚砂磨料：用金刚砂制成的砂纸和磨盘是用来打磨薄边或干磨各种柔软材料的，如打磨旧漆层、玻璃纤维和原子灰等。金刚砂是一种尖锐的颗粒，适合于快速磨削，但用来打磨坚硬表面时，磨粒很容易崩脱或变钝。

氧化铝磨料：氧化铝的楔形磨粒非常坚固，不易被折断也不至于很快磨钝。氧化铝磨料适用于打磨受损的金属，除去旧漆层或为塑料填充剂整形。事实证明，使用氧化铝磨料具有明显的优越性。

氧化铝与氧化锆磨料：由氧化铝和氧化锆构成的磨料具有独特的自动磨锐性能，与传统磨料相比，效率更高，寿命更长。此外，此类磨料打磨时产生的热量较少，特别适合于清除制造厂涂敷的光亮层漆面。自动磨锐性使得打磨时所需的压力较小，减轻了劳动强度，在汽车修理和重新喷漆中使用越来越广泛。

砂纸磨料颗粒的大小是不相同的，通常用粒度编号来表示。粒度编号越小，砂纸越粗。不同粒度的砂纸用途也不相同。例如，24 号砂纸属于极粗的，可用于清除旧漆层；粒度为320、360 和 400 号砂纸属于极细砂纸，适用于需要重新喷漆表面的磨光；1250、1500 和 2000号砂纸属于抛光纸，可用于消除底层和光亮层漆面的各种疵病。

氧化铝磨料的砂纸一般为黄色或浅色，磨粒之间排列较为疏松，能够减小灰尘堵塞间隙，一般多用于干打磨；金刚砂磨料的砂纸一般为黑色或棕色，磨粒间排列紧密些，广泛地用于湿式打磨。

2.4.2　机器干磨和手工水磨

打磨形式分为干磨和水磨，打磨方式又分为机器打磨和手工打磨。机器打磨都是采用动力打磨机，多为干磨形式，又称为机器干磨式；手工打磨有干式和湿式之分，手工干磨由于易产生灰尘，且打磨痕迹粗糙，目前已逐渐被取代，生产中多用手工水磨方式。

2.4.3　机器干磨系统

1. 打磨机的种类

机器打磨可以利用电力驱动，也可以利用压缩空气驱动。由于喷漆车间内有易燃物品，要尽量减少电动工具的使用，所以主要采用压缩空气驱动的气动打磨机。气动打磨机是利用贴附砂纸对表面进行打磨的设备，主要有 4 种类型：

（1）单作用打磨机。

打磨盘垫绕一固定的点转动，砂纸只做单一圆周运动，称为单一运动圆盘打磨机或单作用打磨机（见图 3-2-6）。这种打磨机的扭矩大、速度低，主要用于刮去旧涂层，钣金工具就属于这类打磨机；速度高的，用于漆面的抛光，也就是抛光机。

（2）轨道式打磨机。

轨道式打磨机（见图 3-2-7）的砂垫外形都呈矩形，便于在工件表面上沿直线轨迹移动，整个砂垫以小圆圈振动，此类打磨机主要用于原子灰的打磨。该类打磨机可以根据工件表面情况采用各种尺寸的砂垫，以提高工作效率，轨迹直径亦可改变。

（3）双作用打磨机（偏心振动式）。

双作用打磨机（见图 3-2-8）的打磨盘垫本身以小圆圈振动，同时又绕其自己的中心转动，因而兼有单运动及轨道式打磨机的运动特点，切削力比轨道式打磨机强。在确定打磨机用于表面平整或初步打磨时，要考虑轨道的直径，轨道直径大的打磨较粗糙，反之较细。

图 3-2-6　单作用打磨机　　　图 3-2-7　轨道式打磨机　　　图 3-2-8　双作用打磨机

（4）往复直线式打磨机。

砂垫做往复直线运动的，称为直线式打磨机。往复直线式打磨机主要用于车身上的特征线和凸筋部位的打磨，如图 3-2-9 所示。

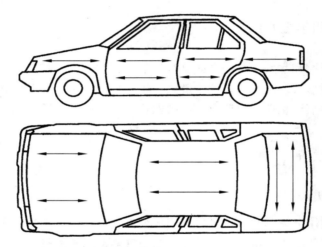

图 3-2-9　沿着车身轮廓线的方向进行打磨

2.　打磨机的使用

（1）单作用和双作用打磨机的转速为 2000 ~ 6000 r/min，砂垫直径为 13 ~ 23 cm。该打磨机可用于清除原有的涂层。重型的打磨机有两个手柄，目的是控制更平稳。使用打磨机时，一定要平稳运动，切勿在某一部位长时间停留，以免产生许多难以消除的磨痕。使用费斯托产的气动打磨机时，可以放在打磨表面上启动，但应注意最好放在低速档启动。

（2）轨道式打磨机除砂垫旋转外，整个砂垫还可以做摆动。它既可以进行局部环形打磨又可以同时进行往复直线打磨。使用时必须将整个轨道打磨机压平在打磨面上，才不会留下磨迹。

（3）操纵气动打磨机时，气压应调到 450 ~ 490 kPa。操作时，用右手握住打磨机手柄，左手施加较小的压力并控制打磨机均匀移动。

（4）为了不损坏镀铬层，在镀铬饰物（或嵌条）外 2 cm 范围内不进行打磨。打磨前应将这些部位用防护带粘贴好，以免造成不良影响。

（5）打磨过程中，发现漆渣开始在砂纸上结块或起球时，应及时更换砂纸或用棕刷将漆块刷掉。

2.4.4 手工水磨

手工打磨就是把砂纸平铺在车身上，前后来回进行简单的摩擦操作。操作时可遵循如下规程：

（1）将砂纸从中间剪下一半，并折成三叠。

（2）用掌心将砂纸平压在打磨表面上，张开手掌，用掌心沿砂纸的长度方向施加中等均匀的压力。打磨时来回的行程应长而直，如果掌心没有平压在表面上，手指就会接触到打磨表面，这将导致手指与表面之间受力不均匀，所以应避免手指接触打磨表面。

（3）打磨时也不要进行圆周运动，否则会产生在表面涂层下可见的磨痕。为了获得最好的打磨效果，应该始终沿与车身轮廓线相同的方向进行打磨。为了获得平整的效果，也可以采用十字叉花的打磨方法。

（4）使用打磨垫或打磨块可获得最佳的效果。打磨突起或凹下的板件时，应使用柔软的海绵橡胶垫；而打磨水平表面时，应使用打磨块。

（5）打磨已用较粗的砂纸打磨过的区域时应小心操作，使用小打磨垫可以很容易地打磨难以够到的部位。

（6）当手工打磨底漆或中涂层时，应打磨到又光滑又平整的程度为止。可用手或干净的抹布在打磨表面上摩擦以检查有无粗糙的地方。

湿打磨可以解决打磨灰尘堵塞砂纸的问题，湿打磨与手工干磨最大的区别是要使用水，还要用到海绵和刮板等工具，所用砂纸也不同。

进行完湿打磨操作后，必须弄干所有的打磨表面。缝隙和倒角处可先用压缩空气吹干，然后用黏性抹布擦干所有的表面。

2.4.5 抛光设备

抛光机是利用抛光垫对已喷涂的外涂层进行光整加工的设备，有电动机驱动和压缩空气驱动两种形式。目前，电动机驱动的抛光机比气动抛光机用得普遍。两种抛光机的特点对比如下：电动机驱动型转矩大，能保证在有负载的情况下旋转稳定，但需要较大的力来维持它的运动；气动型在有负载时速度下降，只需要较小的力就可以维持它的运动。和抛光机配套使用的还有抛光垫，用于抛光的抛光垫有 3 类：毛巾式、毛绒式和海绵式。在这 3 类中，毛巾式的研磨效率最高，它一般与中、粗颗粒的抛光剂配套使用；海绵式留下的抛光痕迹最小，常用于修饰；毛绒式则居于二者之间。

2.4.6 喷枪自动清洗机

采用喷枪自动清洗机能有效地节省工人清洗喷枪的时间，提高工作效率，而且能减少工人接触溶剂。清洗机一般是依靠压缩空气工作，将喷枪涂料罐拧下，用专用夹具将喷枪扳机夹住，放在清洗机清洗箱内，依靠多向喷嘴喷出的溶剂清洗。清洗机从容器角度分有双级循环式和单级循环式两种，双级循环式清洗的较为干净，但无论哪种清洗机清洗后都要人工再检查一下，以防剩余涂料堵住喷枪。

2.4.7 溶剂回收机

在清洗喷枪等工具及其他操作中，会剩余大量溶剂，如果直接倒掉既浪费也不利于环保。溶剂回收机利用高温蒸馏，将脏溶剂回收处理后，能得到干净的溶剂，节省了大量溶剂，更保护了环境。因溶剂桶在工作时处于高压状态，操作时一定要按正确的操作程序操作。

2.4.8 底材处理设备

1. 钣金磨

钣金磨，属于旋转式打磨工具，由于磨盘粗糙，切削力大，在开关机时尽量不要与工作表面相接触。

垂直式研磨机用于重负荷的研磨工作；水平式研磨机是较大型的碟式研磨机，装上打磨垫就能当作碟式打磨机使用，大多数水平式研磨机既能使用薄片砂轮也能使用锥形砂轮；倾斜式研磨机主要用于焊缝的平整、去毛刺和倒圆角；小轮研磨机除了可以使用盘轮之外，还可以使用锥形砂轮、线刷、套爪夹头、圆锉；内孔研磨机可用于进行焊缝的清理、去毛刺、倒圆角和平整，其设计有直头和圆头两种。

2. 喷砂机

喷砂是去除车身表面涂层最有效的方法，喷砂后，金属的状态才适合上底漆。裸露的金属表面不再有蜡或其他化学物质残余物，甚至缝隙内和铬皮下也都没有。金属裸露后，修理工就可以完全控制精修方式了。喷砂机有两种基本类型：标准喷砂机和可回收型喷砂机。

标准式喷砂机一般用于室外，可回收型喷砂机适用于室内，其喷砂嘴总成可以控制喷砂的运动，可以进行更换，利用机器内部的真空回收磨料和打下来的碎屑。

2.4.9 搅拌器

对于车身表面的精修工作，要想获得良好的效果，涂料的彻底混合与搅拌是至关重要的。尤其对于金属面漆是必不可少的，这种涂料内含有金属颗粒。由于重力的作用，金属颗粒会沉淀在容器的底部，因此金属漆使用前必须彻底混合，而其他油漆由于长时间放置也会出现混合不均匀的现象，使用前也必须进行彻底搅拌，最快的办法就是使用涂料搅拌器。

项目 3　调色系统

🚗【学习目标】

（1）了解颜色的基本知识。

（2）掌握调色设备的使用方法。

（3）掌握颜色的调配方法。

3.1　颜色基础知识

3.1.1　颜色的定义

物体对光线有选择性地吸收、反射、透射而产生颜色。当物体吸收了太阳光中所有可见光，便呈现黑色；如果它反射了所有波长的可见光，便呈现白色；如果能全部透射太阳光，它就是无色透明体；如果只反射（透射）一部分波长的可见光，其余波长的可见光被吸收，物体则呈现反射（透射）光的颜色。我们把物体可以根据色相、明度和彩度来描述的某个特征称为颜色。

3.1.2　影响颜色的三大要素

影响颜色的三大要素也称为视觉的三大要素，即光线、物体和观察者，换言之，这也是我们看到和分辨出颜色必不可少的条件，缺一不可。

1. 光　线

所谓光线就是能够在人的视觉系统上引起明亮的颜色感觉的电磁辐射。所以人们凭借光线，才能看到物体的颜色。光是一种电磁辐射，也是一种电磁波，我们通常所见到的光线称为可见光，它是指在电磁波谱中占据一定范围，能够被肉眼感觉到的电磁辐射形式，其波长为 400～700 nm，在此范围之外还有紫外线和红外线等射线。我们平时所观察到的彩虹就是可见光的一种表现形式，它的色彩按红、橙、黄、绿、青、蓝、紫的顺序排列，这些彩色光结合在一起就构成了白色光，也称为日光或自然光。

1665 年，牛顿发现一束白光通过三棱镜后会发生色散，形成由红、橙、黄、绿、青、蓝、紫各色组成的光带，即光谱。按照它们的波长大致可分为短波长（如蓝紫色）、中波长（如黄绿色）和长波长（如红色），如图 3-3-1 所示。

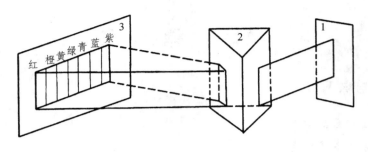

图 3-3-1　三棱镜折射

1—狭缝；2—三棱镜；3—白色光屏

在不同的照明条件下，各色彩看上去大不相同。设想将一辆红色跑车停在由钠光灯照明的停车场内，你也许会注意到这辆跑车看上去不再是红色，而却呈现出橙色。物体只能反射它从光源接收到的波长。我们把发光的物体叫作光源，如太阳、白炽灯、日光灯等。光源有自然光源和人造光源之分，太阳是自然光源，是最佳的光源，这是因为太阳光中含有不同波长的光，并且光能的分布比较均衡。但是在太阳光的光谱曲线上（见图 3-3-2），曲线在光谱的蓝色一端走势较高，因此说日光在本质上有些发蓝。而白炽灯、日光灯是人造光源，若将日光灯与白炽灯作一比较，你会看到白炽灯产生的波长更趋向于在光谱的红色一端达到峰值。因为白炽灯光是由加热灯丝产生的，光中主要含有红色的光线，属于较温暖的光线。冷白色的日光灯在可见光的蓝色部分放射更多的能量，所以步入日光灯照明的房间时，你会注意到你的衣服和脸色看上去有些发青，这是因为灯光中主要含有蓝色的光线，属于较冷的光线。

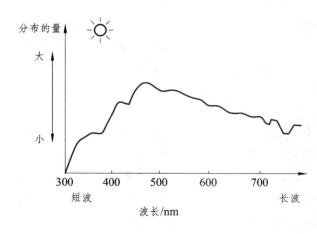

图 3-3-2　日光曲线图

由于日光有不同的时相，人造光源有不同的色温和显色指数，所以同一颜色在不同的光源下观察的结果是不同的。一般来说，利用北窗的昼光，是比较稳定的，在日出后 3 h 至日落前 3 h 期间，色温变化不大，光谱成分齐全，是观察颜色、分析颜色和调色的最佳时机。

2. 物　体

物体是观察的对象，我们周围的物体可分为两大类：一类是物体本身是发光体，即光源，如太阳；另一类物体在一般状态下不发光，只是在一定程度上吸收和反射来自光源的光线，日常所见到的物体大部分属于这一类。当光源照射到这类物体上时，物体对照射到其表面的光线有反射、透射、吸收三种反应：被反射的光线从物体表面反弹，物体的颜色往往由其反射光的颜色来决定；透过物体的光线在穿过物体时有所改变；被物体吸收的光线不会从物体外表逃逸出去。

同时，物体中通常含有颜料，颜料会有选择地反射一部分光线，吸收其他光线。被反射的光就决定了该物体的颜色。

3. 观察者

如果说光是产生颜色感觉的物理基础，那么眼睛的视觉特性则是产生颜色感觉的生理基础。肉眼中的神经末梢位于肉眼中被称作视网膜的感光部位，视网膜内含有两种类型的神经末梢：视网膜杆状（对光线高度敏感，感觉有关明与暗及清晰度的信息）和圆锥形晶体（对色彩高度敏感，感觉有关色彩的信息）。圆锥形晶体使肉眼能够区分蓝、黄色和红、绿色，肉眼和视神经将这些感觉到的颜色送至大脑，而后者将这些信号转换为色彩印象。

在人类眼睛内的视网膜上存在着 3 种视神经纤维，即感红、感绿、感蓝的视觉细胞，每种视觉细胞的兴奋都引起原色的感觉。正常人可以用红、绿、蓝三原色光混合匹配出光谱上的各种颜色，具有三色视觉称为三色觉者，能够分辨各种颜色。

尽管人的肉眼功能相同，但并不是所有人都以同种方式知觉色彩，对色彩的知觉因人而异，其中涉及眼睛、神经和大脑之间的相互作用。由于实际知觉是在视觉范围内发生，因此人们对色彩的印象各不相同且带有主观性。

人们对于颜色的感知，与以上所讲述的视觉三大要素紧密相关，光线照射到物体上，经反射（或透射）后进入眼睛，通过神经系统传输到大脑，然后颜色被人们所感知。

3.1.3　三大要素之间的相互作用

色彩是物体反射、光源和观察者三者的结合。很显然，如果这三个因素中的任何一个发生了改变，那么所产生的颜色变化也会随之改变，它们之间是相互影响的，如图 3-3-3 所示。

如果我们把一个物体由蓝色变成红色，当观察者和光源保持不动时，物体的颜色将完全由所反射的波长决定。

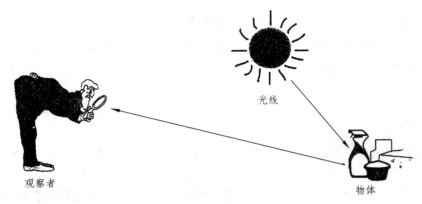

光线

观察者

物体

图 3-3-3　视觉的三大要素

当物体和观察者保持不变，而只有光源改变时，色彩也自然发生改变，这是由于所反射并感测到的是其他波长。因此，在化妆时必须考虑照明条件，肉食市场使用粉红色灯光会使肉类看起来更新鲜，而百货商场则利用特殊的日光聚光灯以使服装的颜色看上去更生动。精心布置的照明可以影响一个潜在顾客的情绪和购物决定，商家和顾客都意识到了这一点。在车身修补车间，应当在"冷白"色灯光或"日光"下判断色彩。

任意两个人不可能以同种方式感受色彩，即使光源和物体保持不变，两个观察者见到的色彩也会略有不同。随着人的年龄增长，眼晶状体开始变得不那么透明，其结果是好似带上了一副黄色太阳镜。

3.1.4　光源变色

在进行颜色匹配时，偶尔会出现一些特殊情形，即在某种光源下两件物体呈现相同的颜色，但在不同的光源下进行观察时，则会出现明显的色差，这种现象称为光源变色。其原因是光源中各种彩色光线的强度不同，例如，某油漆中含有蓝色成分，在日光下可能看不出来，但在水银灯下却十分明显，这是因为日光和水银灯光中蓝色光的强度是不同的。由于有光源变色，可能在车间灯光下看修补漆与原厂漆颜色配得很好，但在日光下看则不够好。在车间灯光下调配的颜色与车间所用灯光的类型有关，白炽灯光会使修补漆颜色发红；荧光灯依据所用荧光粉的不同而使颜色偏黄或偏蓝；冷白光和软白光都能改变油漆呈现的颜色。

有时可能因为修补漆与汽车原厂漆的面漆配方中所使用的颜料不一，导致修补漆在日光下与原厂面漆匹配良好，而在另一种光源下看就不甚满意。这就需要在配方中添加调色剂来解决，并且要在有可能产生光源变色的光源条件下对颜色匹配的情况进行核查。

3.1.5　色彩的性质

色彩的性质也就是我们前面提过的色调、明度、彩度，也称为颜色的三个空间或颜色三属性。要想完整、准确地描述一个颜色，需要包含这三方面的内容，缺一不可，如图 3-3-4 所示。

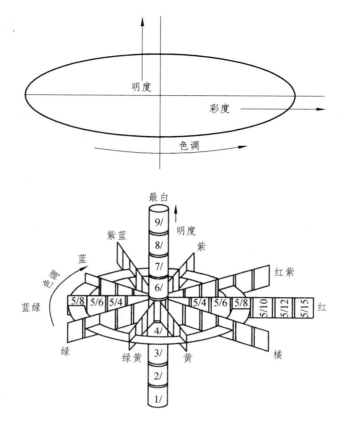

图 3-3-4　颜色的三大属性

1. 色　调

色调（也叫色相或名称）是颜色之间的区别，是一定波长单色光的颜色相貌。色相是色彩的第一种性质（属性），这一特性使我们可将物体描述为红色、橙色、黄色、绿色、蓝色和紫色。色彩系统中最基本的色调是红色、黄色和蓝色，它们也称为"三原色"，几乎所有的颜色都可以用它们调配出来。而橙色、绿色、紫色又是红、黄、蓝三原色按 1：1 的比例两两调配出来的，称为"三间色"，这六种颜色又统称为颜色的六种基本色调。我们把这些色调排列成一个圆环，沿着圆环的周边每向前一步，色调都会产生变化。若从色光的角度来看，色调又随波长变化而变化，紫红、红、橘红等都是表明红色类中间各个特定色调，这三种红之间的差别就属于色调差别。同样的色调可能较深或较浅。

2. 明　度

明度是人们看到颜色所引起视觉上明暗（深浅）程度的感觉，也叫亮度、深浅度、光度或黑白度。明度随光辐射强度的变化而变化，是色彩的第二个最容易分辨出的属性。明度是一种计量单位，它表明某种色彩呈现出的深浅或明暗程度。同一色调可以有不同的明度，例如，红色就有深红、浅红之分。不同色调也有不同的明度，如在太阳光谱中，紫色明度最低，红色和绿色明度中等，黄色明度最高，人们感到黄色最亮就是这个道理。明度可标在刻度尺上，从黑至白依次排列。越近白色，明度越高；越近黑色，明度越低。因此，无论哪种颜色加上白色，也就提高了混合色的明度；而加入灰色，则要根据灰色深浅而定。

3. 彩　度

彩度是表示颜色偏离具有相同明度的灰色的程度，是颜色在心理上的纯度感觉。彩度还有纯度、鲜艳度或饱和度之称。彩度是色彩的第三个性质，也是一种不易觉察并经常受到曲解的性质。除非比较同一色调和明度的两种颜色，才会意识到它的表现形式。做这种比较时，我们通常会使用"鲜艳"或"黯淡"、"鲜亮"或"浑浊"这样一些词语来进行描述。在图表的中央，颜色看上去很黯淡，沿着图表的中央每向外一步，彩度的值就会相应增加，而颜色看上去也更加鲜亮。当某一颜色浓淡达到饱和，而又无白色、灰色或黑色渗入其中时，即称正色。若有黑、灰渗入，即为过饱和色；若有白色渗入，即为未饱和色。

每个色调都有不同的彩度变化，标准色的彩度最高（其中红色最高，绿色低一些，其他居中），黑、白、灰的彩度最低，被定为零，称之为消色或无彩色。除此之外，其他颜色称之为有彩色，有彩色有色调、明度和彩度变化；无彩色只有明度变化，没有色调和彩度。无彩色从白到黑的黑白层次为明度等级，从 0 ~ 10 共 11 个等级。

3.2　调色设备

随着国内进口汽车的增多，汽车漆的色彩日渐繁多和复杂，巴斯夫、杜邦、阿克苏、PPG等世界知名油漆公司也相继进入我国，这些公司对色彩都有专门的研究调制机构。一旦新款车上市，这些公司马上就会根据自己公司的漆料将修补漆颜色配方研制出来，随同色卡提供给油漆经销商，送给调色中心。在进行配方研制比色时，常用光电比色法（用光电色彩计，亦称色差计，直接读出颜色的三刺激值），或用分光光度计求分光比反射率曲线，然后按规定的计算得到测定值。这两种设备测色精度准确，但价格昂贵。调色中心在进行调色时用到的主要设备有阅读机、调漆机、电子秤、配方微缩胶片、比色卡、比例尺等。

3.2.1　调漆机

调漆机又称油漆搅拌机（见图 3-3-5），各大油漆公司都有调漆机和其配套产品，有 32、38、59、108 等各种规格的调漆机。调漆机配有发动机、搅拌浆，利用这种工具很容易混合及倒出涂料。涂料中的树脂、溶剂及颜料经过一段时间就会分离，这是因为它们的比重不同所致。因此，涂料在使用之前需要充分混合。

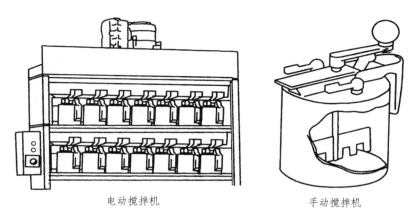

电动搅拌机   手动搅拌机

图 3-3-5 油漆搅拌工具

3.2.2 阅读机

根据查阅油漆配方的工具不同，目前国内有胶片调色和计算机调色。胶片调色即通过阅读机阅读菲林片，查配方。因这种方式成本低、操作简单，所以目前采用较多。计算机调色即计算机中存有所有色卡配方，用户只需将自己所需漆号和份量输入计算机就可以直接查阅计算好的配方资料，快捷、方便、准确，而且数据更新快，是一种先进的调色方法。目前，各大油漆公司都具有完善的计算机调色系统。

阅读机操作程序如下：

（1）打开阅读机总电源开关。

（2）拉开置片板，将微缩胶片依正确方向置入置片板上。

（3）推回置片后，打开机座底部电源开关。

（4）检视微缩胶片，查出颜色配方。

（5）使用完成后，关闭机座底部的白色开关，拉出置片板，取出微缩胶片，推回置片板。

（6）关闭阅读机总电源开关。

3.2.3 配方微缩胶片

微缩胶片又称菲林片，按大小可分为 18 cm×24 cm 和 10.5 cm×14.7 cm 两种（巴斯夫鹦鹉牌）。

如图 3-3-6 所示的微缩胶片中列出了汽车生产厂商、生产厂颜色编号、颜色、配方等信息，用户可根据生产厂商提供的颜色编号找到相应的配方，查找容易，使用方便。

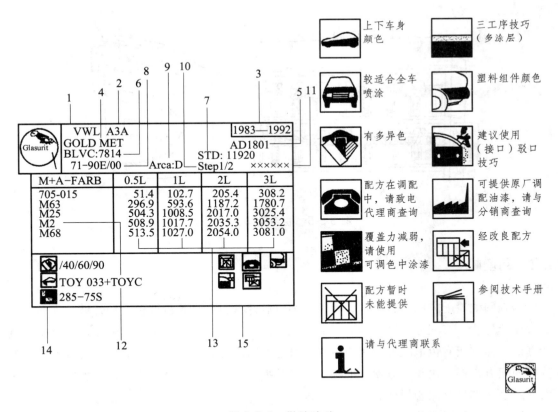

图 3-3-6　微缩胶片

3.2.4　电子秤

电子秤又称配色天平，是一种称涂料用的专用天平。电子秤用于帮助计算适当的混合比，由托盘秤、电子显示器、集成电路板组成（见图 3-3-7）。常用的电子秤量程可达 7500 g，精确度为 0.1 g，由明亮的发光二极管作显示器，安装在托盘上方，使用方便，属于专为汽车修补漆称量用的配套产品。电子秤的灵敏度较高，使用时应避免大的气流（风）。

电子秤的操作程序如下：

（1）电子秤必须水平放置，绝对避免高温、振动。

（2）打开电子秤总电源开关，按下电子秤电源处，暖机 5 min。

（3）按下归零键，将被秤物轻置于秤板中心，依序操作。

（4）使用完毕后，按下电子秤电源关闭键，关闭电子秤电源总开关。

图 3-3-7　电子秤

3.2.5 其他调色工具

1. 比例尺

比例尺是一种用金属或塑料制造的尺子，上面带有刻度记号，可计量适当量的固化剂、稀释剂，能方便快捷地帮助进行油漆调配，各大油漆公司的比例尺一般不可混用。混合油漆时也可作搅杆用，涂料一般不会沾在其上，用完后容易清洁。

2. 容 器

涂装所用容器，多为聚丙烯型一次性容器。在调配油漆时最好使用上下口径一样的直筒形容器。

3. 烘 箱

烘箱是一种强制烘干实验样板的烘干设备，在人工调色烘干样板时使用。

4. 配色灯

配色灯是一种接近阳光的所有波长的灯，可在夜间或下雨时代替阳光，有时作成灯箱。

3.3 颜色的调配与人工微调

3.3.1 调色的概念

1. 汽车用颜色的发展趋势

人们对汽车颜色的要求越来越高，为了满足人们对颜色的要求，汽车颜色有了很大的发展，主要发展趋势如下：
（1）彩度提高：颜色的鲜艳度、饱和度不断提高。
（2）三层做法：珍珠漆广泛应用，需采用特殊的喷涂方法。
（3）彩色清漆：在清漆中添加透明色母，增加立体感。
（4）变色效果：从不同角度观察，存在颜色差异，一般称为"变色龙"。
（5）浅色银粉：银粉漆的颜色趋向浅灰、浅驼色、香槟色等。
（6）更粗更闪烁银粉：出现特殊银粉颗粒。
（7）彩色底漆：在底漆中添加近似色母，有效提高面漆的遮盖力。

2. 调色的目的

随着汽车工业的不断发展，汽车漆的颜色种类及色彩特性也层出不穷，人们不可能把每一种颜色都做成涂料并储存起来以备随时使用。唯一的解决办法是提高调色人员的配色技能，利用涂料制造商提供的几十种基本色素（色母），按照一定的用量比例（颜色配方），对现有颜色进行调配，以达到我们所期望的理想色彩。

3. 调色的概念

所谓调色是指根据颜色的三个基本性质（色相、明度和彩度），将两种或两种以上的不同的基本色素（色母、涂料）按一定比例混合在一起，以产生所需要的理想颜色的过程，如图 3-3-8 所示。

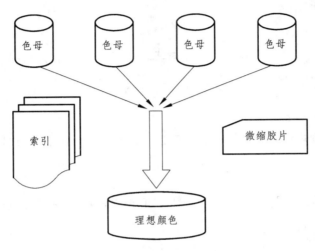

图 3-3-8　调色的概念

4. 调色的基础

调色过程中，最基本的起点是颜色的基础理论，然后是把理论知识灵活应用到实际工作中，掌握下列原则非常重要。

颜色的基本过渡规律：红色＋黄色→橙色；黄色＋蓝色→绿色；蓝色＋红色→紫色。

颜色的主色和副色：主色往往由两种色母组成，副色总是位于主色的两侧。调色可理解为天平模型的平衡，以红色为例，主色为红色，副色为橙色＋紫色。

颜色的调配：头色（互补色）混合后（红色＋绿色；黄色＋紫色；蓝色＋橙色）会产生灰色，即彩度降低，变浑浊；加色母时，以配方中的色母为第一选择，然后是靠近主色的近似色母，避免加入对头色母；色系列中的黑色和白色，主要用于控制明暗度和彩度。

3.3.2　调色的程序

1. 色号的查询

大多数汽车的颜色信息（即原厂色号）附在车身某个或几个特定部位上（即色号牌上）。查看汽车厂出厂编码板，记下编码板上所示汽车制造厂商的油漆编码（VIN），对调色非常有帮助。不同的厂商油漆编码的位置是不同的。部分国外汽车制造厂商油漆编码位置与图 3-3-9 所指位置代号相配合。

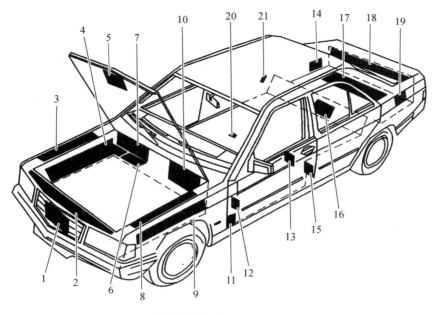

图 3-3-9 色号的查询

2. 表面准备

在日常工作中，我们通常所使用的配色标准板（油箱盖、车身部位）表面往往有许多污染物，可能会影响颜色的比对效果。因此，在配色前应该用细蜡进行清洁处理，以免造成将来车身上的颜色差异。

3. 色卡的对比

如果在车身上无法找到原厂色号，那么可以利用油漆公司提供的各种色卡，从色相、明度、彩度 3 个方面进行比对，挑选出相对接近的颜色，然后根据色卡查出对应的胶片标号，即可得出相对接近的配方。

4. 配方的查询

在车身上查到原厂漆号或通过色卡比对找到色号后，找到正确的微缩胶片号，用阅读机进行阅读，找到正确的配方。当然也可以用计算机查到配方，因为计算机中存有所有色卡配方，用户只需将查找到的色号和所需份量输入计算机就可直接查阅计算好配方数据，快捷、方便、计算准确。便携式计算机测色仪的探头可直接在汽车上待修补的部位测到最为可靠的数据，该数据经配色系统处理后就可获得精确的配方。

5. 计量添加色母

找到颜色配方，确定需要油漆的数量，利用电子秤计量添加相关色母的质量。在添加色母时，最好首先倾斜漆罐，然后逐渐拉操纵杆，让色母慢慢倒出。如果先拉操纵杆，那么当漆罐倾斜时，可能有大量色母立即倒出。为了在倾斜末尾进行精细调整，也必须小心操作操纵杆，以控制色母流量（见图 3-3-10）。虽然各种色母的质量因颜色而异，但是通常情况下一滴的质量大约为 0.03 g，三滴的质量在 0.1 g 左右。根据这一情况，我们在添加用量较少的色母时一定要仔细称重，在表 3-3-1 中我们不难发现少用量色母的误差对颜色的影响。

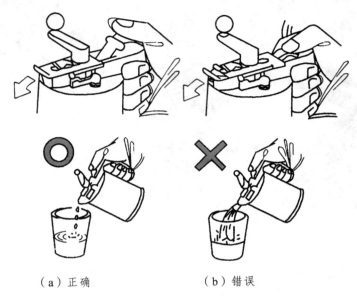

（a）正确 （b）错误

图 3-3-10 添加色母

表 3-3-1 色母添加误差对颜色的影响

色 母	配 方	添加质量/g	误差/g	所占比例
M0	198.0	198.0	+0.1	0.050%
M60	1230.1	1032.1	+0.1	0.009%
A105	1275.6	45.5	+0.2	0.439%
M26	1302.2	26.6	+0.1	0.380%
M27	1306.7	1.5	+0.2	13.33%

在添加完所有色母后，要用搅杆或比例尺混合涂料，以产生均匀的颜色。如果涂料粘到容器的内壁，要用搅杆刮下涂料，以防产生色差。

6. 对比色板

添加并搅拌均匀后的涂料，从色相、明度、彩度三方面与待调配的标准色板进行比对，以保证调配良好。

比对方法有比较法、点漆法、涂抹法和喷涂法。比较法是用调漆棒与车色直接比对；点漆法是将漆点在车身上，待干燥后进行比对；涂抹法是将漆均匀涂布在车身上，待干燥后进行比对；喷涂法是将漆喷涂在试板上，待干燥后与车身进行比对。前三种方法速度较快，但较不准确，喷涂法虽然速度较慢，但准确度高。如果比对结果发现颜色有差异，则需要添加色母进行微调；如果比对结果已经能满足颜色要求，则进行实车喷涂。

7. 添加色母进行微调

如果颜色的比对结果表明，所调颜色与汽车的颜色不一样，则必须鉴定出应添加哪一种色母，继而添加该色母以获得理想结果，这个过程就是"精细配色"或"人工微调"。这是一个比较和添加涂料的循环，此循环一而再、再而三地重复，直至获得理想的汽车颜色。

8. 修补操作

把微调完毕的涂料，按要求添加相应比例的固化剂、稀释剂并混合，按正确的施工程序进行涂装，注意采用合适的修补技巧，以达到无痕迹修补。

项目 4 常用汽车涂装材料

🚗【学习目标】

（1）掌握涂料的基本知识。

（2）正确选择涂料。

（3）掌握涂膜质量的检验。

4.1 涂料基本知识

所谓涂料是指涂布在物体的表面上，能够形成具有保护、装饰或其他特殊性能的固态保护膜的一类液体或固体材料的总称。

汽车涂装材料一般指的是涂装和修补汽车、摩托车和其他机动车及其零部件所用的涂料和辅助材料（如涂前表面处理材料和涂后处理材料等）。由于汽车工业对涂装材料的性能（包括内在的质量和对施工工艺的适应性等）要求很高，需要的品种多而且量很大，因而汽车涂料早已成为一种专用的涂料。在汽车工业发达国家中，汽车涂料在工业用涂料的发展中处于领导地位，一般占涂料总产量的 20%。为了适应汽车涂层的高装饰性及防腐蚀性能和现代化涂装工艺的要求，近 30 年来汽车涂料有了长足的发展，开发了不少涂料的新品种，实现了多次的更新换代。

1. 汽车涂料应满足的条件

根据汽车的使用条件和汽车涂装的特点，要求汽车涂料要满足以下要求：

（1）涂层的使用寿命接近汽车的使用寿命（一般为 5～10 年），要求在苛刻的使用条件（如强烈日照、风雨侵蚀、风沙等情况）下保光、保色性好，不开裂、不脱落、不粉化、不起泡、无锈蚀现象。

（2）极好的施工性和配套性。对于汽车制造工业要求能适应高速度流水线作业，对汽车修理而言，要求能适应手工喷涂的工艺要求和设备。对涂膜要求干燥迅速，能够适应"湿碰湿"的操作和烘干，要求涂层之间结合优良，不引起咬起（是指在涂装过程中出现下层涂料被其上层涂料的溶剂重新溶解而隆起的现象，俗称咬起或咬底）、渗色、开裂等涂膜弊病。

（3）极高的装饰性。要求涂层色泽鲜艳和多种多样，要求外观丰满，鲜映性好，使人看上去舒适，这点对轿车用面层涂料尤其重要。

（4）极好的机械强度。适应汽车行驶中的振动和石击，要求涂膜坚韧、耐磨、耐开裂、抗划伤性能优良。

（5）要求涂膜干燥后能够具有耐汽油、机油和公路用沥青等的作用，在上述介质中浸泡一定的时间后不产生软化、变色、失光、溶解或斑痕等现象；要求能耐清洗剂、鸟或昆虫的排泄物和酸雨等的侵蚀，与这些物质接触后不留痕迹。

（6）由于车用涂料的用量大，要求货源广，价格低廉，并要求逐步实现低公害化和无公害化，便于进行"三废"处理。

2. 汽车涂层的应用举例

由于汽车涂层基本上都属于多层涂装，加之它们在汽车上的使用部位不同，所以对于汽车涂料的某一品种来讲，并非要求其都具备上述特点。汽车涂装材料根据使用的部位不同，要求也有差异，下面举例说明：

（1）汽车车身用涂料：汽车用涂料的主要代表，所以从狭义上来讲，汽车用涂料主要指车身用涂料。车身涂层一般由底涂层、中间涂层和面涂层三层或底涂层和面涂层两层构成，它们基本上要兼备上述车用涂料的6条要求。

（2）车轮、车架等部件用的耐腐蚀涂料：它的主要技术指标是要求耐腐蚀性能（耐盐雾、耐水性等）好，要求涂膜坚韧、耐磨，并具有一定的耐机油性。

（3）发动机部用涂料：要求涂料具备低温快干性能和良好的耐热性，耐机油、汽油性能。

（4）车内装饰用涂料：指客车、轿车等内装饰件用涂料，主要性能指标为高装饰性、耐紫外线和不粉化。

（5）特种涂料：这类涂料主要是指包括蓄电池固定架所用的耐酸涂料；油箱内表面用的耐汽油涂料；汽车消声器、排气管等部位所用的耐热涂料；车身底盘下部表面所用的耐磨、耐冲击和防声涂料；车身焊缝用的密封涂料等。

4.1.1 涂料的组成

涂料由三大部分组成，分别为主要成膜物质、次要成膜物质和辅助成膜物质。

主要成膜物质是油料和树脂等，是涂料的基础，常称为基料。它既可以单独成膜，也可黏结颜料等共同成膜，并牢固地黏附在被涂物表面，所以油料和树脂等主要成膜物质又称为黏结剂或固着剂。

次要成膜物质主要是颜料，它不能离开主要成膜物质而单独成膜，必须在油料或树脂的固着下形成涂膜。颜料赋予涂膜一定的遮盖能力和色彩，并增强涂膜的韧性，增加涂膜的厚度，提高涂膜的耐磨、耐热、耐化学腐蚀等性能。

辅助成膜物质主要是涂料中的溶剂、稀释剂和其他添加剂等辅助材料，这些物质也不能单独形成涂膜，但它们有助于改善涂料的性能。在形成涂膜时，有一部分辅助成膜物质要挥发掉，如溶剂、助溶剂、稀释剂等；有些最后存在涂膜中而不挥发，如催化剂、固化剂等，如图 3-4-1 所示。

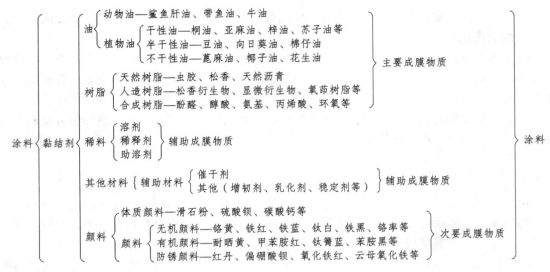

图 3-4-1　涂料的组成

1. 树 脂

树脂是多种高分子复杂化合物相互溶合而成的混合物。它是非结晶的固体或黏稠液体，虽没有固定的熔点，又不溶于水，但在受热时会软化或熔化。多数树脂可溶于有机溶剂。熔化或溶解了的树脂能与颜料均匀地相互混合，其黏着性很强。将它涂附在物面上，待溶剂挥发后能形成一层光亮、坚韧而耐久的薄膜。

树脂按其来源可以分为天然树脂和人工合成树脂两大类。汽车涂料中常用的树脂有以下几种：

（1）沥青。

沥青是一种由碳、氢、氧、硫、氮等组成的复杂化合物。性状或为黑色可塑性固体，或为黑色无定形黏稠状物质，易熔融，可溶于烃类溶剂或松节油中。

沥青具有独特的耐水、耐酸碱性能，电绝缘性能优良，涂膜光滑，所以被广泛用来炼制防锈、防腐涂料，用于车辆的底盘部位。

（2）硝基纤维素。

硝基纤维素又称为硝酸纤维酯或硝化棉，是硝基漆的主要成分。硝酸纤维素是将植物纤维（如棉花纤维等）经过硝酸硝化后所得到的产品。它具有良好的耐油性，在常温下能耐水、耐稀酸；但极不耐碱、不耐光、遇热易分解，且易燃、易爆。它能与多种树脂互溶，能溶于酯酮类溶剂而不溶于醇类和苯类溶剂。

（3）醇酸树脂。

醇酸树脂是由多元醇（如甘油、季戊四醇等）和多元酸（如邻苯二甲酸酐、异苯二甲酸等）缩合而成。醇酸树脂分为纯醇酸树脂和改性醇酸树脂两类。改性醇酸树脂又称聚酯树脂，是由纯醇酸树脂经植物油或其脂肪酸改性而成，具有极好的附着力、光泽、耐久性、弹性、耐候性和绝缘性等，所以在涂料中应用广泛，不但可以用来制造清漆、底漆和原子灰等，还可与其他树脂合用以相互提高性能。

（4）氨基树脂。

氨基树脂是由醛类与氨类缩聚而成的热固性树脂。涂料工业中常用的氨基树脂有两种：一种是尿素与甲醛缩聚醛树脂，简称"脲醛树脂"；另一种是用三聚氰胺或取代三聚氰胺与甲醛缩聚并以丁醇或甲醇改性而成的，称为"丁醇（或甲醇）改性三聚氰胺甲醛树脂"，简称"三聚氰胺树脂"。

（5）环氧树脂。

凡分子结构中含有环氧基的聚合物都称为环氧树脂。它主要是由二酚基丙烷与环氧氯丙烷在碱性介质中缩聚而成的高分子聚合物。

环氧树脂具有黏合力强、收缩性小、稳定性高、韧性好、耐化学性和电绝缘性优良等优点。环氧树脂用来制造车用涂料，不但耐腐蚀方面优越，而且机械性能和弹性等都优于酚醛和醇酸树脂涂料，因此被广泛应用。

（6）聚氨酯树脂。

聚氨酯树脂是聚氨甲基酸酯树脂的简称。聚氨酯树脂是由各种含异氰酸酯的单体与经基或其他活性物质反应所得的聚合物，其结构中含氨基甲酸酯基团。除此之外，根据所用原料和制漆成膜方式的不同，聚合物结构中还可以含有脂肪烃、芳香烃、酯基、酰氨基、脲基、缩二脲基和脲基甲酸基等。

（7）丙烯酸树脂。

丙烯酸树脂是由各种丙烯酸单体聚合而成的。丙烯酸树脂具有保光、保色、不泛黄、耐候、耐热、耐化学品等性能，故被用来制造各种用途的涂料。

2. 颜　料

颜料是有一定颜色的矿物质或有机物质。它一般不溶于水或其他介质（如油等），但细微个体粉末能均匀地分散在介质中。

颜料是涂料的次要成膜物质，它不仅使涂膜呈现必要的色彩，遮盖被涂物的底层，使涂膜具有装饰性，更重要的是它能改善涂料的物理及化学性能，提高涂膜的机械强度、附着力和防腐性能。

颜料的品种很多，按它们的化学成分可以划分为有机颜料和无机颜料两大类。每大类中，按其来源不同又可以分为天然颜料和合成颜料。在涂料工业中，根据颜料在涂料中所起的主要作用不同，颜料可分为着色颜料、体质颜料和防锈颜料3类。

（1）着色颜料。

着色颜料在涂料中的主要作用是赋予涂料各种不同的颜色，提高涂料的遮盖性能，满足涂料的装饰性和其他特殊的要求。

（2）体质颜料。

体质颜料又称为填料或填充料。涂料中凡折光率较低的白色或无色的细微固体粒子，配合其他颜料分散在有色颜料当中，用以提高颜料的体积浓度，增加涂膜的厚度和耐磨能力，几乎无着色力和遮盖力的，统称为体质颜料。

（3）防锈颜料。

防锈颜料是涂料中主要起防锈作用的底漆等的重要组成，多为具有化学活性的物质。

金属的腐蚀机理分为化学腐蚀和电化学腐蚀。金属与接触到的介质（如氧气、氯气、二氧化硫、硫化氢等干燥气体或汽油、润滑油等非电解质）直接发生化学反应而引起的腐蚀称为化学腐蚀。

涂料用于防腐，其主要作用是从两方面来进行的：一种方法是用物理隔绝的方法；另一种方法是用化学侵蚀的方法。

防锈涂料由于起防锈作用的侧重点不同，有的偏重于物理防锈，有的偏重于化学活性防锈，因此采用的防锈颜料也不尽相同。

3. 溶　剂

凡能够溶解其他物质的物质叫作溶剂。涂料用的溶剂是一种能溶解成膜物质（油料和树脂等）的易挥发的有机液体。在涂料干燥成膜后，溶剂全部或部分挥发而不留存在涂层中，故溶剂又称为挥发成分。

溶剂是涂料的重要组成部分，起着辅助成膜的作用。

涂料中溶剂主要有以下特性：

（1）溶解力。

溶解力即溶剂溶解油料或树脂的能力。溶剂的溶解力越强，被溶于其中的物质浓度越大。

溶剂的溶解力与其分子结构有关，每种物质都只能溶解在和它分子结构相类似的溶剂中。如松节油对松香来说是溶剂，而对硝酸纤维来说则没有溶解能力。所以，溶剂也是相对的，甲可以溶于乙中，则乙是甲的溶剂；丙可以溶于丁中，则丁是丙的溶剂；但甲不能溶于丁中，则丁就不是甲的溶剂。溶剂在使用中一定要注意不可用错，如果使用错误或不当，轻则导致涂膜粗糙不光滑或影响涂膜质量，重则会导致涂料失效报废。

下面是依据溶剂的官能团将常用溶剂进行简单的分类：

① 醇类：甲醇、乙醇、丁醇。

② 酯类：乙酸乙酯、丁酸乙酯。

③ 醚类：乙基溶纤素、丁基溶纤素。

④ 酮类：丙酮、丁酮、甲基异丁酮。

⑤ 硝基化物：硝基乙烷、硝基丙烷。

⑥ 烃类：a. 脂肪烃：汽油、石油醚。

　　　　　b. 芳香烃：苯、甲苯、二甲苯。

　　　　　c. 卤代烃：三氯乙烯、四氯乙烯。

（2）沸点和挥发率。

溶剂的挥发率即溶剂的挥发速率，它能控制涂膜处于流体状态的时间长短。挥发率必须适应涂膜的形成，太快会影响流平，造成桔皮或干喷；太慢会造成针孔、起泡、流挂、干燥时间过长等。

溶剂的沸点可以作为比较挥发速率的参考数据。根据其沸点的高低粗略地分为 3 类：

低沸点溶剂：沸点在 100 ℃ 以下；

中沸点溶剂：沸点为 100 ~ 150 ℃；

高沸点溶剂：沸点在 150 ℃ 以上。

（3）闪点。

闪点是指混合气体在遇火花或火焰产生爆燃的最低温度。涂料中含有大量的易燃液体，这些易燃液体会逐渐挥发。在一定空间内，挥发的易燃液体蒸气与空气相混合形成非常危险的混合气体，此时在一定温度条件下，混合气体遇到火花或火焰会突然燃烧（爆燃）。熟知各种常用溶剂的闪点对于安全施工具有非常重要的意义。

（4）毒性和气味。

某些溶剂如苯，对人体有积累性毒性，而另一些溶剂在空气中的浓度超过一定数值之后对人体也是有害的。溶剂一般都有不同程度的刺激性气味，可以刺激人的呼吸道黏膜，所以在使用溶剂时一定要注意安全和劳动保护。

很多汽车涂料在其溶剂成分中有两种或两种以上的溶剂，这些溶剂在涂料当中的作用是不同的。按其在涂料中的作用，一般将它们划分为真溶剂、助溶剂和稀释剂3类。

4. 辅助材料

辅助材料又称为助剂，它虽然不是主要或次要的成膜物质，用量一般又很少，但它在改善涂料的性能、延长储存时间、扩大涂料的应用范围、改进和调节涂料施工的性能、保证涂装品质等方面起很大的作用。

涂料的辅助材料品种很多，根据它们的功能来划分，主要品种有催干剂、防潮剂、固化剂、紫外线吸收剂、悬浮剂、流平剂和减光剂等。这些辅助材料有些是在涂料制造时就添加到涂料当中的，如悬浮剂、紫外线吸收剂等；有些需要根据施工情况进行添加，如防潮剂、流平剂、减光剂等。

① 催干剂。催干剂是一种能加速涂层干燥的物质，多使用于醇酸树脂涂料中。

② 防潮剂。防潮剂也称化白剂、化白水，是由高沸点的酯类、酮类溶剂组成的。将它加入硝基漆等自然挥发型涂料中，能防止涂膜中的溶剂挥发时产生的泛白现象。施工环境温度过低接近露点、空气湿度过高或喷涂用的压缩空气中含有过多的水分等，也会引起泛白。涂料中加入适量的防潮剂后，由于高沸点溶剂的增多，可减缓溶剂的挥发速度，减少水分凝结现象的发生。

③ 固化剂。固化剂多为酸、胺、过氧化物等物质，与涂料中的合成树脂发生反应而使涂膜干燥固化。该类型的涂料在未加入固化剂时一般不会干燥结膜，与固化剂混合后在常温下即可发生化学反应而干燥固化。若适当加温（60~80 ℃）效果更好。不同树脂的涂料所使用的固化剂成分也不同，例如，聚酯树脂用过氧化物作为固化剂；环氧树脂用胺类作为固化剂；丙烯酸聚氨酯类用含异氰酸酯类作为固化剂等。

④ 紫外线吸收剂。紫外线吸收剂对阳光中的紫外线有较高的吸收能力，添加在涂料当中可减少紫外线对涂膜的损害，防止涂膜粉化、老化和失光等。

⑤ 悬浮剂。悬浮剂主要用来防止涂料在储存中结块。涂料中加入悬浮剂后，可使涂料稠度增加但松散易调和。

⑥ 流平剂。流平剂能降低涂料的表面张力，防止缩孔的产生，增加涂膜的流平性能。

⑦ 减光剂。减光剂具有降低涂膜光泽的作用。

4.1.2　涂料的干燥成膜机理

1. 涂膜的干燥

涂料的干燥成膜是指涂料施工后，由液态或黏稠状涂膜转变成固态的化学和物理变化过程。涂料的干燥方式主要有自然干燥、加速干燥和高温烘烤干燥 3 种。

（1）自然干燥。

自然干燥也称空气干燥，它是指涂膜可以在室温条件下干燥，其干燥条件是温度为 20 ℃，相对湿度不大于 80%。

（2）加速干燥。

为了缩短涂装的施工周期，加快生产速度和效率，常常在自然干燥型涂料中加入适量的催干剂以促进固化。另一种加速干燥的方法是将自然干燥型涂料在一定的温度（50～80 ℃）下低温烘烤。

（3）高温烘烤干燥。

有许多涂料在常温下是不能干燥结膜的，一定要在比较高的温度下（120～180 ℃），涂料中的树脂才会在高温的作用下引起化学反应而固化成膜，这一类涂料称为热聚合型涂料。

2. 涂料的成膜机理

涂料在涂布之后到干燥成膜期间要有一系列的化学和物理变化，不同的涂料，其干燥成膜机理也不同。涂料的干燥成膜方式主要有溶剂挥发干燥成膜和化学反应干燥成膜两大类，其中化学反应干燥成膜又有氧化聚合型、热聚合型和双组分型 3 种。溶剂挥发干燥成膜即是依靠涂料中的溶剂自然挥发而干燥成膜。

氧化聚合型涂料的干燥成膜是在涂料中溶剂挥发的同时，树脂靠吸收空气中的氧而氧化聚合交联。热聚合交联型涂料是在高温下树脂发生化学反应而紧密交联干固成膜，干燥后的涂膜为热固性，并不能被溶剂溶解，涂膜性能非常好。

双组分聚合型涂料由涂料和与之配合使用的固化剂按照一定的比例混合之后进行施工，涂膜的干燥是由涂料中的树脂和固化剂进行化学反应，分子之间产生紧密地交联而成膜。

4.1.3　涂料的命名和分类

对于涂料的命名和分类，我国的国家标准有明确的规定。但是，由于现在许多国外的品牌涂料和中外合资企业生产的涂料多半沿用的是国外品牌的代号，所以比较繁杂。在这里我们简单介绍我国关于涂料的命名和分类的规定。

1. 涂料的分类

我国国家标准 GB/T 2705—2003 规定，涂料产品的分类是以涂料基料中主要成膜物质为基础，若主要成膜物质为混合树脂，则按其在涂膜中起主要作用的一种树脂为基础。成膜物质分为 17 类，相应地涂料产品也分为 17 大类。

2. 涂料的命名

涂料的命名可以用下式表示：

颜色或颜料的名称 + 成膜物质的名称 + 基本名称

涂料的颜色位于名称的最前面，若颜料对涂膜的性能起显著作用，则可以用颜料的名称代替颜色的名称，仍置于涂料名称的最前面，如红醇酸磁漆、锌黄酚醛防锈漆等。成膜物质的名称应做适当的简化。必要时，也可以选取两种成膜物质命名，主要成膜物质名称在前，次要成膜物质名称在后，如环氧硝基磁漆。对于涂料的名称，仍采用我国已经广泛使用的名称。

3. 涂料的型号

为了区别同一类型的各种涂料，在名称之前必须有型号。涂料的型号由三部分组成：第一部分用字母表示涂料的类别，是按成膜物质划分的；第二部分是基本名称，用两位数字表示；第三部分用数字表示涂料产品的序号。第二部分与第三部分之间用短划线"-"隔开。如 C04-2，其中 C 表示主要成膜物质为醇酸树脂，04 代表磁漆，2 表示有光。氨基专业用漆按涂料专业用漆的序号统一划分。

4. 辅助材料的编号规则

涂料用的辅助材料有稀释剂、防潮剂、催干剂、固化剂等，其型号由一个汉语拼音字母和 1 ~ 2 个阿拉伯数字组成，在字母和数字之间用一个短划线"-"分隔。字母表示辅助材料的分类，数字表示序号，用以区别同一类型的不同品种。例如，X-5 为丙烯酸漆稀释剂，J-1 为环氧漆固化剂。

4.2 汽车修补用涂料

汽车涂料近几十年发展迅速，到目前为止已有大量的高品质、高性能产品，在涂料家族中独树一帜，其品种和用途也非常多样。汽车修补用涂料为适应涂装修理的条件，多为低温涂料，且绝大部分为双组分型，配合固化剂使用，在常温或低温烘烤条件下即可干燥并能达到相当高的品质。汽车修补用涂料多用于汽车表面的涂装修复和一些不能高温烘烤的大型轿车制造等，包括涂前处理用品、涂装修复用品、涂膜后期处理用品和其他一些专门涂料等，下面简单加以介绍。

1. 底 漆

直接涂布于物体表面的打底涂料称为底漆。底漆是被涂物面与涂层之间的黏结层，以使之上的各涂层可以牢固地结合并覆盖在被涂物体上。同时，底漆在钢铁表面形成干膜后，可以隔绝或阻止钢铁表面与空气、水分及其他腐蚀介质的直接接触，起到缓蚀保护的作用。一旦面漆层破坏，钢铁也不至于很快生锈。

（1）底漆为了能起到上述作用，应具备下述特性：

① 底漆对底材表面应有良好的附着能力；对其他面漆或中涂层要有良好的结合能力。

② 底漆干燥后要有很好的物理性能和机械强度；能随金属伸缩、弯曲；能抵抗外来的冲击力而不开裂、不脱落；能够抵抗其上面涂层的溶剂溶蚀而不会咬起。

③ 底漆要具有一定的填充力，能够填平底材上微小的高低不平、孔眼和细小的纹路等。

④ 底漆要便于施工，涂膜流平性要好，不流挂、干燥快，而且要容易打磨平整、不黏砂纸，保证漆面平滑光亮。底漆的使用应根据涂装的要求和使用的目的，采用不同类型的底漆；根据工件表面状态和底漆的性质，选择适当的涂装方法。

底漆涂膜的强度和结合能力的大小取决于涂膜的厚度、均匀度及其是否完全干燥，过厚则涂膜干燥缓慢，还容易造成涂膜强度不够和附着力不良。

（2）底漆的种类比较多，现在汽车涂装中以环氧树脂底漆和侵蚀底漆最为多见。

① 环氧树脂底漆。

环氧树脂底漆简称环氧底漆，是物理隔绝防腐底漆的代表。环氧树脂是线形的高聚物，以环氧丙烷和二酚基丙烷缩聚而成。它具有极强的黏结力和附着力，以及良好的韧性和优良的耐化学性，因此环氧底漆具有如下优点：

a. 附着力极强，对金属、木材、玻璃、塑料、陶瓷、纺织物等都有很好的附着力和黏结力。

b. 涂膜韧性好，耐挠曲，且硬度比较高。

c. 耐化学品性优良，尤其是耐碱性更为突出。因为环氧树脂的分子结构内含有醚键，而醚键在化学上是最稳定的，所以对水、溶剂、酸、碱和其他化学品都有良好的抵抗力。

d. 良好的电绝缘性，耐久性、耐热性良好。

环氧树脂类涂料也存在一定的缺点，如表面粉化较快，这也是它主要用于底层涂料的原因之一。环氧底漆使用胺类作为固化剂，胺类对人体和皮肤有一定的刺激性，因此在使用时要加以注意。

② 侵蚀底漆。

侵蚀底漆是以化学防腐手段来达到其防腐目的的，主要代表为磷化底漆。磷化底漆是以聚乙烯醇缩丁醛树脂溶于有机溶剂中，并加入防锈颜料四盐锌铬黄等制成，使用时与分开包装的磷化液按一定比例调配后喷涂。品牌漆中的磷化底漆一般都已经制成成品，按一定的比例加入固化剂使用即可。

金属表面涂装磷化底漆后，磷化液（弱磷酸）与防锈颜料四盐锌铬黄反应生成同一般磷化处理相似的不溶性磷酸盐覆盖膜。同时，生成的铬酸使金属表面钝化。由于聚乙烯醇缩丁醛树脂具有很多极性基团，它也参与了锌铬颜料与磷酸的反应，转变成不溶性络合物膜层，与上述磷酸盐覆盖膜都起防腐蚀和增强涂层附着力的作用。

磷化底漆作为有色及黑色金属的防锈涂料，能够代替金属的磷化处理，在提高抗腐蚀性和绝缘性、增强涂层与金属表面的附着力等方面比磷化处理层更好，而且工艺和设备要求比较简单。但磷化底漆涂膜很薄（8～15 μm），因此一般不单独作为底漆使用，所以，在涂装磷化底漆后通常仍用一般底漆打底。

磷化底漆在使用时要注意的一点是，因其具有一定的侵蚀作用，所以不能用金属容器调配，使用的喷枪罐也应使用塑料罐，在喷涂完毕后应马上清洗喷枪。磷化底漆施涂完毕后不要马上喷涂其他底漆，而应等待一段时间（20 ℃，2 h）再进行下一步操作。

环氧底漆与磷化底漆对底材都具有良好的防腐性，对其上的涂层也都具有良好的黏结能力，一般在汽车修补中常使用环氧底漆作打底用，而在汽车制造或大面积钣金操作后对裸金属进行磷化防腐处理时常采用磷化底漆。

2. 原子灰

原子灰又称聚合型腻子，是一种膏状或厚浆状的涂料。它容易干燥，干后坚硬，能耐砂磨。原子灰一般使用刮具刮涂于底材的表面（也有使用大口径喷枪喷涂的浆状原子灰，称为"喷涂原子灰"），用来填平补齐底材上的凹坑、缝隙、孔眼、焊疤、刮痕以及加工过程中所造成的物面缺陷等，使底材表面达到平整、匀顺，使面漆的丰满度和光泽度等能够充分地显现。

原子灰俗称"腻子"，但与通常所指的腻子是有区别的。通常所指的腻子一般是用油基漆作为黏结剂，配以熟石膏粉等填充料，并加入少量的颜料和稀释剂调和后填补用。这种腻子干燥时间长，干燥后质地比较软而且会出现不同程度的凹陷，对其上面的涂膜具有一定的吸收作用，不利于涂装修补和面漆的美观，现已不采用。20世纪80年代，我国研制出了水性腻子，用水作为稀释剂调和后使用，该种腻子在一定程度上对油性腻子的性能有所改善，但仍存在塌陷、吸收、质软等缺点，现在也已经不常用。而原子灰硬化时间短，常温下0.5 h即可干燥硬化，可以进行打磨；经打磨后的原子灰表面细腻光洁，表面坚硬，基本无塌陷，对其上面的涂料吸收很少甚至不吸收；附着能力强，耐高温，正常使用时不出现开裂和脱落现象，因此现在被广泛应用于汽车的制造和修补工作中，起到了填补作用。

原子灰是涂料，所以也是由树脂、颜料、溶剂和填充材料等组成的。现在较为常用的原子灰树脂有聚酯树脂和环氧树脂等。环氧树脂原子灰具有良好的附着力、耐水性和防化学腐蚀性能，但涂层坚硬不易打磨，由于其附着力优良，可以刮涂得较厚而不脱落、开裂，多用于涂有底漆的金属或裸金属表面。聚酯树脂原子灰也有优良的附着力、耐水性和防化学腐蚀性能，而且干后涂膜软硬适中，容易打磨，经打磨后表面光滑圆润，适用于很多底材表面（不能用于经磷化处理的裸金属表面，否则会发生盐化反应，造成接触面不能干燥而影响附着力），经多次刮涂后，膜厚可达20 mm以上而不开裂、脱落，所以是应用最为广泛的一种涂料。现在常见的原子灰基本都是聚酯树脂原子灰。

原子灰中的颜料以体质颜料为主要物质，配以少量的着色颜料。填充材料主要使用滑石粉、碳酸钙、沉淀硫酸钡等，起填充作用并提高原子灰的弹性、抗裂性、硬度以及施工性能等。着色颜料以黄、白两色为主，主要是为了降低彩度，提高面层的遮盖能力。

原子灰多为双组分产品，需要加入固化剂后方能干燥固化，以提高硬度和缩短干燥时间。聚酯树脂型原子灰多用过氧化物作为固化剂，环氧树脂型原子灰多用胺类作为固化剂。

原子灰的种类很多，经常使用的如下：

（1）普通原子灰。

普通原子灰多为聚酯树脂型，膏体细腻，操作方便，填充能力强，适用于大多数底材，如良好的旧漆层、裸钢板表面等。因其具有良好的附着力和弹性，也可用于车用塑料保险杠和玻璃钢件，但刮涂不宜过厚。普通型原子灰不适用于镀锌板、不锈钢板和铝板等和经磷化处理的裸金属表面，否则附着能力会达不到，造成开裂。但在这些金属表面首先喷涂一层隔绝底漆（通常为环氧基）后即可正常使用。

（2）合金原子灰。

合金原子灰也称金属原子灰，比普通原子灰性能更加良好，除可用于普通原子灰所用的一切场合外，还可以直接用于镀锌板、不锈钢板和铝板等裸金属而不必首先施涂隔绝底漆，但不适用于经磷化处理的裸金属表面。合金原子灰因其性能卓越，使用方便，所以应用也很广泛，但价格要高于普通原子灰。

（3）纤维原子灰。

纤维原子灰其填充材料中含有纤维物质，干燥后质轻但附着能力和硬度很高，因此能够一次刮涂得很厚，可以直接填充直径小于 50 mm 的孔洞或锈蚀而无须钣金修复，对孔洞的隔绝防腐能力也很强，用于有比较深的金属凹陷部位填补效果非常良好。但表面呈现多孔状，需要用普通原子灰做填平工作。

（4）塑料原子灰。

塑料原子灰专用于柔软的塑料制品的填补工作，调和后呈膏状，可以刮涂也可以揩涂，干燥后像软塑料一样，与底材附着良好。塑料原子灰虽然干后质地柔软，但打磨性很好，可以机器干磨也可以用水磨，常用于塑料件的修复。

（5）幼滑原子灰。

幼滑原子灰也称填眼灰，有双组分的也有单组分的，以单组分产品较为常见。填眼灰膏体极其细腻，一般在打磨完中涂层后，喷涂面漆之前使用，主要用途是填补极其微小的小坑、小眼等，提高面漆的装饰性。因其填补能力比较差，且不耐溶剂，易被面漆中的溶剂咬起，所以不能作为大面积刮涂使用。但它干燥时间很短（几分钟），干后较软，易于打磨，用在填补小坑非常适合，可以提高生产效率并能保证质量，所以也是涂装必备的用品。

3. 中涂漆

所谓中涂漆是指介于底漆涂层和面漆涂层之间所用的涂料，也称底漆喷灰，俗称"二道浆"。中涂漆的主要功能是改善被涂工件表面和底漆涂层的平整度，为面漆层创造良好的基础，以提高面漆涂层的鲜映性和丰满度，提高整个涂层的装饰性和抗石击性。对于表面平整度较好、装饰性要求又不太高的载货汽车和普通乘用大轿车在制造和涂装修理时，有时不采用中涂漆，对于装饰性要求很高的中、高级轿车则都采用中涂漆。

中涂漆应具有以下特性：

（1）应与底、面漆配套良好，涂层间的结合力强，硬度配套适中，不被面漆的溶剂所咬起。

（2）应具有足够的填平性，能消除被涂底漆表面的划痕、打磨痕迹和微小孔洞、小眼等缺陷。

（3）打磨性能良好，不黏砂纸，在打磨后能得到平整光滑的表面（现在有许多品牌漆中都有免磨中涂，靠其本身的展平性得到平整光滑的表面）。

（4）具有良好的韧性和弹性，抗石击性良好。中涂漆所使用的漆基与底漆和面漆使用的漆基相仿，并逐步由底向面过渡，这样有利于保证涂层间的结合力和配套性。常用的漆基有环氧树脂、聚酯树脂、聚氨酯树脂等。这些树脂所制成的中涂漆均为双组分低温固化，热固性，所得到的涂膜硬度适中，耐溶剂性能好，适宜与各种面漆配套使用。

中涂层的颜料多为体质颜料，具有良好的填充性能。中涂漆的固体成分一般要在 60%以上，喷涂两道后涂膜的厚度可达 60～100 μm。着色颜料多采用灰色、白色和黄色等易于遮盖的颜色。另外也有可调色中涂漆，在中涂漆中可以适量加入面漆的色母（一般为 10%左右）调配出与面漆基本相同的颜色，用于提高面漆的遮盖力，避免造成色差。这类可调色中涂漆的漆基一般都与面漆基本相同，在不同时不可加入面漆的色母调色。

4. 面　漆

面漆并不是一个独立的油漆品种，而是相对于底漆而言，是涂装于被涂物面的最上层的涂料。在涂装时，应首先用底漆打底，再用面漆罩面。面漆的主要作用是对被涂物体提供防护作用的同时，提高被涂物面的装饰作用。一种优良的面漆必须具备相当的保护性能和装饰性能，使被涂物体在一定使用寿命的时间内，以颜色的光泽条件来衡量是否能保持它的装饰效果。

涂装后的物体，在一般和特殊的使用条件下，其保护和装饰效果都取决于涂料的性能、精心的施工以及底材、底漆、中涂漆、面漆等的适宜配套。

现在，汽车修补用面漆主要有素色面漆和金属面漆两大类型。其中素色面漆俗称磁漆，是将各种颜色的着色颜料研磨得非常细小，均匀地分散在树脂基料中而制成各种颜色的油漆。素色漆本身在涂装后即具备良好的光泽度和鲜映性，涂膜厚度在达到 50 μm 后即可显现完全的色调。素色漆随着色颜料不同也具有不同的遮盖力，遮盖能力比较强的颜料，会使涂膜在日光照射时光线只能穿透 20 lm 左右，就被反射出来；而遮盖能力较弱的颜料往往需要比较厚的膜厚才能完全遮盖底层。因为素色面漆本身就具有良好的光泽和鲜映性，所以在喷涂完毕后整个面漆层即告完成，所以又称单工序面漆。

金属面漆具有不同的名称，如"银粉漆""金属闪光漆""星粉漆""宝石漆"等，不论何种名称，基本上都是以金属粉颗粒（以铝粉颗粒最为普遍）和普通着色颜料加入到树脂基料中而制成。

自金属面漆问世以来，其在汽车涂装上使用的比例越来越大，已经成为汽车修补作业时的主要项目。但因为其性质特殊，所以在调色及喷涂施工等方面要比素色面漆困难许多。在修补过程中，除调色需要一定的准确性外，还需要喷涂技巧的适当配合，金属面漆才能在汽车修补作业上发挥完美的效果。

金属面漆中的着色颜料比一般素色面漆少，若不加入金属粉颗粒，光线会直接穿透涂膜而到达底层，涂膜的遮盖力就不能完全发挥。金属粉同其他颜料颗粒一样能反射光线，正是由于金属粉的大量存在，使金属面漆的遮盖能力比一般素色面漆要高很多，通常喷涂 20～30 μm 的膜厚即可完全遮盖底层。涂膜中金属粉的排列并不是有序的，所以对光线的反射角度不同，造成金属漆本身的无光效果。因此必须在金属漆上面再喷涂罩光清漆后才能显现出光泽度和鲜映性，其金属闪光效果才能充分发挥。由于金属面漆必须由两步工序完成——金属漆层和清漆层，所以又称为双工序面漆。

除以上介绍的两种常用面漆以外，现在还有一种被称为珍珠漆的新型汽车面漆。珍珠漆也被归为金属面漆一类，与普通金属漆的区别在于其在树脂中加入的不是铝粉颗粒，而是表面镀有金属氧化物的云母颗粒。由于云母颗粒除可以反射一定的光线外还可以投射和折射部分光线，所以这种面漆可以使被涂物表面产生类似珠光的光晕，有的还可以产生从不同的角度观察得到不同的色相的特殊效果。

珍珠色的种类大致可以分为干扰型和不干扰型两种。干扰型珍珠色即云母反射、折射和投射的光线相互干扰，可出现奇异的光晕。不干扰型珍珠色一般为高光泽不透明漆，主要用于调色。干扰型云母颗粒一般为半透明状，即在云母颗粒上薄薄镀上一层二氧化钛，镀层的薄厚程度决定了光线折射后的颜色效果。例如，纯闪珍珠，微粒钛颜料呈半透明状，有些正面反射的光为黄色，而侧面散乱的光为蓝色；又如银状云母，是在一般纯闪珍珠的云母微粒表面再薄薄镀一层银，该种珍珠色偏光性强，可以得到立体性金属光泽，在微弱光线下也可以发出悦目的光泽。

不干扰型珍珠色的云母多镀有不透明的金属氧化物，如氧化铁、氧化铬等，会使其变为不透明色，通常这种珍珠色不单独使用，而与普通的色母进行混合调色使用。

珍珠色面漆也同普通金属面漆一样需要在色漆层上再喷涂罩光清漆层来提高光泽度和鲜映性，同时来体现珍珠色特有的光晕效果。因为珍珠色面漆的遮盖能力非常差，在喷涂时需要首先做一层与面漆颜色相同或相似的色底来提高面漆的遮盖力，然后喷涂面漆，之后还要喷涂清漆，所以该种面漆也称为三工序面漆。

汽车用面漆的性能多由其所用的树脂决定。现在普遍采用的面漆（素色面漆）树脂有硝基树脂、醇酸树脂、丙烯酸树脂和丙烯酸聚氨酯树脂等，以后三者最为常用。罩光清漆及不含任何颜料的无色透明涂料，其树脂与常用素色面漆相同。金属面漆通常为单组分自然挥发干燥型，多采用丙烯酸聚氨酯树脂。

5. 车用特种涂料和后处理材料

车用特种涂料主要是指车身上需要特别处理的部位使用的涂料和针对特殊底材使用的涂料。例如，汽车底盘需要使用的防撞击和隔声涂料、修补焊缝密封涂料、塑料制品涂料等。车用后处理材料主要是车身涂装后，对涂膜进行必要处理使用的抛光蜡、上光蜡等。

（1）焊缝密封胶和底盘涂料。

为了提高车身的密封性（不漏水、漏气和隔音性能），以提高汽车的舒适性和车身缝隙间的耐腐蚀性，车身的所有焊缝和内外缝隙在涂装过程中需要涂密封涂料进行密封。随着汽车和公路的发展，使得汽车的速度大大提高，致使路面的砂石对汽车的下表面及底盘部位造成很大的撞击和冲刷，使车身下表面和底盘涂层容易损坏而失去防腐能力。为延长车身的使用寿命，通常在车身的下部和底盘等部位增涂 1 ~ 2 mm 厚的具有抗石击性的涂层，称为车底涂层，所用的涂料称为车底涂料，也叫防撞胶。

车底涂料以前采用溶剂型（如沥青系列和合成树脂系列），后因易起泡、抗石击性和机械性能比较低已经不常使用。现在多采用的是以聚氯乙烯树脂（PVC）为主要基料和增塑剂制成的一种无溶剂涂料，其不挥发成分高达 95% ~ 99%，称这种涂料为 PVC 涂料。该种涂料用量比较大，在汽车制造时，每台轿车的用量可达 20 kg，在汽车涂装修补中有些部位也要进行涂装修补。

焊缝密封涂料和车底涂料一般通用一种 PVC 涂料，但因为使用的目的和施工的方法不同，在要求高的场合两者要区别对待，以适应各自的特殊性能，如车底涂层使用的 PVC 涂料要求抗石击性要好，易喷涂施工，因此施工黏度低一些比较好；焊缝密封胶对其涂层的硬度、延展度、剪切强度、抗拉强度等都有要求，施工黏度高一些比较好。

除PVC涂料外，在汽车修补涂装中还用到另外一些防撞涂料，如聚氨酯型抗石击涂料。聚氨酯型抗石击涂料以聚氨酯为主要漆基，具有一定的弹性，有用于中涂层的，也有用于面涂层的，多用于车底或门槛及车辆下围部位抗石击层的修补涂装。

（2）汽车塑料件用涂料。

随着合成化学工业的发展，塑料品种增多，其性能也不断提高，采用工程塑料代替部分金属是一种技术进步的趋势。塑料的耐腐蚀能力优良、密度低，有些工程塑料的机械性能不亚于金属材料，因此汽车要减轻质量、节约成本和降低油料，可以大量采用塑料制品代替金属材料。

塑料制品的涂装是为了提高外表的装饰性（如车身外装饰件的外观装饰性和耐候性要与车身涂层相同），消除表面缺陷和改善表面性能（提高耐候性和耐化学腐蚀性等），但因塑料的材质、性能、软硬等不同，除部分品种外，一般不耐高温；另一方面，由于聚合系列塑料的表面能比较低，表面极性小，涂料的湿润性差，往往造成涂膜附着力不良。

在品牌漆中都有独立的塑料底漆，主要针对车上的聚丙烯类塑料制品和收缩、膨胀比较大的较软的塑料件在涂装修复时与面涂层黏结能力差的现象。塑料底漆的作用主要是增强塑料底材和面漆层的黏合能力。

较柔软的聚丙烯类塑料件和收缩、膨胀比较大的较软塑料件底材与汽车修补面层涂料的直接黏合能力并不是很好，经常会出现面漆层脱落的现象。这主要是因为一方面这些塑料制品在注塑成型的过程中要使用脱模剂，而脱模剂与涂料几乎没有任何附着能力，若在涂装修理时脱模剂没有完全清理干净（脱模剂在清除时比较困难，应使用专门的清洗液），则造成表面涂层脱落；另一方面，常用的面漆与塑料制品的附着能力并不是很强，在长时间的外界因素影响下，也会造成漆膜脱落。对于ABS等质地比较坚硬的塑料件，常用面漆与它们的黏结能力比较好，一般不使用塑料底漆也可达到令人满意的附着力。

塑料底漆通常为单组分，开罐即可使用，直接喷涂一薄层，等待10 min左右（常温）待稍稍干燥后就能继续喷涂中涂层或面漆。

除专用塑料底漆外，各品牌还有专门的塑料面漆，多为双组分聚氨酯基产品，性能优良，但颜色比较单一。为了达到良好的装饰效果，使车身外部塑料部件与车身没有色差，通常在使用塑料底漆的基础上可以直接使用普通的中涂漆和面漆。

（3）抛光材料。

在喷涂完面漆后，为了消除漆膜表面的缺陷，如脏点颗粒、虚漆和较大的桔皮等，要用抛光材料进行局部抛光修饰。抛光材料有以下几种：

① 抛光蜡。

抛光蜡主要由水溶性蜡（也有油性蜡）内加研磨颗粒组成，按研磨颗粒的粗细程度一般分为几个等级。

a. 粗蜡。

粗蜡也称研磨蜡，其主要作用是对经过细砂纸打磨的部位进行更加细致的研磨，消除砂纸痕迹，使漆膜具有光亮，或对良好的失光旧漆层进行抛光美容时使用。抛光粗蜡须配合羊毛轮使用，对细砂纸打磨的痕迹有良好的研磨作用，但因研磨颗粒比较粗大，经研磨后虽然消除了砂纸痕迹，但漆膜的光亮程度和鲜映性不能达到要求，因此在使用粗蜡研磨后仍需要用中粗或细蜡进行抛光操作。

b. 中粗蜡。

中粗蜡的研磨颗粒比粗蜡要细得多，经中粗蜡研磨后的漆膜光亮，鲜映性良好，基本无须在做其他上光处理。但使用中粗蜡直接研磨经细砂纸打磨的部位或良好的失光旧漆层，生产效率低一些，对小范围抛光操作完全可以一次成形。但大面积抛光时，首先使用粗蜡研磨，然后用中粗蜡进行二次抛光效果比较好，而且效率高。中粗蜡是汽车修补涂装进行涂膜抛光处理最为常用的产品。

c. 细蜡。

细蜡的上光作用要优于其研磨作用，主要用于高档轿车的最终抛光处理和一般微小擦痕和划痕的抛光美容工作。细蜡一般配合海绵轮使用，边研磨边收蜡，最终达到反光和提高鲜映性的效果。

② 上光蜡。

上光蜡中不含研磨颗粒，只起漆膜保护和上光作用。现在市场上上光蜡有油性上光蜡和水性上光蜡两类。油性上光蜡不易干燥，耐水性比较好，保光时间长，可达一个星期左右。但油性蜡不溶于水，不易用水清理干净，脱蜡时须采用专门的除硅清洁剂；另外由于其干燥慢，容易在车身上黏附很多的细小沙尘，影响光亮，而且细小沙尘如不清理，在擦车时会像研磨颗粒一样对车身漆膜造成损伤，因此不推荐使用油性蜡。

水性上光蜡可溶于水，干燥时间较短，车身上沾染细小沙尘后很容易用水洗的方法清理干净，但因其耐水性差，保光时间比较短，通常为两天到一个星期。上光蜡在使用时只需用干燥的海绵或柔软的布揩涂于干净的车身表面，等候其干燥变白后，用柔软的干布擦拭干净即可。上光蜡不准涂于车身橡胶件上，否则很难清理，影响车辆美观。

4.3 涂膜质量的检测

涂膜质量的检测是取得优异的汽车涂装效果的重要保证。做好涂装质量检验工作不仅使用户的汽车涂层具有满意的外观装饰效果、优异的抗腐蚀性和耐久性，同时也是对企业负责，推动企业发展的有力保证。因此，在涂装工作之前一定要做好各项准备工作，必要时要进行喷涂样板测试等，以确保涂装的质量，节约时间和操作成本。

4.3.1 涂膜质量的检测内容

1. 涂膜的附着力检测

涂膜的附着力是指涂膜与被涂物面之间的结合力，用它表示涂膜与被涂物之间的结合牢固程度。

要真正测得涂膜的附着力是比较困难的，目前只能以间接的手段来测定，往往测得的结果除附着力外还包括一些其他的综合性能，而在硬度、冲击强度、柔韧性实验中，也可以间接地反映出涂膜的附着力。

目前，测定涂膜的附着力常采用两种方法，即综合测定法和剥落测定法。综合测定法包括栅格法、交叉划痕法和画圆法；剥落测定法包括扭开法和拉开法。

根据国标 GB/T 1720—79 规定，广大企业普遍使用综合测定法中的画圆法来测定涂膜的附着力，所得的结果也被广泛认同。画圆法即用附着力测定仪在喷涂样板上按圆滚线划出一圈一圈的划痕，然后查看划痕范围的涂膜完整程度来进行评定。其测定方法如下：

（1）材料和仪器设备。

三块喷涂样板：50 mm×100 mm 标准的测试样板，通常为马口铁，若测试特殊底材时，应使用处理妥当的该种底材。

四倍放大镜。

毛刷。

附着力测定仪及其有关部件规格如下：实验台丝杆，螺距 1.5 mm，其转动与转针同步。转针采用三五牌唱针，空载压力 200 g。荷重盘上可放置砝码，其质量为 100 g、200 g、500 g、1000 g。转针回转半径可调，标准回转半径为 5.25 mm。

（2）测定的方法。

按国标规定，待喷涂样板彻底干燥后，在恒温、恒湿条件下测定。测量时首先调整划针的回转半径，直至与标准回转半径 5.25 mm 的圆滚线相同为止。将样板放在实验台上并固定，在荷重盘上酌加砝码，使转针的尖接触到涂膜并能划至金属层。按顺时针方向均匀摇转摇柄，转速以 80～100 r/min 为宜，圆滚线划痕标准图长为 7.5 cm±0.5 cm。取出样板，用毛刷清除漆屑，以四倍放大镜观察划痕并做出评定。

（3）评定的方法。

以样板上划痕的上侧为检查的目标，依次标出 7 个部位，相应地将其附着能力分为 7 个等级，按顺序检查涂膜的完好程度。例如，部位 1 涂膜完好，附着力评为一级；部位 2、3、4、5 均有不同程度的脱落，依次评为 2、3、4、5 等级；部位 7 脱落最多，评为 7 级。

测试的结果以至少两块测试样板的结果一致为准。这种方法用来做不同涂料或不同底材的附着力比较测试较为常用。

在没有测试仪器的情况下可以使用一种比较简便易行的方法进行附着力测试，方法如下：在完全干燥的样板上，取不同的部位，分别用锋利的刀片或划针在 1 cm 范围内划横 10 竖 10 条划至金属层的直线，将这一小面积划分为若干个边长 1 mm 的小方格，然后用黏度较大的塑料胶带粘贴在这些小方格上，用力撕下胶带，观察涂膜的剥落现象，来评定涂膜的附着能力。

这种方法由于局限性比较大，所以只作为参考用，不能作为评判的标准。但由于该方法简便易行，所以在涂装车间进行简单测试时经常采用。

2. 涂膜柔韧性的检测

涂膜的柔韧性又称为弹性或弯曲性，是指涂于一定规格金属板上的涂膜能够经受的最大弯曲程度（最小弯曲直径），即涂膜经过一定程度的弯曲后而不发生破坏的性能，用弯曲直径（mm）表示。

测试方法：将喷涂样板在不同直径的轴棒上弯曲，直至弯曲后不引起涂膜破坏的最小轴棒为止，最小轴棒的直径即表示该涂膜的柔韧性数值。在 GB/T 1731—93《涂膜柔韧性测定法》中有如下规定：

材料和仪器设备：

（1）四倍放大镜。

（2）马口铁板：25 mm×20 mm 标准的测试样板，通常为马口铁，若测试特殊底材时应使用处理妥当的该种底材。

柔韧性测定器是由粗细不同的 6 个钢制轴棒组成，固定于底座上，底座可固定在实验台架上。

（3）轴棒的规格：每个轴棒长度为 35 mm；轴棒 1：直径为 10 mm、外径为 15 mm 的套管；轴棒 2：截面面积为 5 mm×10 mm，曲率半径为 2.5 mm；轴棒 3：截面面积为 4 mm×10 mm，曲率半径为 2 mm；轴棒 4：截面面积为 3 mm×10 mm，曲率半径为 1.5 mm；轴棒 5：截面面积为 2 mm×10 mm，曲率半径为 1 mm；轴棒 6：截面面积为 1 mm×10 mm，曲率半径为 0.5 mm。

3. 涂膜的耐冲击强度的检测

涂膜的耐冲击强度是指涂膜能承受外来冲击而不损坏的程度。

根据 GB/T 1732—93《涂膜的耐冲击测定法》规定，以钢锤的重力与其落于涂膜样板上而不引起破坏的最大高度的乘积（N·cm）来表示，具体规定如下：

（1）马口铁板：50 mm×120 mm 标准的测试样板，通常为马口铁，若测试特殊底材时应使用处理妥当的该种底材。

（2）薄钢板：（GB/T 708—2006）65 mm×150 mm，用于原子灰的耐冲击力检测，若测试特殊底材时应使用处理妥当的该种底材。

（3）四倍放大镜。

（4）冲击实验器。

测定方法：按国标规定，待测试样板涂膜彻底干燥后在恒温、恒湿条件下进行。涂膜向上，将样板放置在实验器下部的铁砧上。样板承受冲击的部分距边缘不少于 15 mm。钢锤控制在一定的高度（通常为涂料产品标准规定的高度），按压控制按钮，钢锤自由下落并冲击冲头，冲头冲击涂膜样板。提起钢锤，取出样板，用四倍放大镜观察涂膜有无裂纹、皱纹和剥落等破坏现象。

4.3.2　涂膜硬度的检测

涂膜硬度是指涂膜彻底干燥后具有的坚实性，即涂膜表面对作用于其上面的另一个硬度较大的物体所表现的阻力。这个阻力可以通过一定质量的负荷，作用在比较小的接触面积上，测定涂膜抵抗变形的能力来表现出来。它是表现涂膜机械强度的重要指标之一。根据 GB/T 1730—93《涂膜硬度测定法——摆杆阻尼实验》，用摆杆式涂膜硬度实验仪进行检测。

该仪器的工作原理是，表面越软，接触这一表面的摆杆摆动的振幅衰减越快。被检测涂膜的硬度用一定质量的摆置于该涂膜样板上的摆杆摆动衰减的次数与同一条件下摆杆在玻璃板上摆动衰减的次数的比值来表示。

测试用的铅笔质量要求有保证，各级笔芯的硬度要有明显且均匀的差异，因中华牌绘图铅笔质量可靠，一般在用铅笔做涂膜硬度检测时多采用它。准备铅笔一套，从 6H 到 6B 共 13 支，削成规定的形状，从最软的铅笔开始，保持铅笔与测试样板呈 45° 角，由后向前推进，如果笔芯划破涂膜，则说明涂膜的硬度比该铅笔的硬度低一号。

这种方法因使用简便而被广泛采用，但因铅笔的生产制造存在很大的差异，所以仅可以做一般比较和简单检测使用，不能作为标准。

4.3.3 涂膜光泽度的检测

涂膜光泽度是指涂膜表面把投射其上的光线朝向一个方向反射出去的能力。涂膜表面如果平整光滑，光线向一个方向反射的能力就强。涂膜越亮，其光泽度越好，反之越差。

涂膜表面反射光的强弱，不但取决于涂膜表面的平滑或粗糙程度，还取决于涂膜表面对投射光的反射量和透过量的多少。在同一涂层表面，以不同入射角投入的光会出现不同的反光强度，因此在测量光泽度时，不管是目测还是采用仪器，都必须首先确定光的入射角。

4.3.4 涂膜厚度的检测方法

涂膜的厚度检测目前常采用两种方法，一种是利用千分尺来进行测量，这种方法不能直接测得被涂车辆的膜厚，只能测量喷涂样板。将喷涂样板遮盖后进行喷涂，待干燥后用千分尺分别测量未喷涂部位的厚度与喷涂部位的厚度，两者之差即为膜厚。

对于被涂车辆车身上的膜厚，通常采用磁性测厚仪进行测定。用磁性测厚仪测量膜厚也有缺点，它只能测量钢铁等导磁金属表面的涂膜厚度，对不导磁物体则无法测量；若汽车车身表面经过多次修复或涂有很厚的原子灰层，会影响导磁，从而导致不能测量。

使用磁性测厚仪测量时首先要进行归零处理：取出探头，插入仪器的插座上，选用一块与被测物底材相同的材料，擦洗干净，把探头放在底板上按下电钮，再按下磁芯。当磁芯跳开时如指针不在 4101 位，则需调整调零电位器使其归零。调零后即可以进行测量。取距样板边缘不小于 1 cm 的被涂物面上的几个点进行测量。将探头放在被测涂膜上按下电钮，再按下磁芯，使之与被测涂膜完全吸合，此时表盘上的指针缓慢下降，待磁芯跳开，指针稳定时即可读出涂膜的厚度值。取测量各点厚度的算术平均值作为被测涂膜的平均厚度值。

4.4 涂料安全及保管

4.4.1 涂料安全

涂装工厂所用的涂料及稀释所用的溶剂绝大部分都是易燃和有毒物质。在涂装过程能够形成漆雾、有机溶剂蒸气和粉尘，它们与空气混合积聚到一定的含量范围时，一旦接触明火，就很容易引起火灾或爆炸事故。操作人员长期接触或吸入体内会引起慢性中毒，有损操作人员的健康。所以，涂装车间一般是火灾危险场所和污染源，应引起人们的普遍重视。在国外，新汽车涂装线已开始采用低污染或无污染型涂料，如水性涂料、无溶剂型涂料、高固体份涂料和粉末涂料等，逐步替代传统的有机溶剂型涂料。这些新型涂料的采用显著地减轻了涂装工厂的火灾危险性和涂装公害，使操作人员有可能远离对身体健康有害的作业区，达到安全防护的目的。

1. 防火安全技术

涂装作业的火灾危险性大小与使用的涂料的种类、涂装方法、使用量和涂装场所的条件等有关。如果使用不是易燃性的或不燃烧的，则火灾危险性很小或没有，如水性涂料的涂装就基本上消除了火灾危险性。可是在使用易燃性的涂料和溶剂的场合，爆炸和火灾的危险性就非常大。爆炸和火灾事故的发生造成生命、财产的严重损失，严重影响生产的正常进行。从事涂装的单位和人员必须高度重视防火安全。

根据统计资料，涂装工厂发生火灾和爆炸事故的主要原因有以下几个方面。

（1）气体爆炸。由于工作物内（如槽罐、管道等内）涂装作业时和烘干室内换气不良，充满溶剂蒸气，在达到爆炸极限时遇明火（火星、火花）就爆炸。

（2）电气设备选用不当或损伤未及时维修。如照明器具、电动机、开关及配线板等在危险场合使用时，若在结构上防爆考虑不充分，则易产生火花的危险。

（3）在静电涂装作业时不遵守操作规程产生火花放电，而造成气体爆炸和火灾事故。

（4）废漆、浓雾末、被涂料和溶剂污染的废抹布等保管不善，堆积在一起易产生自燃。

（5）不遵守防火规则，在涂装现场使用明火或抽烟。

产生火灾和爆炸事故的主要原因是易燃性的有机溶剂和粉尘。火灾危险性从易燃物质的下列特征来判断。

① 闪燃和闪点。

可燃性液体蒸气从液体表面附近和使用的容器中与空气形成可燃性的混合气体，遇明火而引起闪电式燃烧，这种现象称为闪燃。引起闪燃的最低温度称为闪点。即在该温度下可燃性液体所产生的蒸气与空气形成可燃性的混合气体，遇明火或电火花能产生闪燃。在闪点以上可燃性液体就易着火。闪点在常温以下的液态物质，具有非常大的火灾危险性。根据闪点，可区分涂料和溶剂的火灾危险性等级，一般划分为 3 级：

一级火灾危险品：闪点在 21 °C 以下，极易燃。

二级火灾危险品：闪点为 21 ~ 70 °C，易燃。

三级火灾危险品：闪点在 70 °C 以上，难燃。

② 自燃点。

不需借助点火源，仅加热达到自发着火燃烧的最低温度称之为自燃点，它比闪点高得多。

③ 爆炸。

爆炸范围是由可燃性气体或粉尘与空气混合形成爆炸性混合气体，点火即爆炸。可是这种混合气体随可燃性气体、粉尘的种类，各自有不同的比例。产生爆炸的最低浓度（用体积分数表示）称为爆炸下限，最高浓度称为爆炸上限。在上限和下限之间都能产生爆炸，称为爆炸范围。爆炸范围越宽，下限越低，危险性就越大。为确保安全，易燃气体和粉尘的体积分数控制在（下限浓度）25% 以下。

④ 蒸气密度。

蒸气密度用同容积的蒸气与空气质量比表示。易燃性溶剂的蒸气一般都比空气重，有积聚在地面或低处的倾向。因此，仅在顶部或屋顶等上部设置自然换气装置效果不好，换气装置必须设置在接近地面处。

除上述特征外，在考虑危险性时尚需注意挥发性、沸点、扩展性。

喷涂车间需要配备足够的灭火剂。在国外，火灾被分为 A、B、C、D 四类，扑灭不同的火灾需要使用不同的灭火剂。

所有的火灾都可以通过抑制三个基本因素，即热、燃料、氧气来扑灭。大多数灭火剂的工作原理是降低燃烧物的温度和隔离空气。要有效地使用灭火剂，必须将灭火剂对准火焰的底部进行喷射灭火。灭火剂应定期检查，并安放在车间合适的地方。

2. 涂装材料储存安全注意事项

要确保修补用涂装材料在储运、使用过程中的安全，制造供应厂商、汽车修补涂装业主和操作者都应各尽其责。

（1）涂料的制造供应厂商。

根据国家工厂卫生及安全法规定，任何修补涂装用涂料产品及装备的制造供应厂商有责任确保在正常使用时它们应是安全且无损于健康的，并需将与之有关的所有资料传递给喷涂人员（操作者）。这些资料最好并列在产品说明书内，使说明书不仅有整体的技术说明，并含有健康及安全事项。关于产品成分或特别使用说明的警告，则应标明在容器标签上。产品标签应含有下列内容：

① 物质的名称。

② 制造厂商的名称及地址。

③ 说明一般危险的本质和与这些危险的有关征兆。

④ 有关危险的警语。

⑤ 有关安全的警语。

（2）操作人员。

安全事项及规章制度能否实现执行主要取决于操作人员。他们应做到：

① 天天检查安全预防事项。

② 应细读制造供应厂商资料，留心有关材料或装备运用的警示。

③ 需要时必须穿着防护服装，并保持个人及工场的清洁和整齐。

（3）易燃物品的储存注意事项。

① 按可燃性不同，参照有关法规分类储存。如按闪点不同，分为一、二、三级火灾危险品。有的国家以涂料的燃点分类：燃点低于 22 ℃ 为高度可燃性（如汽油）；燃点为 22 ~ 32 ℃ 为可燃性；燃点大于 32 ℃ 已不属于高度可燃性液体，有的规定燃点在 55 ℃ 以上的产品标有"可燃物"警示。

② 储存地（漆库），应备有完善的防火及灭火设备，并应考虑在此区域内装设自动喷水系统，以提高对火灾防护的能力，漆库应具有良好的排风通风系统，换气量每小时不应小于

20 次，可监视及连通空气的出入气流。

③ 在涂装现场存放的漆料数量以足供一个工作日的需求为限。厂房内最多可存放 50 L 的漆料和稀释剂，且需放置于防护材料箱柜内，并储放在合适的地点。

④ 所有存放漆料和稀释剂的容器，除正在使用中外，均需保持紧盖。

⑤ 作为聚脂涂料固化剂的过氧化合物不可与其他物料共同存放。特别是硝基漆必须避免与抹布、硝基漆的干打磨灰屑及有机物质接触。

3. 涂料储运过程中产生的缺陷及防治

汽车修补用涂料往往由于储运期过长，运输距离过远，在储运过程中受热（高于 30 ℃）和受冻后产生变质缺陷。如未经补救就投入使用，可能会影响涂装工效，产生涂膜缺陷，直接影响生产，造成经济损失。

增稠、胶化、钙化和干涸的产生：

罐内涂料在储运过程中变浓厚，黏度增高，超过技术条件规定的原漆许可年度上限的现象成为增稠。增稠有时有触变性，一经强烈振动即能恢复原来的黏度。增稠严重时，涂料呈豆腐脑状或块状的现象称为钙化。含颜料量少的涂料，不是因溶剂挥发失去流动性，而是成为胶质状称为胶化。

1）增稠

（1）形成原因。

① 涂料容器密闭不完全或其未装满桶，造成溶剂挥发，使涂料的黏度上升、增稠。

② 空气中的氧气，促进漆基氧化和聚合，使涂料胶化。

③ 色漆黏稠化的主要原因是所用颜料与漆基产生反应，使色漆增稠和凝聚产生颗粒。如特黑汽车面漆在储运中易增稠，是由于带酸性的炭黑能促进酸固化的合成树脂涂料增稠，甚至硬化。

④ 在运输过程中遇到高温或储存场所的温度过高，热固性合成树脂涂料的漆基受热时会使分子聚合，黏度上升，甚至胶化。

⑤ 储存期过长，漆基的活性基团发生反应，引起黏度上升。

（2）预防措施。

① 保持罐盖紧，确保密封，隔绝空气，容器中的涂料应装满。

② 存放在阴凉的场所。存储场所的温度最好在 25 ℃ 以下，切勿储存在日光下、暖气和炉旁。

③ 尽可能缩短储运期，尤其是活性基团多的高档合成树脂涂料，更不能长期储存，使用涂料时应遵守先进先用的原则。

④ 涂料厂需改进配方，克服在涂料储运过程中的颜料和基料之间的化学反应。

注：变浓的喷漆（热塑性涂料）再加入良好的稀释剂后通常可再度使用。而对胶化、肝化或干涸的热固性涂料，因是不可逆的，只能报废。

2）沉淀

涂料在储运过程中产生沉淀，在使用前能搅拌分散开，细度也合格，这属于正常现象。如果沉淀结块搅拌不起来，不能再分散开，就属于沉积或结块缺陷。

（1）起因。

① 涂料中所含的颜料或体积颜料磨得不细，分散不良，所占比重大等因素所致。

② 颜料与漆基发生或相互吸附，生成固态沉淀物。

③ 储存时间过长，尤其是长期静放的场合。

④ 颜料粒子处于不稳定状态结块。

（2）预防措施。

① 在设计选择配方时，就应注意颜料与漆基的适应性；注意和强化颜料的研磨分散工艺；提高黏度或制成触变型涂料，防止沉淀加防沉淀剂或润湿悬浮剂。

② 减少库存，缩短储存时间，存货先用。

③ 存放在阴凉场所。

④ 要定期倒转漆罐。

⑤ 不要储存稀释过的漆料。稀释过的漆料因黏度较低，故比原漆更易沉淀。

3）结皮

自干转化型涂料在储运过程中与空气接触的涂料表面易氧化固化的现象称为结皮。自干型的沥青漆、油性漆、油性原子灰和干性油改性醇酸树脂涂料等，在储运中易产生结皮。

（1）起因。

① 表面干料添加过多或用桐油制的涂料易结皮。

② 容器不密闭或桶内未装满，使涂料面与空气接触。

③ 储存场所温度过高或有阳光照射。

④ 储存期过长。

（2）防治方法。

① 涂料中不预先加入促进表面干燥的干燥剂，在使用时按比例调入。

② 容器内应尽量装满涂料，并要密封好；如果能在装桶时通入二氧化碳或氮气，则待置换出容器上层的空气后，再加盖封存。

③ 加入抗结皮剂。常用的抗结皮剂有苯酚、邻苯二甲酚、松木油、丁醇等。

④ 缩短涂料的储存期。开桶后的涂料应尽可能地用掉，未用完的可在涂料上倒些溶剂，则可保持几天不结皮。

若已经结了皮的涂料，则应除掉结皮，搅拌和过滤后方可使用。

4）胀气

由于产生气体而在漆罐内形成压力的现象称为胀气。

（1）起因。

① 漆料过于陈旧，库存期太长。

② 分子间的化学反应。

③ 储藏处所温度过高。

（2）预防措施。

① 漆料存放在阴凉处。

② 不要储存过多的漆料。

③ 以正确的轮换方式使用。

项目 5　新车涂装工艺

🚗【学习目标】

（1）掌握新车涂装前的清洗、磷化处理的方法。

（2）掌握新车底漆、中涂层、面漆的涂装工艺。

（3）掌握涂装质量检验的方法。

5.1　磷化处理

磷化处理是一种增强车身钢板防腐能力的特殊工艺，一般将成形的车身浸没于磷酸锌溶液（有些厂家用喷淋的方法），由于化学反应在钢板的表面形成一层致密的磷酸锌膜，这层磷酸锌膜不易与酸碱发生反应，以此提高钢板的防腐性能，因此磷化也可称为钝化。采用浸没的形式进行磷化要比喷淋磷化所获得的磷化层更致密。

1. 磷化处理前的预处理

轿车车身材料一般是钢板，如图 3-5-1 所示，在进入涂装车间之前，经过了储藏、冲压拉延、焊接、修磨甚至烘烤等处理过程。在这些处理过程中，不可避免地带入大量的防锈油、拉延油、铁粉、铁屑以及残胶等杂物。因此，在磷化处理前要先进行清洗，除去这些杂物。

图 3-5-1　进入涂装车间的车身

首先，浸泡：将成形后的车身置于 40～50 ℃ 车身磷化处理前清洗的水中浸泡。

其次，冲洗：用同样水温的水进行冲洗，除去附着在车身上的污物。

再次，除油：将清洗干净的车身浸没在含有弱碱性的除油剂中，或用碱浴（清洗过程中的除油的别称）喷淋于车身，除去车身上的油污。

最后，再次冲洗：用水将除油干净的车身冲洗干净，除去残留的碱性除油剂。

磷化处理前预处理工艺如下：

（1）重油、锈、氧化皮工件。

除油脂、酸洗、水洗、中和、表调、磷化。

（2）轻油、锈工件。

除油除锈"二合一"：水洗、中和、表调、磷化。

（3）无锈工件。

除油脂、水洗、表调、磷化。

（4）预清洗。

热水喷淋、预脱脂、脱脂、水洗、表调、磷化。

2. 磷化处理

磷化处理通常有两种：一种是浸没式磷化处理（见图 3-5-2）；另一种是喷淋式磷化处理。

表面调整 ——— 为形成致密的磷酸，首先将车身浸入磷酸钛溶胶中，产生液晶

磷酸锌处理 ——— 然后将车身浸入由磷酸锌、磷酸和加速剂组成的处理溶剂中，以使形成磷酸锌膜

图 3-5-2　浸没式磷化处理

（1）浸没式磷化处理。

首先，将车身浸没于磷酸肽溶液中，磷酸肽在车身钢板表面形成凝胶状表层。然后将车身浸入由磷酸锌、磷酸和加速剂形成的处理溶剂中，使车身钢板表面形成磷化层。其过程如下：

将车身浸没入磷酸肽溶液中 → 将车身浸入处理溶剂中 → 形成磷化层

（2）喷淋式磷化处理。

将清洗过的车身用磷酸盐溶液喷淋，使车身钢板表面在喷淋过程中形成磷化层。其过程如下：

清洗车身 → 磷酸盐溶液喷淋 → 形成磷化层

3. 磷化处理后的清洗、干燥（或称电泳底漆前的清洁）

如图 3-5-3 所示，首先，将经过磷化的车身用大量的水清洗。然后，用纯水冲洗车身，为电泳底漆除去残留的、阻碍电泳底漆附着的多余磷酸锌离子。最后，将车身在 100 ℃ 以上的加温炉内加温以干燥清洗残留的水渍。其过程如下：

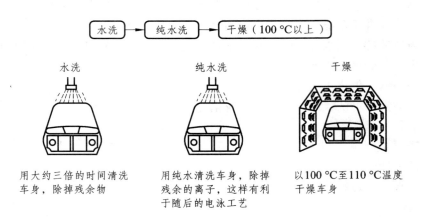

图 3-5-3　磷化处理后的清洗和干燥

5.2　电泳底漆涂装

电泳涂装法是一种特殊的涂膜形成方式，仅适用于与一般涂料不同的电泳涂装专用的水溶性涂料。电泳涂装法有阳极电泳法和阴极电泳法两种，它的简单原理是用蒸馏水或离子水将电泳涂料按规定调配好后，装入一定容积的槽中，将被涂件用电葫吊或采用悬挂输送链送入电泳前的水冲槽充分进行水冲洗，送入泳槽浸渍泳涂，通上电流（可先通电或后通电），经电泳、电沉积、电渗、电解等反应过程，使涂料沉积在被涂件表面上，经过一定时间后取出，用水冲洗干净被涂件表面从槽液中带出的涂料后，送入烘干炉干燥后形成附着力极好的涂层。电泳涂装的涂装效率很高，涂料附着力强，涂层薄厚均匀，涂装质量好，涂料利用率高，省工省料，污染小，废液废水可过滤，易形成自动化、连续化涂装生产。但设备投资较高，涂层薄只适宜于底层涂装。近 30 多年来，随着电泳涂料质量的提高和新品种的开发及电泳涂装技术和装备的完善，电泳涂装成为汽车涂装的主要方法。在全世界的汽车车身涂装中，已有 90% 以上采用阴极电泳涂装底漆。

1. 电泳底漆涂装

（1）电泳涂装定义。

经过加温干燥的车身全部浸入装满电泳底漆的电泳池中，此时车身和电泳池中的涂料被加以相当高的直流电压（通常为 200～300 V，车身与电泳池中的涂料极性不同），涂料中的离子在电动势的作用下聚积于车身表面。使用电泳涂装不仅车身外表面能够得到良好的保护，而且车身结构中一些腔体内壁都得到了很好的涂装保护。如图 3-5-4 为进入电泳池的车身。

图 3-5-4　电泳底漆涂装

（2）电泳的分类。

电泳分为阴极电泳和阳极电泳两种：若加于涂料的电极为正极，加于车身的电极为负极，则此种电泳为阳极电泳；反之，称为阴极电泳。所使用的电泳涂料为水溶性涂料。

电泳 $\begin{cases} \text{阳极电泳（涂料电极为正，车身电极为负）} \\ \text{阴极电泳（涂料电极为负，车身电极为正）} \end{cases}$

2. 沥干电泳底漆

如图 3-5-5 所示，将电泳涂装完毕的车身吊入倾斜架，使车身上多余的电泳底漆由车身表面和结构腔体中流出。电泳底漆为高温烘烤型涂料，如不经过高温烘烤不会固化，所以不必担心电泳涂装完毕后，在进入倾斜架时电泳底漆干燥固化。

3. 冲　洗

用大量的水冲洗经过倾斜架的车身，冲洗掉附着不牢的电泳底漆（见图 3-5-6）。由于电泳底漆是靠涂料粒子的沉积实现电泳底漆的涂装，因此，不必担心用水洗会将已经沉积的涂料冲洗掉。同时，电泳底漆为水溶性，不会存在多余涂料不能清洁干净的情况。

用水清洗掉多余的涂料

图 3-5-5　沥干电泳底漆

滴落

图 3-5-6　沥干后冲洗

4. 加温干燥

将水洗过的车身送入烘烤炉（见图 3-5-7），加温至 120 ℃ 以上，并保持 25 ~ 40 min，使沉积在金属表面的底漆干燥固化，此时涂层厚度为 15 ~ 20 μm。

图 3-5-7　加温干燥

综上所述，电泳涂装的工序可表示如下：

涂装电泳底漆 → 沥干电泳底漆 → 冲洗 → 加温干燥

5. 车身电泳漆膜现场常规质量检测

车身电泳漆膜现场常用的质量检测，主要是检查涂层光泽、涂层抗冲击强度、涂层柔韧性、涂层附着力、涂层硬度和涂层厚度等物理机械性能。

（1）涂层光泽。

在涂装施工现场，涂层光泽是一个经常要检测的项目。可以用便携式光泽仪进行检测。为了提高测量的灵敏度，对于不同的光泽度范围，应该选用不同角度的光泽仪进行测量。

（2）涂层抗冲击强度。

冲击强度是测试涂层在高速负荷作用下的变形程度。涂层抗冲击的能力与其伸张率、附着力和硬度有关，样板受冲击部分距边缘距离应不少于 15 mm，测定涂层冲击强度时，每个样板上各冲击点的边缘距离也不得少于 15 mm。

（3）涂层柔韧性。

汽车在涂装后，要经常受到使其变形的外力影响，例如，在转运、装配、调试及运输过程中，甚至外界温度的剧烈变化而引起的热胀冷缩都将引起涂层开裂以致脱离基材表面。涂层柔韧性测定就是评价涂层抗开裂并（或）从被涂物体上剥离的能力的方法之一。涂层绕轴棒弯曲时，并非是单纯检验涂层的弹性，而是涂层某些综合性能的反映，如抗拉强度、抗张强度、涂层与基底的附着力等，但一般统称为涂层的柔韧性测定。

（4）涂层附着力。

良好的附着力对被涂产品的防护效果是至关重要的，其好坏取决于两个关键因素：一是涂层与被涂物表面的结合力；二是涂装施工质量，尤其是表面处理的质量。涂层与被涂物表面之间的结合力可分为 3 种类型：化学结合、机械结合和极性结合。通常是某 2 种或 3 种结合方式同时发挥作用使涂层黏附在被涂物体表面。表面处理的目的就是尽可能地消除涂层与被涂物体表面结合的障碍，提供较为粗糙的表面，加强涂层与被涂物表面的机械结合力。

常用的测试涂层附着力的方法有划圈法、划格法、胶带法、拉开法等，具体采用何种方法由各汽车生产厂家灵活对待。

（5）涂层硬度。

硬度是表示涂层机械强度的重要性能之一，其物理意义可理解为涂层被另一种更硬的物体穿入时所表现的阻力。

（6）涂层厚度。

在汽车涂装施工过程中，也要求控制涂层的适当厚度，否则将影响涂层的外观质量，如一次涂得过厚，易造成流挂、起皱等弊病；而涂得太薄则不易流平，且在一定的涂层厚度范围内需要涂覆的道数增加，而涂装费用也随之提高。测试涂层厚度可以随时检查涂装施工质量是否符合要求，一旦发现问题可以随时补救，从而可以避免由于涂层厚度不够而达不到防护要求的现象发生。

电泳漆是最早开发的水性涂料，它的主要特点是涂装效率高、经济安全、污染少，可完全实现自动化管理。经过 20 多年的发展，目前，第 5 代阴极电泳漆已在世界各地汽车厂的生产线上获得广泛应用。

5.3　车身内外密封剂和车底保护涂料涂装

生产过程中车身的结构上有很多的焊点、接缝，如果不加以处理，在车辆使用过程中含有酸碱等有腐蚀作用的水或气体会侵入这些部位，使车身的防腐能力下降。此外在车辆行驶过程中，汽车底盘部分安装有大量的运动部件，运行过程中振动较大，同时要经受砂石撞击造成底盘部分的涂层损坏，进而造成底盘防腐能力的丧失。为了防止这种情况的发生，在电泳底漆涂装完毕后，进行车身焊点、接缝部位密封剂和车身底盘部位防撞减振涂料的涂装。

1. 整形焊接处的基础涂装

焊缝、焊点和修复过的钢板表面虽然经过打磨及清洁，仍有无数肉眼看不到的微创及不规则的小凹凸，其中夹杂着无数的氧化物、杂质、水气等。普通的腻子或防锈漆虽然具备防锈功能，但它只能防止外表锈蚀的侵入，起到暂时的封闭作用。只要受到潮湿及其他恶劣环境的影响，会很快显现出缺陷，因此必须进行有效保护，通常采用喷涂环氧底漆的方法进行防护，如图 3-5-8 所示。

图 3-5-8　整形焊接处涂装环氧底漆

环氧底漆适用于涂抹在作过焊接、打磨、加热急冷收缩等作业后的面板或搭接结合面的缝口处，是一种很好的止锈剂。一般是在做好修复件边缘漆膜的羽状边（即漆膜的坡口），清理好表面之后再涂环氧底漆，可保证在经过各种处理之后的面板在很长时间内不生锈，即使是原来有锈，也会阻止生锈范围的扩展。

2. 接缝处的基础涂装

没有经过专门的钣金密封处理而直接涂装的金属板材，在焊接或搭接的结合面外的缝口处会因各种杂物，如油类、冷却液、污水等的侵蚀和高低不平路面的振动而变形开裂，从而造成接口的防锈密封防线被突破，失去功能。所以在必有在板材的接缝等部位施涂专门的钣金密封胶，如图3-5-9所示。

图 3-5-9　接缝部位喷涂密封

钣金密封胶是一种无腐蚀性的聚氨酯 PU 结构胶，可以填缝、覆盖、黏结和密封，有时也可以代替焊接，不损坏漆皮。其黏结力极强，固化后强度高，结实可靠，能增强单块构件和薄壳车身的强度，能保持焊接或搭接接缝处，尤其是轮拱内外、底盘、后备厢内、座舱内底板及发动机舱等部位的防侵蚀功能。

3. 骨架与蒙皮结合处的防振处理

发动机盖、行李厢盖分解后，在合拢前必须在蒙皮与内衬间加注车身密封胶。这样可使合拢后的蒙皮紧贴内衬，否则蒙皮会出现松动，在开启或关闭发动机盖、行李厢盖时会有异响，在行驶过程中也可能会产生共振声。

4. 车身底板的隔热、防潮、防噪声处理

在车身底板的上表面，必须对钣金构件及焊接部位的金属表面作打磨处理并喷涂防锈底漆，待干燥后粘贴原厂同型号车身隔音衬或隔音垫，吸收车辆运动时的振动及产生的噪声。

对于车身底板的下表面（车身外的一面），应先将暴露及修复后的金属表面作彻底打磨清洁处理，将周围即将脱落的原厂涂料彻底清除，喷涂 1 ~ 2 层防锈底漆，待干燥后，在结合面及缝隙处加注 MSP 车体密封胶或同类产品，再喷涂防锈防撞底漆。经过这样处理的车身底板，能增强防腐蚀性能，降低石击噪声对车厢内的影响。

5.4 中涂漆涂装

中涂漆涂装是在进行完车身内外密封剂和车底保护涂料涂装后进行的重要的涂装过程。它是在底漆层与面漆层之间的涂层，也称作"中涂底漆""二道底漆"等，俗称"二道浆"。中涂漆层的主要作用有：增加面漆层与其下面涂层的附着力；填充微小的划痕、小坑等，提高漆面平整度；起到隔离封闭作用，防止渗色发生；保证面漆涂层具有一定的弹性、韧性，提高面漆的丰满程度。

普通载重汽车、农用车辆等对涂装的装饰性等要求并不是很高，所以在底漆上直接喷涂面漆；在涂装修理时如果旧漆层比较良好，可以不用喷涂中涂漆；但对车辆外观装饰性要求很高的小轿车、豪华客车等均要求必须喷涂中涂漆。在进行了原子灰填补的区域，由于原子灰对面漆涂层具有一定的吸收作用，会在面漆上留下明显的修补痕迹，所以需要喷涂中涂漆加以隔离封闭。

中涂漆都比较黏稠，涂膜也要厚一些，一道喷涂通常可以达到 30 ~ 50 μm。中涂漆多为灰色或白色等易于被遮盖的颜色，但也有可调色中涂漆，用于进一步提高面漆的遮盖力和装饰性。中涂漆在选用时要与底漆、原子灰或旧涂层的类型相匹配，否则会出现咬底、起皮的现象。

其工序如下：

静电喷涂 → 静置 → 加温干燥 → 打磨

1. 使用静电喷涂方法涂装中涂漆

已经涂装完防撞涂料的车身随流水线进入中涂漆涂装工位，此时机器臂按设定程序进行涂装。车身内外全部由机械臂自动喷涂完成，为提高喷涂速度、减少涂料的浪费，大多数汽车制造厂使用自动静电喷涂。

2. 涂装后静置

进行完中涂漆涂装后的车身需要静置一段时间，让车身表面涂料内的溶剂蒸发出一部分。由于汽车生产厂所使用的涂料为高温热固性涂料，干燥加温温度一般在 100 ℃ 以上，此时溶剂蒸发速度非常快。若在加温之前不让溶剂有缓慢的蒸发过程，就加以高温使涂层干燥，大量的溶剂蒸气会破坏已经涂装好的涂层表面。

3. 加温干燥

经过静置的车身进入烘干炉加温至 120 ~ 140 ℃，保持 20 ~ 30 min，使涂层充分干燥。此时涂层厚度大约为 40 μm。

4. 中涂漆涂装完毕后的打磨

中涂漆经过加温干燥后需要进行打磨，除去涂层表面的杂质和粗糙物，在中涂漆表面形成平整表面，保证面漆与中涂漆的附着能力，为面漆提供平整的基础。汽车生产厂多使用自动打磨机进行湿打磨（有些汽车生产厂也使用人工干式打磨）。此时，自动打磨机高速旋转，利用打磨机刷头打磨干燥的中涂漆表面，以获得平整的表面。打磨完毕后，用水冲洗掉车身表面的打磨颗粒，然后用空气吹净车身表面多余的水分，最后进入烘干炉进一步加温，使车身内外的水分完全干燥。此时，整个中涂漆涂装过程完毕，可以进入面漆涂装。

5.5 面漆涂装

面漆涂装决定车身表面涂层的最终效果，面漆涂装的好坏对产品质量的好坏有着重要的影响。在底涂层喷涂并进行打磨修整之后就可以进行面漆的涂装了。

1. 喷涂表面的准备

由于面漆的喷涂相当重要，所以在喷涂前要认真检查底涂层（中涂层以下）不能带有任何瑕疵，因为这些微小的瑕疵在喷涂完面漆之后，在面漆光泽度的影响下会变得非常明显。对需要喷涂面漆的准备工作包括以下几项：

（1）底漆层或中涂层要进行完全打磨。用 P400 号或更细一些的干磨砂纸将底漆或中涂漆打磨到表面光滑的程度，不要留有桔皮和干喷造成的漆雾等，并尽量不要留有砂纸的打磨痕迹，这些将会影响面漆的流平效果。底漆或面漆打磨得越光滑，面漆涂层的平整和光亮程度越好。

（2）若底涂层上有划痕、小的凹坑等必须用原子灰进行填补的区域，应选用填眼灰或极细的细灰进行填补，干燥后打磨。若用原子灰填补的面积比较大，为防止原子灰对面漆的吸收，必须用中涂漆进行封闭。

（3）如果在打磨时不小心将底层磨穿而露出了金属底，因为金属底是平整的，所以不必刮涂原子灰，但需薄喷一层环氧底漆以保证底材的防腐能力。如果底涂层为底漆加中涂漆的双涂层，则在底漆干燥之后还要喷涂一些中涂漆。等修补的部位完全干燥之后，用细砂纸进行磨平，必须使打磨部位与未修补的部分完全平顺地结合，否则会在面漆上出现地图纹。

（4）对不需要喷涂的部位进行适当的遮盖，防止面漆的漆雾落到不喷涂的部位。

（5）在喷涂之前，用清洁剂清洁喷涂表面上可能留有的油渍、汗渍和蜡点等。为保证干净，最好连续清洁两遍。然后用粘尘布擦拭喷涂表面，使喷涂表面不留有灰尘颗粒。清洁工作应在喷漆房内进行，清洁完毕后最好马上进行喷涂工作，防止二次污染。

2. 面漆的准备

（1）面漆的混合与搅拌。

需要喷涂的面漆因为颜色的需要，很少有使用某一种纯色母直接喷涂的，绝大多数面漆都是由多种色母混合而呈现出需要的颜色。

颜料的沉淀现象不只存在于未喷之前，在喷涂到喷涂表面后，涂膜干燥的过程中仍然在沉淀，所以有时会出现刚刚喷涂完毕和涂膜干燥之后喷涂表面有色差。同一辆汽车的平面和立面由于空间方向不同，颜料沉淀后造成的色差也不同。当然，涂料中往往需要加入稀释剂、固化剂和催干剂等一些添加剂，这些添加剂混合到涂料当中后必须经搅拌均匀后才能充分发挥它们的作用。

（2）添加剂的使用。

涂料中往往需要加入一些添加剂来提高涂膜的性能、改善或适应喷涂环境等。例如，双组分涂料必须加入固化剂才能干燥并保证良好的质量；为调节喷涂黏度，需要加入稀释剂；为保证喷涂质量有时要加入稳定剂来消除颜料沉淀而造成的色差；为防止出现白雾，硝基漆中需要加入化白水；为加快醇酸树脂型涂料的干燥时间，需要加入催干剂；为防止出现鱼眼等故障，需要加入流平剂（走珠水）等。这些添加剂有些是在喷涂之前就要加入并搅拌均匀后才开始喷涂的，如固化剂、稀释剂、催干剂等。有些则是在喷涂当中出现了问题需要加入的，如化白水和走珠水等。应严格按照说明进行操作，这样才能保证良好的使用效果和涂膜质量。

（3）稀释剂的使用。

稀释剂在涂装工作中是非常重要的添加剂，在使用稀释剂时需要注意根据施工条件和施工对象，合理地选用不同的品种。

稀释剂的主要作用是用来调节涂料的黏度，以利于涂装工作和保证涂膜厚度的均匀。

按照涂料的操作说明加入固化剂和稀释剂后，涂料基本都会达到要求的喷涂黏度。如果添加过量，会引起涂膜表面失光等故障，尤其是清漆层。使用黏度杯可以进行比较精确的黏度测定。涂-4黏度测量杯（四号黏度杯）是测量黏度时比较通用的工具。

3. 固化剂的添加

双组分涂料必须加入固化剂才能干燥并保证涂膜具有优良的硬度、韧性等机械性能。不同种类的涂料，由于使用的树脂不同，所用的固化剂化学成分也不同，必须按照涂料的要求配套使用，切不可任意添加。不同厂家、不同品牌的涂料和固化剂通常情况下不可穿插使用。例如，聚酯树脂类涂料使用过氧化物固化剂；环氧树脂类涂料使用氨基化合物固化剂；丙烯酸类、聚氨酯类和丙烯酸聚氨酯类双组分涂料的固化剂中含有异氰酸酯的化合物等。

固化剂添加的量同这种涂料使用稀释剂一样，都有其固定的比例，或用体积比，或用质量比，需要严格按照规定添加，不可随意。如果添加的量过少，会导致成膜不良、涂膜过软等故障；添加的量过多，虽可提高涂膜的干燥速度，但过量的固化剂也会使涂膜变脆、失光或变色等。固化剂也同稀释剂一样分为慢干型、快干型和普通型等几种，用于配合不同干燥类型的稀释剂调节涂料的干燥速度，所以在选用时这个因素也应考虑在内。

固化剂也具有稀释涂料的作用，但切不可当作稀释剂使用。在涂料中加入固化剂后应进行搅拌，使固化剂与树脂分子均匀地分散。涂料在加入固化剂后即开始化学反应，产生交联固化作用。

在使用固化剂时还要注意安全操作，尤其是含异氰酸酯的固化剂，因异氰酸酯极具活性，如果使用不当会对人体造成危害。异氰酸酯可以同许多常见的物质发生反应，所以在使用、储存和处理的过程中要多加注意，尽量不使皮肤裸露部位接触到异氰酸酯，更不能使其进入眼睛、口腔和呼吸道，如发生上述情况，需马上用大量的清水冲洗并请医生处理。

4. 其他添加剂

使用以防止涂膜故障为目的的添加剂时，应根据当时的情况，结合产品说明进行添加。对于硝基涂料使用的化白水、醇酸基涂料使用的催干剂、在涂膜发生鱼眼故障时使用的走珠水等往往需要视情酌量添加，需要一定的实际操作经验。

很多涂料在制造过程中已经添加了颜料稳定剂，在正常使用过程中不需要额外添加。

5. 涂装前的遮盖

现在新车制造过程中多采用人工方式在面漆喷涂前对不需喷涂面漆或一些有特殊要求的部位进行遮蔽，避免在喷涂面漆过程中被污染。

新车制造过程中（尤其是面漆涂装）涂料的加温干燥温度相当高，一般情况下要求加温温度要在 100 ℃ 以上，这就要求遮盖所用的遮蔽材料要有很好的耐高温性能。

6. 涂装前的清洁

面漆涂装是整个涂装过程的最终体现，可以说面漆涂装质量的好坏直接关系到涂装全部过程的成败，因此面漆涂装前的清洁在某种意义上讲要比前面工序所进行的清洗或清洁更加彻底和全面。

由于新车制造大部分采用流水线作业，汽车表面能够被油脂污染的机会不多，反而是生产在线无处不在的细小尘粒成了最容易威胁面漆涂装质量的因素。因此，面漆涂装前的清洁重点放在除尘的工作上。现在汽车制造厂仍然用比较常用、也是比较可靠的人工除尘操作，即使用黏性树脂粘尘布对车身上需要喷涂面漆的表面进行清洁。

7. 面漆的初次涂装

汽车车身上有很多部位是机械喷涂不能达到的部位，这些部位主要是车身上的一些缝隙，如车门与车身连接接缝处、车门与车身框架的重叠处等。这些部位虽然平时处于遮盖状态，但是从车辆整体美观角度出发，要求这些部位与车身其他部位具有同样的颜色和涂装质量。由于机械喷涂只适合喷涂较大的表面和能够使用机械臂进行喷涂的部位，因此大多数汽车制造厂家在进行机械（或自动）喷涂面漆之前，使用人工首先喷涂那些机械臂不能喷涂的部位。此时的人工面漆涂装可以称之为面漆的初次涂装或面漆预涂装。

8. 面漆涂装

在进行完面漆初次涂装（面漆预涂装）之后，大多数汽车制造使用自动喷涂设备进行高速、大面积的整体喷涂，此时自动喷涂设备多为程控的机械臂（见图 3-5-10）。为减少涂料的浪费和污染，喷涂方法多采用静电喷涂，所使用喷涂设备的雾化部分有压力雾化型、空气雾化型和旋杯雾化型。

图 3-5-10　机器臂喷涂

　　面漆喷涂根据车辆所喷涂面漆种类的不同，应适当调整喷涂工艺顺序。若喷涂素色面漆（单工序面漆），则在喷涂完面漆之后就可以进行下一道工序的操作。若喷涂金属效果或珠光效果的面漆（双工序或三工序面漆），则在喷涂完底色漆之后再喷涂清漆，方可进行下一道工序的操作。

9. 面漆的干燥

　　喷涂完面漆的车身在室温条件下静置 7～10 min，以便于面漆中的溶剂有足够的挥发时间。防止由于突然加温使溶剂大量快速挥发，造成涂膜破裂。当涂膜中所含溶剂已经充分挥发后，就可以使涂装好的车身进入到高温烘烤炉中并逐渐提高温度到 120～150 ℃ 并保持20～30 min。当车身涂膜已经基本干燥后，就可以进入最终质量检验工序了。

5.6　检验外观质量

　　面漆是整个涂层的最外面的一层，当面漆喷涂完毕并干燥后，此时就需要对整个涂装质量有一个总体的检验，并对整个涂装过程进行总体评价。因为新车涂装生产过程中的质量控制非常严格，此时主要目视检查面漆表面有无划痕、灰尘颗粒、针孔、气泡。而对整个涂层的附着力、硬度等指标的检测只进行抽样检测。

　　由前述可知，面漆涂装工序可概括如下：

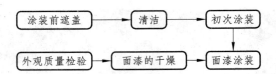

此时，新车制造过程中的车身涂装工序已经全部完成。经过检验合格的车辆可进入总装。

新车涂装过程（含涂装后不久）中难免产生漆膜缺陷，如涂装过程中产生颗粒、异物沾污、气泡、流挂、桔皮、缩边等缺陷，涂装后产生起泡、黏结不良、褪色、裂缝、粉化等。这些缺陷一般与被涂物表面的状态、选用的涂料、涂装方法及操作、涂装工艺及设备和涂装环境等因素有关。因此在涂装过程中一定要保持环境清洁、操作方法及涂装工艺规范科学，尽量采用较为先进的设备来提高涂装质量，尽可能避免涂装缺陷的产生。

项目 6   汽车车身涂装修理工艺

🚗【学习目标】

（1）掌握修补涂层之前底材处理的方法。

（2）掌握底涂层贴护、原子灰的填补及面漆修补的方法。

6.1   底材处理

6.1.1   原涂层及底材的判别

在进行新涂层的修补之前，对车辆原涂层及底材进行判别是非常重要的。因为原涂层及底材的类型如果与修补涂层的类型不符，将会出现严重的涂膜故障，如在镀锌板底材上施涂普通原子灰，会造成附着力不良而引起脱落，在自然挥发型涂料或热塑性涂料上施涂可能造成咬底或涂膜脱落等，对修补质量有很大的影响。因此，在涂装修补之前首先需对原涂层和底材进行准确判别，并以此为根据，选用合适的操作工艺和适当的修补材料。

1. 原涂层的判别方法

（1）视觉检查法。

视觉检查法即通过仔细地观察，根据不同涂料的不同特征进行判断。

（2）涂抹溶剂法。

涂抹溶剂法即用普通硝基稀释剂在原涂层上进行涂抹擦拭，通过观察有无溶解现象判别原涂层是否为溶剂挥发干燥型涂料。检查时应使用白色的软布蘸上硝基稀释剂在破损涂层周围或在车身隐蔽部位轻轻擦拭，如果原涂层溶解，并在布上留下痕迹，说明原涂层属于溶剂挥发干燥型漆。如果原涂层不溶解，说明原涂层属于烘干型或双组分型漆。丙烯酸聚氨酯型漆层不易溶解，但稀释剂会减少漆面光泽。

（3）加热检查法。

加热检查法用来判别原涂层是热固性还是热塑性。如果原涂层为热塑性涂料，则在修补喷涂时应选用同类型的涂料，或将旧涂层完全打磨掉后再使用热固性涂料。用红外线烤灯对测试板进行加热即可很容易地进行判别，如果漆面有软化现象则可证明为热塑性涂料。

（4）硬度测定法。

由于各种面漆干燥后漆膜的硬度不同，大体上看双组分漆和烘干漆硬度较高，而自干漆硬度较低。

（5）厚度测试法。

各种面漆由于性质不同，其涂层厚度是不一样的，所以可通过用厚度计测定漆膜厚度来判定面漆的大致类型。

（6）计算机检测仪法。

利用计算机调色系统可直接获得原车面漆的有关数据，这是目前涂装行业中普遍使用的检测方法。此方法方便快捷，只需将原车车身加油口塞拿来，利用仪器很快就能准确无误地判别面漆的类型。

2. 底材的判别方法

随着汽车制造业的发展，制造汽车车身表面所用的材料种类日趋多样化，对不同的底材在进行修复处理和喷涂修复时需采用不同的操作，在施涂原子灰或侵蚀性底漆时更应对底材准确地判断，正确选用涂料和施工工艺。因此，准确判定底材是何种材料、何种类型，对车身的修复具有重要的意义。

目前，车身制造所用的金属板主要有钢板、镀锌板、铝或铝合金。根据金属的不同性质可以对相应的底材作出正确判断。

（1）钢板的判断。

钢板机械强度较高，表面比较粗糙，未经加工的表面一般呈现灰黑色，有些部位会有铁锈存在。钢板表面经过粗糙砂纸打磨后会显露出白亮的金属光泽，但从侧面观察，颜色有些变暗；钢板耐强碱侵蚀的能力较强，使用强碱对经过打磨后的表面进行浸润或涂抹一般不会有太大的反应。

（2）镀锌板的判断。

钢板表面经热浸涂或电镀的方法镀上一层锌，可以大大提高表面的防腐能力。未经加工的镀锌板表面常有银色的光芒，有些镀锌板表面有鱼鳞状花纹。使用中的镀锌板表面没有锈渍，裸露处常显现灰白色，经过砂纸打磨的地方比钢材表面更加白亮且侧光时变暗的程度也要轻一些。镀锌板不像钢板耐强碱的侵蚀，使用强碱浸润或涂抹时多会留下发黑的痕迹。

（3）铝及铝合金的判断。

铝的机械强度较低，汽车上一般使用铝合金板材。铝合金板材的机械强度较好但较轻，板材表面比钢板和镀锌板都要光滑，不耐强碱，经处理后表面形成氧化膜，打磨后可显露白亮的内层金属。通过打磨后涂抹强碱的方法，可以比较准确地加以区分。

6.1.2 底材的处理

在喷涂修复之前，要首先对原车需修补部位的底材、旧漆层进行必要的处理，一般为打磨、清洁、防腐处理和填平等操作，下面简要介绍针对不同的底材的处理方法。

1. 裸金属的处理

根据裸金属的不同情况采用不同的处理方法。

对于质量较好或经过表面钣金修复后的裸金属，进行表面打磨即可。经打磨后的金属需要用专用金属清洁剂进行清洁处理（由于金属清洁剂中含有溶剂成分，可以将裸金属表面的油渍或蜡渍等充分溶解，对锈渍等也有良好的清洁作用，此外有些种类的金属清洁剂中还含有磷化液，在清洁的同时对裸金属进行磷化处理）。清洁时两手各持一块干净的清洁布，一块饱蘸金属清洁剂，另一块为干布。清洁的方法为：一手用沾有金属清洁剂的布擦拭第一道，另一只手马上用干布将第一道擦拭的湿痕擦干，以吸附、除去锈迹和油渍。清洁工作的面积如果比较大，不要一次先用清洁剂擦拭整个表面之后再用干布擦拭第二遍，而应一道一道地清洁，确保第一道在没有挥发的情况下就马上用干布擦干，这样有利于完全清洁干净，若等第一道挥发之后再用干布擦拭，有些已经溶解的油渍、蜡渍等又会重新黏附在金属表面而不能完全清除。这种清洁方法在清洁处理其他表面时也同样适用。

对于表面质量较差、锈蚀比较严重的裸金属可以用打磨机进行打磨或进行喷砂处理除去锈蚀。

2. 良好旧涂层的处理

良好旧涂层的处理与裸金属的处理有些差异。裸金属上需要全套地进行涂装工作，而良好的旧涂层需要根据情况只进行部分涂装修复，往往不需要进行全套操作，所以要根据情况进行必要的处理即可。

3. 底材表面没有大缺陷的旧涂层处理

一般情况下，其面漆的下面涂层基本没有损坏或只有很少的地方需要修补，所以，只要将面层表面进行适当地打磨，磨掉已经氧化变差的一层，露出良好的底层即可。

4. 表面有缺陷的旧涂层的处理

对于小的缺陷，在缺陷部位进行打磨，直至没有受到损伤的涂层或裸金属。裸露的金属部分必须进行打磨、磷化或钝化处理，如果裸金属部分有锈蚀或穿孔的情况，还要进行除锈或补焊，将锈蚀清除干净，防止继续产生锈蚀或结合力变差的情况发生，并进行磷化或钝化处理。

对于面积较大的缺陷，可以用喷砂机进行喷砂除漆，或用打磨的方法将旧涂层脱漆。用喷砂机进行除漆时需要注意不要将缺陷周围良好的涂层也清除掉，这样将会增加修补工作。

经过打磨处理的旧漆层仍旧需要用清洁剂进行必要的清洁处理，所使用的清洁剂与金属清洁剂不同，用于旧漆层的清洁剂更加柔和一些，更偏重于对油渍、蜡渍等妨碍喷涂的有害物质的除去作用。清洁的方法与前面介绍的金属清洁剂的使用是相同的，都要一湿一干地进行。

对于打磨到裸金属的部分区域，需要进行如前面所述的对裸金属的处理，如磷化、钝化或喷涂防锈底漆等，根据裸露面积的大小适当处理。

6.2 底层涂料的施工

底材处理完毕之后需要根据具体情况采用相应的处理，例如，裸金属需要喷涂底漆或用原子灰进行填补等，对于需要喷涂中涂层的底材需要喷涂中涂漆并进行打磨等。其目的主要是加强防腐处理和为面漆打下良好的基础。底层涂料施工主要包括底漆层、原子灰填补、喷涂中涂漆等。

6.2.1 贴 护

贴护工作是在实施喷涂之前所进行的重要工作，即用遮盖材料将所有不需喷涂的部位或部件进行遮蔽，防止喷涂过程中的污染，有时也用遮盖的方法对施工区域进行隔离以便操作。

贴护所用的遮盖材料主要有遮盖纸、塑料膜、防护带（胶带）以及各种防护罩等，各涂装设备生产厂商都有相应的产品可供选择，不可使用普通纸张、胶带等代替。

遮盖纸要求能够耐热、纤维紧密（不掉毛）、耐溶剂。汽车遮蔽用专用遮盖纸的一面为紧密的纸层，另一面涂有一层蜡质物质，这层物质与基纸结合非常紧密并且耐热不熔化，抗溶剂性能优良。

防护带要求弹性小、耐热、耐溶剂、不掉胶、黏着性好且胶质所含溶剂成分低。专用贴护胶带多为纸基，在拉伸时变形小，胶面可耐溶剂，在喷涂时不会因为溶剂的影响而开胶。需要注意的是，不要用绝缘胶布或其他种类的普通胶带代替防护带，如果使用不合标准的胶带，将会对修补增添不必要的麻烦。

防护罩用来遮蔽各种灯和轮胎。防护罩一般由耐热、耐溶剂橡胶制成。用防护罩遮蔽灯及轮胎要比用遮盖纸和防护带快捷、方便且便宜。

在贴护前需要将一些妨碍贴护而又不需喷涂的部件拆下，如刮水器、收音机天线等。贴护时应注意：不要将防护带粘贴在需要喷涂的区域或未经清洁的表面；贴护时不能将防护带粘贴在肮脏或潮湿的表面上；防护带不能粘贴在密封橡胶上；贴护时应将防护带尽量压紧防护带的边缘；贴护时遇到曲面时，可将防护带的内侧弯曲或重叠。

6.2.2 喷涂底漆层

喷涂底漆层可以使漆膜获得良好的附着力，填平细微的缺陷，对于裸金属还可以起到防腐的作用，是整个涂层的基础。常用的底漆有环氧型底漆和侵蚀性底漆等，根据用途和防腐机理可分为隔绝底漆、磷化底漆和塑料专用底漆等类型。

在喷涂底漆层之前，先将需要喷涂的区域用清洁剂清洁干净，除去油污、蜡脂及灰尘，经适当遮盖后进行喷涂。底漆层的喷涂膜厚薄可根据情况掌握，一般情况下如果底漆层上还要喷涂中涂层，则可将底漆喷涂得薄一些，只要能够达到防腐和提高黏附能力的目的就可以了。

底漆干燥后要经过适当的打磨，为下一步喷涂工作做好准备。打磨时为更好地判断打磨的程度，应使用打磨指导层。打磨指导层即在需要打磨的涂层上薄薄喷涂或擦涂一层其他颜色的颜色层，意在使打磨时打磨到的区域与未打磨的区域在颜色上有一定的差异，以利于观察打磨的程度——指导层被磨掉的地方即为高点，而未被磨掉的部位即为低点，指导层全部被磨掉后，需要打磨的区域即比较平滑。可用于指导层的材料很多，通常需要打磨的区域是漆膜，则用雾喷极薄的一层单组分硝基漆当作指导层，原子灰的打磨一般用擦涂炭粉来进行打磨指导。指导层的颜色以反差大一些为好，但尽量使用黑、灰、白等容易遮盖的颜色。

1. 对大面积裸金属喷涂底漆

大面积裸金属的底漆喷涂时，一般首先进行磷化处理后再喷涂隔绝底漆。磷化处理通常用喷涂磷化底漆的方法来进行，喷涂时要根据不同的底材选用不同的底漆。

对于钢板薄喷一层磷化底漆即可，对于铝合金板材需要喷涂含有铬酸锌的底漆进行钝化处理。对于镀锌板等底材通常不用喷涂侵蚀性底漆，直接喷涂隔绝底漆即可。

侵蚀性底漆一般不单独使用，在其上还要喷涂隔绝底漆共同组成底漆层，所以侵蚀性底漆的膜厚要薄一些，以 15 μm 左右为好。

待侵蚀性底漆干燥后就可以直接喷涂隔绝底漆了，其间不必进行打磨处理。漆膜完全干固后，用 P240 ~ P360 号干磨砂纸配合打磨机打磨，或用 P600 号水磨砂纸湿磨。

2. 对旧涂层喷涂底漆

旧涂层经过打磨后如果没有裸露出金属底材，可以不喷涂底漆，直接喷涂中涂漆或施涂原子灰；如果旧涂层打磨后有部分区域露出了金属底材，只要对裸露的金属部位喷涂底漆而不必全面喷涂，对小部分裸露金属的处理也可以适当简化，可以不必喷涂侵蚀性底漆。经过喷涂底漆的部位必须经过打磨后才能喷涂中涂漆或面漆，打磨时必须将所喷涂的底漆打磨平整、光滑，并打磨出羽状边。

3. 塑料件的底漆喷涂

塑料件在喷涂时需要使用专用的塑料底漆，首先用塑料专用清洁剂清洁塑料件表面，然后用 1.7 ~ 1.9 mm 口径的喷枪喷涂 1 ~ 2 遍，间隔时间为 5 ~ 10 min。在塑料底漆未干燥时直接喷涂中涂漆或面漆其黏附效果会更好，但如果需要刮涂原子灰等，则必须等其完全干燥。

6.2.3 原子灰的施涂

对于不平整的表面或经过钣金处理后的金属板需要使用原子灰进行填平工作。常用的聚酯原子灰具有良好的附着能力、填充性和弹性等，并具有一定的隔绝防腐能力。原子灰的刮涂应在喷涂完底漆后进行，若需要填补的区域范围比较小，在不影响其附着能力的基础上可以直接刮涂于裸金属上。有些原子灰的施工厚度可以达到 20 ~ 30 mm，但仅限于特殊情况，且面积不可过大。一般施工原子灰的厚度为 2 ~ 3 mm，不可过厚。

1. 原子灰的调配

原子灰有很多品种，在施工时可以根据不同的情况合理选用。施工的底材对原子灰的附着力也有一定的影响，在填平施工时要根据不同的底材选用不同的原子灰，比如，镀锌板及铝合金板材、不锈钢表面等不可直接施涂普通聚酯原子灰，只能使用合金原子灰，否则会造成附着力不良，如要刮涂普通原子灰，则必须首先喷涂隔绝底漆后方能达到理想的效果。磷化底材表面不能直接刮涂原子灰，必须首先喷涂隔绝底漆后才能施工。

在进行原子灰的施涂时，首先将需要施涂的区域进行打磨、清洁，然后将原子灰按使用手册标明的比例正确混合固化剂。聚酯原子灰通常使用过氧化物固化剂，其添加比例要严格遵照使用说明，不可随意添加或减少，而且混合一定要均匀。固化剂添加过量，虽然可以促进干燥，但剩余的过氧化物会对其上面的涂层发生氧化反应，引起面漆的脱色等；添加量过少会引起原子灰层干燥不彻底，在喷涂时出现咬底等现象。原子灰的颜色通常为灰白色或淡黄色，但固化剂的颜色通常为鲜艳的红色或黄色，在调配时两种颜色均匀地混合后即可进行刮涂施工。

原子灰混合固化剂后其活化寿命很短，只有 5 ~ 7 min（常温），在温度较高的季节，可施工时间会进一步缩短。所以，原子灰的调配和施工速度要快一些，在其活化时间内尽快施工完毕。在寒冷的季节气温低于 5 ℃ 时，原子灰和固化剂的反应将会减慢或停止，造成不易干燥，所以应采用升高施工场所温度的方法来促进固化，或用红外线烤灯进行加热，但烘烤温度不可超过 50 ℃，加热温度太高，原子灰在干燥时会产生应力，容易造成开裂、脱落等。

2. 原子灰的刮涂

施涂原子灰时，用两把铲刀，一把用来放混合好的原子灰，另一把用来施涂，施涂时将原子灰刮在施涂区域。对于需要较厚的填补区域可以分几次进行填补，第一遍施涂的原子灰要薄，并用铲刀尽量压实、刮平，以防止有气孔或填充不实的情况产生。第一层干燥后可以直接刮涂第二遍，施涂的面积比第一遍稍大，施涂过程中同样要压实、刮平，在两端部位压得要紧一些，以获得薄而平的效果，需要填补的中间部位力量稍稍放松，以获得良好的填补效果。如需要进行更多次的刮涂，方法同上。如果上一次刮涂得不平整，可以等干燥后稍稍打磨并清洁后再继续刮涂，直到填平。

车身上有些部位形状比较特殊，需适当采取一定措施才能更好地完成原子灰的填平工作，例如，车身上的冲压线、对缝和比较大的曲面等，要根据情况使用不同的方法。

3. 车身棱边的填充

在填充车门、后侧板、发动机罩等有明显棱边线的部件时，采用一般的刮涂方法很难保留清晰的棱边线，应采用以棱边为分界线，分别对各个平面进行填充的方法来解决。填充时，先将上边面贴好防护带，填充斜面和下边面，在原子灰干固之前，取下防护带，并清除上棱多余的原子灰。待原子灰干固后进行打磨。在下面处理完毕后再在斜面上沿棱边贴防护带，对上边面进行填充，用相同的方法处理上平面，这样就能得到较清晰的棱边填充。在接缝处施涂原子灰的方法与对板件冲压线施涂的方法基本相同。

4. 曲面上施涂原子灰

对于较大的曲面一般采用分段施涂的方法，即将一个曲面分成若干个较小的平面，由一边向另一边施涂，用防护带分割平面，当第一个平面干固后，将准备施涂一侧的防护带取下，然后进行施涂，依次类推直到全部平面施涂完毕，干固后用打磨机或手工将平面之间的棱边打磨圆滑，即得到一个较平滑的曲面。

5. 原子灰的打磨

原子灰干燥后的打磨以干磨为好，因为干燥后的原子灰涂层是一种多孔的组织，如果采用水磨的方法，原子灰层会吸收大量的水分而很难完全挥发掉，对以后的涂装工作会造成很多困难。

原子灰的干磨可以使用 P240 ~ P360 号干磨砂纸配合 $\phi7$ mm 偏心振动打磨头来进行，打磨效果很好。若使用过粗的砂纸或运动轨迹过大的打磨头会留下明显的砂纸痕迹，影响其上面涂层的平整程度。打磨时应使原子灰涂层与原涂层以羽状边结合，不可留有台阶等填补痕迹。

经过打磨后的涂层有时会存在小坑、小孔等缺陷，可以使用填眼灰进行填补，然后再进行下一步喷涂，即中涂层及面漆的喷涂。具体喷涂方法前面已讲述，在此不做详细讲解。下一步应该进行车身的涂装修补。

6.3　车身的涂装修补

在实行车身涂装修补时，必须使被修补部位的面漆涂层无论在颜色、光泽度还是在表面流平效果等方面，都要与未修补的部位相同或相似，经过修补的区域必须达到不留修补的痕迹，否则会影响面漆的装饰效果。

面漆的修补喷涂必须根据原涂层选择正确的用料，对所修补的区域要进行准确调色，根据所修补区域的特点采用相应的喷涂手法和处理措施等才能达到无痕修补的目的。按照原车面漆层的状况、需要修补的面积以及位置，一般将修补喷涂分为局部修补喷涂和整车喷涂。

6.3.1　局部修补喷涂

局部修补即对车身的某一局部进行涂装修理。大多数需要进行涂装修理的车辆都属于这种情况。局部修补时最重要的是使修补区域的颜色与未修补区域的颜色一致，表面流平效果相同，为达到这个目的，在底材处理和喷涂时需要采用一定的技术措施。

1. 局部修补底材的处理

局部修补时要根据车身损伤的情况对底材进行必要的处理。如果需要修理的地方为车辆撞击所留下的凹陷、褶皱等，则需要进行钣金处理或用原子灰进行填平。在刮涂原子灰之前要对底材进行打磨来清除表面杂质和提高黏附能力，对于经过大面积的钣金操作的裸金属板还要首先喷涂磷化底漆和环氧底漆等防腐处理，等干燥后再打磨。原子灰的刮涂区域以能够填平表面为准，尽量控制在最小的范围，防止扩大最终的修补面积。

原子灰的上层应该喷涂一层中涂层对底材进行封闭，防止原子灰对面漆的吸收而出现地图纹等面层缺陷。如果需要修补的部位仅仅是轻微的划伤，没有伤到金属板材且没有影响板材的平整程度，此时一般不需要用原子灰，只要对修补区域进行必要的打磨后喷涂中涂层即可。

在进行面漆的局部喷涂修补时应采用反向贴护法来对不需喷涂的表面进行贴护，以圆弧面对着需要喷涂的方向，而且圆弧尽量要大些，这样进行贴护可以保证喷涂的区域与未喷涂区域的良好过渡，不会出现台阶。

2. 面漆的调色

对于喷涂样板修补用的面漆，其颜色的确定需根据修理车辆的情况来定。如果维修车辆没有经过涂装修理，还是完好的出厂涂层，只要根据车辆提供的漆号，通过查阅涂料生产厂商提供的配方来调配就可以了。若查找不到原厂漆号或维修车辆需要重喷的部位在以前就进行过涂装修理，则要用涂料生产厂商提供的色卡来进行比对，从中选出颜色最为接近的来确定配方进行调配，用这种方法调配面漆往往需要进行人工颜色微调。

金属漆在进行比色时，要从不同的角度进行观察，一般要看正面、侧面 90° 和侧面 180° 三种方位角度下颜色的变化，以最为接近的为准。珍珠面漆的色底则必须按照原车漆号，通过查阅配方来调配，否则会引起珍珠面漆颜色上较大的差异。

在修补用的面漆调色好以后，不能马上进行修补喷涂，一定要首先喷涂样板，这一点在金属漆的局部修补时尤为重要。喷涂样板的目的：一是用于颜色的对比，二是为确定在修补喷涂时的喷涂方法先做一定的实验。

3. 单工序素色面漆的局部喷涂

单工序素色面漆在调色时要求的准确程度相对较高，但要达到完全相同几乎也是不可能的，为了在修补之后使修补部位与其周围的未修补部位达到视觉上颜色无差异，在喷涂修补时需要使颜色有一个逐渐过渡的区域，让颜色逐渐变化。喷涂颜色过渡的驳口区域一般要采用"挑枪"的方法，即在喷涂时以肘部为轴，或摆动腕部，使喷枪对喷涂表面的喷涂距离发生圆弧形的变化。对需要修补的区域距离近一些，喷涂比较实，而对驳口区域距离逐渐变远，漆雾逐渐变淡，这样驳口区域将形成一个逐渐过渡的颜色变化区域，最终与周围未修补的区域相融合。

4. 多任务序面漆的局部喷涂

多任务序面漆的局部喷涂如果是纯色底，则与单工序面漆的局部喷涂方法一样，纯色底的颜色过渡到与未修补部位融合即可，驳口部位可以控制得比较小。如果是金属漆色底的局部修补，一般需要比较大的驳口区域才能将颜色过渡到视觉上没有差异的程度，驳口区域往往要比纯色底或单工序面漆扩大一倍以上。

珍珠漆色底在修补喷涂时是最困难的，很难达到颜色上的统一。所以对珍珠漆色底的喷涂除严格按照喷涂说明操作以外，往往需要更大的颜色过渡区域才能达到视觉上的一致，有时甚至需要对车身的整个一面来进行过渡喷涂。

双工序面漆在喷涂清漆层时，因为清漆的光泽度很高，面层稍有瑕疵都会显露出来，所以一般对所修补的部位整板喷涂清漆以求得统一的流平效果，不做驳口，如果必须要做驳口则应选择不易察觉的地方来做，而且驳口尽量细小。

有些原厂双工序涂层的清漆层中也含有少量的金属漆，目的是在清漆中也能产生闪光效果以提高面层的立体装饰效果，在修补这样的清漆层时要按照配方中所要求的金属色漆添加量来操作，不要随意添加，否则会造成色差而且很难补救。

6.3.2 整车的重新喷涂

对整车进行重新喷涂因为无须做颜色的过渡，所以显得相对容易一些。整车喷涂时如果是要对车身进行全面的从防腐到面层的涂层操作，最好是将车上的其他总成和零部件包括车窗等统统拆卸下来，只留下一个车壳，这样有利于整体的防腐处理和提高面层的装饰性。

如果需要就车进行整车喷涂时（通常只进行面层操作时采用就车喷涂），则对遮盖要求比较高，对不需喷涂或不能喷涂的地方一定要仔细地进行遮盖，例如，车窗、发动机舱内的设施、车厢内的内饰、车标及车身装饰、门把手、轮胎等都要遮盖。有些能够拆卸的零部件，如大灯、小灯、散热器格栅、前后保险杠等，应拆卸下来，喷涂完毕后再安装。

全车喷涂的顺序以各水平表面漆雾飞溅最少为原则，通常多用首先喷涂车顶，然后喷涂车后部，围绕车身一圈最后在车后部完成接缝的方法来喷涂。如由两个操作人员共同完成整车的喷涂工作，效果会好一些，可以达到没有接口的痕迹，但在喷涂金属面漆尤其是珍珠面漆时最好由一个人操作，不同的操作手法可能会引起颜色的差异。

6.4 塑料件的涂装修补

近年来，汽车上越来越多的部件采用塑料来制造，尤其是车身的前后端、保险杠、挡泥板的外沿、散热器的护栅、车身下部的防撞板、仪表板、装饰板等，以及其他许多部位。塑料部件具有很高的强度——质量比，对于降低全车质量，提高车辆的动力性、经济性、节约成本具有重要的意义，所以在汽车车身上使用塑料制品已经成为一个发展方向。

6.4.1 喷涂塑料部件的准备

按照塑料制品的质地软硬程度，一般将其分为硬质塑料（车身用 ABS 塑料、玻璃钢等）和软质塑料（PP、PU 等）。

1. 软质塑料部件的预处理

对于软质塑料部件在进行喷涂之前可按如下步骤进行准备：

（1）使用专用塑料清洁剂对整个需喷涂的塑料表面进行清洁，如是新件，则更应仔细清洁，将部件表面的脱模剂（主要成分为硅酮等）清洗干净，然后擦干。如果塑料制品是具有吸水性的材料（如尼龙等），在水洗或清洁之后需要加温或放置一段时间，以使吸收的水分充分挥发。

（2）用 P200 号干磨砂纸将需要修补的区域进行打磨，然后刮涂或揩涂塑料原子灰。

（3）待塑料原子灰干燥后用 P320 或 P400 号干磨砂纸打磨修补区域，将原子灰四周磨薄呈羽状边，吹净粉尘并用粘尘布擦干净，用塑料清洁剂进行二次清洁。

（4）使用专用塑料底漆对整个需要修补的区域薄喷一层均匀的涂膜，稍稍静置一下（5～10 min），然后即可以湿碰湿喷涂底漆。

（5）等底涂层彻底干燥后，用 P400 号干磨砂纸进行打磨，为喷涂面漆做好准备。以上所列为一般工序，针对不同的情况可适当采取不同的措施。

2. 硬质塑料部件的预处理

硬质塑料部件通常都与普通的涂装材料有较好的附着力，一般可不用塑料黏附性底漆进行处理，但使用其进行处理之后效果会有一定的提高。

当不清楚需修补的硬质塑料究竟是什么材质时，可按照玻璃钢制品来进行处理。玻璃钢车身部件在汽车上已经广泛应用，在喷涂预处理方面与车身钢材的处理方式基本相同。处理玻璃钢等硬质塑料制品时要注意以下几点：

（1）玻璃钢等硬质塑料制品不需要额外进行防腐处理，更不必喷涂磷化底漆。

（2）更换件或新的板件表面常残留有制造时的脱模剂，这些脱模剂中含有的硅酮等物质会严重妨碍涂膜的附着，所以必须严格清理干净。对于硬质塑料的涂前预处理可以按下面步骤进行：

① 更换的新板材必须使用专用的脱模剂清洗液进行清洗或用软布蘸上酒精等进行全面擦拭，以除去掉脱模剂成分。

② 用塑料清洁剂对喷涂表面进行除油清洁处理，处理方法与清洁裸金属和良好的旧漆层相同。

③ 用 P80～P120 号干磨砂纸打磨需要修补的部位，吹干净后进行二次清洁。注意只要打磨平整即可，对于玻璃钢制件尤其不要磨穿树脂层。

④ 使用普通原子灰对需要填补的部位进行填补，待干燥后用 P320 号砂纸打磨呈羽状边。将喷涂表面清洁干净，喷涂底漆或中涂漆。对于磨穿的玻璃钢件，也可用普通原子灰在磨出玻璃纤维的地方进行刮涂覆盖，然后打磨平整。

⑤ 对喷涂完底漆或中涂层的部件进行打磨，用 P400 号干磨砂纸将涂膜打磨到平整，如有微小的孔、眼，可用填眼灰进行填补并磨平，为喷涂面漆做好准备。

6.4.2 塑料零部件的面层喷涂

塑料零部件在进行完预处理后即可进行面层的喷涂。大多数汽车用面层涂料和中涂漆都可以用于塑料件的喷涂，包括两或三工序的金属面漆涂层。但在喷涂之前最好首先确定所选用的面漆是否适合于特定的塑料底材和是否要使用柔软添加剂以及专用塑料底漆等。各品牌涂料的使用手册中都列出了该种涂料的使用方法以及用于塑料制品时的注意事项。

有些车辆的车顶使用乙烯树脂、人造革等软质材料，这些软质材料的喷涂不能使用一般车用面漆和底漆，而必须使用专用皮革漆。

专用皮革漆的漆基为乙烯树脂，所以又称为乙烯漆。乙烯漆的黏着力强，具有良好的柔韧性，大多数皮革和人造皮革在涂装处理时都采用它。在喷涂汽车软顶时，可以采用单独的乙烯漆，也可以将乙烯漆和丙烯酸面漆按一定的比例混合使用，两种方式都可以按以下方式进行：

（1）用清洗剂和软毛刷将旧顶棚清洗干净，并用大量清水将顶棚和全车彻底冲洗。

（2）用塑料清洁剂将需要喷涂部位仔细清洁。

（3）仔细遮盖不需喷涂的部位，确保没有疏漏的地方，因为乙烯树脂涂料黏着力很强，漆雾很难清理掉。

（4）先将喷枪的气压调整得略低一些，喷幅调小，对边角等部位首先进行喷涂。边角等比较难处理的地方都喷涂过一遍以后，将喷枪调整到正常，以正常的喷涂方式对顶棚湿喷两层道，喷幅的重叠程度以 2/3 为宜，两层的间隔时间以第一涂层稍稍干燥即可。

（5）两道湿喷完成后，用稀释剂以 200% 的比例稀释乙烯涂料，再薄喷一层，充分润湿车顶表面，以获得一致的外观。

（6）干燥至少 1 h 后可以除去遮盖，但要进行下一步的维修需要 4 h 以后。

6.4.3 塑料部件皮纹效果的喷涂

一般车用塑料件除有些需要非常平整外，大多数都有自然的纹理，有些内饰件还专门制造出模仿皮革的纹理效果。这些部位在涂装修理时需要特殊处理，使涂膜出现需要的纹理。

为了在涂膜上制造纹理，各品牌涂料都有相应的纹理剂和纹理添加剂（颗粒剂），按照使用说明合理地在面漆内添加纹理添加剂会使涂膜产生类似塑料制品的表面粗糙效果。另外使用黏度较高的涂料和采用降低喷涂气压而使涂料不能很好地雾化的喷涂方法，也可以制造出一定的纹理效果，但这需要较高的喷涂技巧。制造纹理可以如下操作：

（1）按照涂料和纹理添加剂的使用说明适当调配涂料，采用低气压，在需要制造纹理的区域内部用干喷的方法薄喷一层。

（2）待第一层比较干后再薄喷第二层，这一层的喷涂面积要比第一层略大一些。需要注意的一点是：两层喷涂之间一定要留有足够的干燥时间，而且每一层喷涂都不要过湿，否则会影响纹理的形成。若需要较厚的涂层，可以用这种方法多喷涂几次。

（3）当达到所需的厚度后，开始混合修理区域的纹理。这项操作与喷涂其他涂层相似，作出驳口，然后可以加温使干燥速度加快。

（4）干燥后用 P200 号干磨砂纸轻轻打磨驳口和纹理部位，使新旧纹理融合。

（5）如果需要，可在纹理上层再喷涂一层清漆。

用单组分挥发型纹理剂重新制造的纹理部位应用高压空气吹干净，并用粘尘布轻轻擦拭，不可用清洁剂进行清洁，因清洁剂中含有溶剂成分，会破坏纹理。用在双组分涂料中添加纹理添加剂的方法制造的纹理则无此必要。

6.5　涂膜的修整

面漆的涂布结束以后，涂装的工作已经大部分完成，但还需要进行最后的修整工作。涂膜的修整主要包括清除贴护、修理小范围内的故障和表面抛光等。

6.5.1　清除贴护

喷涂工作完毕之后，封闭不喷涂部位的胶带和贴护纸的作用就已经完成，可以清除掉这些胶带和贴护纸。

清除贴护的工作不要等到加温烘干以后进行，因为加温后胶带上的胶质会溶解，与被粘贴表面结合得非常牢固，很难清除，而且会在被粘贴物上留下黏性的杂质。如果被贴护表面是良好的旧漆层，由于胶中溶剂的作用还会留下永久性的痕迹，除非进行抛光处理，否则将去除不掉；涂膜完全干燥后清除胶带还会引起胶带周围涂膜的剥落，造成不必要的修饰工作等。

贴护的清除工作应在喷涂完毕之后，静置 20 min 左右的时间，待涂膜稍稍干燥后即可。静置 20 min 左右的时间也有利于涂膜中溶剂的挥发，避免喷涂完毕后直接加温烘烤所造成的涂膜热痱等故障。

清除工作应从涂层的边缘部位开始，决不能从胶带中央穿过涂层揭开胶带。揭除动作应仔细缓慢，并且使胶带呈锐角均匀地离开表面。清除时要注意不要碰到刚刚喷涂过的地方，还应防止宽松的衣服蹭伤喷涂表面，因为这些表面尚未干透，碰到后会引起损伤，造成额外的损失。

6.5.2　面漆的修理

喷涂过程中常常会由于种种原因在面漆表面造成一些微小的故障，例如，流挂、个别的涂膜颗粒（脏点）、微小划擦痕迹和凹坑等，影响装饰性，因此必须进行修理。

1. 流挂和涂膜颗粒的处理

在喷涂当中造成流挂是非常常见的故障，由于喷涂环境的影响，在涂膜表面有颗粒等也是不可避免的。若流挂的面积很小，涂膜表面颗粒很少，可以用单独修理的方法进行处理，修理必须是在涂膜完全干燥的情况下进行。处理过程为首先平整流挂或颗粒部位，然后用抛光的方法使修理部位与其他部位光泽一致，消除修理痕迹。

（1）平整修理。

平整流挂和小颗粒多采用打磨的方法，但对于流痕或颗粒比较大的情况，往往先用刮刀将流痕或大颗粒削平，然后再用较细的砂纸打磨来加快工作的速度。打磨流挂部位一般使用P1200~P2000号水磨砂纸配合硬质打磨垫块（不可使用软质打磨垫）来进行。打磨时为防止磨到周围不需打磨的部位，可以用贴护胶带对不需打磨的区域进行贴护。

（2）局部抛光。

经过平整修理和打磨的区域必须进行抛光，对小范围修补区域一般使用手抛的方法即可，也可用机械抛光来提高效率。

手工抛光的材料一般使用法兰绒，因法兰绒质地较厚，且多为毛或棉质，非常适合抛光用。抛光时用法兰绒布蘸上少许抛光粗蜡或中粗蜡，用力对打磨区域擦拭以消除打磨痕迹，运动轨迹以无序为好，尽量不要留下磨削的痕迹。待砂纸痕迹基本消除并具有一定的光泽后，将抛光区域和抛光布清理干净，不要留下粗蜡痕迹，然后换用抛光细蜡再次进行细致抛光。

对于新漆面而言，未抛光的区域即具备耀眼的光泽，经过抛光的部位光泽虽然没有降低，但已经变得比较柔和，像珠光一样悦目，所以往往会造成两个区域有明显的差异甚至有色差。所以，用细蜡抛光的面积要大于修理区域三至五倍，使修补区域与未修补区域无明显的差异，最后，用上光蜡同一对整板进行上光即可。

用抛光机进行局部抛光与上述用手工抛光的基本步骤相同。

2. 涂膜凹陷的修理

在面漆喷涂完毕后，涂膜上常常会有个别因喷涂表面清洁不净，留有油渍、汗渍等造成涂膜张力变化而形成的小凹坑（鱼眼），或是清除贴护时造成的小范围涂膜剥落等现象，对这些地方进行补漆操作时若缺陷位置不明显，一般不需要用喷枪，使用小毛笔或牙签等对凹陷部位进行填补就可以了。

用牙签或小毛笔填补凹陷最好在涂膜未干时操作，如果涂膜已经干燥将会造成填补部位附着不良和颜色的差异。具体操作如下：

（1）若面漆漆膜已经基本干燥，则需要用清洁剂对需要填补的区域进行清洁。如有必要可用P800号以上的细砂纸进行简单打磨，但打磨区域切不可过大，只起提高附着能力的作用即可，然后用清洁剂清洁干净。

（2）用牙签或小毛笔蘸上少许面漆（为保证没有色差，最好用富余的面漆。若为双组分涂料，则必须添加固化剂），并迅速地滴到故障部位（鱼眼）或描绘于需要填补的部位（剥落漏白）。

（3）用另一支小毛笔蘸取少许面漆稀释剂涂抹在修饰部位，以使修饰部位变得较为平整，并利用稀释剂的晕开和溶解作用使修补部位与其周围相融合。

（4）待完全干燥后可以稍稍进行打磨并进行抛光处理，方法同流挂及颗粒的修理。

6.5.3　面漆的抛光

溶剂挥发型面漆（硝基面漆）在干燥后涂膜表面会失光，通常需要进行表面抛光处理来恢复其光泽。现在通常使用的丙烯酸基或丙烯酸聚氨酯型双组分面漆虽然表面具有高度的光泽，但由于喷涂环境的影响，喷涂表面有时也会产生大量的脏点，或是由于局部修补需要使修补部位与原涂层消除光泽上的差异或色差，往往也需要进行整板抛光处理。

何时进行抛光效果最好，具体的时间要看使用的是何种涂料以及干燥的温度等条件，参考涂料的使用资料可以比较好地进行掌握，一般在涂膜干燥程度为 90% 时是抛光处理最好的时机，丙烯酸型双组分面漆一般在常温下干燥 2～3 天最适合抛光。如果抛光时涂膜还是比较软的，其中仍有较多的溶剂需要挥发，这样只能获得暂时的光泽，当剩余溶剂挥发时，面漆表面会褪色失光；若等面漆完全干燥后再抛光，由于双组分面漆的硬度很高，会造成打磨和抛光的困难，增加劳动强度并可能影响涂膜的光泽和装饰性。

项目 7　常见涂装缺陷及防治

涂装缺陷有上百种，一般可分为漆膜缺陷和漆膜的破坏状态。所谓漆膜缺陷是指漆膜的质量与规定的技术指标相比所存在的缺陷，一般产生于涂装过程；漆膜的破坏状态是漆膜在腐蚀介质的作用下或在特定的使用条件下产生的综合性能变化的外观表现。由于某些漆膜缺陷和漆膜的破坏状态两者从外观形态来看非常相似，也都是涂装过程中涂装工艺控制不当所形成的，但两者产生的原因及其防治方法有很大差别。所以必须分清楚，才能有效地防治。

7.1　喷涂过程中产生漆膜缺陷

涂装过程（含涂装后不久）中产生的漆膜缺陷，一般与被涂物表面的状态、选用的涂料、涂装方法及操作、涂装工艺及设备、涂装环境等因素有关。现将汽车涂装中常见的漆膜缺陷及其防治方法介绍如下。

1. 颗　粒

漆膜中的凸起物呈颗粒状分布在整个或局部表面上的现象称为颗粒。由混入涂料中的异物、涂料变质或过喷涂而引起的现象称为涂料颗粒；金属闪光涂料中铝粉在涂面造成的凸起异物称为金属颗粒；在涂装时或刚完成的湿漆膜上附着的灰尘或异物称为尘埃。

（1）产生原因。

① 涂装环境的空气清洁度差。调漆室、喷漆间内有灰尘。

② 施喷件表面不清洁。如打磨后施喷件内外没有彻底清洁；选用质量较差的绵布做清洁，而绵布的纤维物留在施喷件上。

③ 施工操作人员工作服、手套等材料掉纤维。

④ 易沉淀的涂料未充分搅拌或过滤。

⑤ 涂料变质，如漆基析出或反粗、颜料分散不佳或产生凝聚、有机颜料析出、闪光色漆的漆基中铝粉分散不良等。

⑥ 喷漆间内温度过高或溶剂挥发太快。

⑦ 漆雾过多（干喷涂），涂料的黏度过高。

⑧ 输漆系统中用的泵不合适，喷漆间压力不平衡，压缩空气没有过滤或过滤时不充分。

（2）防治方法。

① 调漆室、喷漆间内的空气除尘要充分，确保涂装环境洁净。

② 施喷件表面应清洁。如用黏性擦布擦净或用压缩空气吹净喷涂表面上静电吸附的尘埃。

③ 操作人员要穿戴不掉纤维的工作服及手套。

④ 供气管路上要安装有过滤器。

⑤ 不使用变质或分散不良的涂料。

⑥ 调整喷漆间内的温度，添加高沸点溶剂。

⑦ 注意喷涂顺序，注意喷漆间内的风速，调整油漆黏度。

⑧ 推荐使用柱塞泵，调整压缩空气的压力。

2. 异物沾污

由于铁粉、水泥粉、干漆雾、树脂或化学品等异物的附着，漆面变粗糙、脏污或带有色素物质的沾污，产生异色斑点等现象，令漆面腐蚀和脱色。严重的情况下，这些物质会破坏漆面的光洁度。

（1）产生原因。

① 在漆面干燥过程中，周围环境中的铁粉、水泥粉、砂尘、干漆雾等异物的侵入和附着。

② 漆面接触沥青、焦油、酸性物质、树脂、昆虫、鸟粪、化学物质和有色素物质等。如焦油粘到油漆表面，脱色的情况就会产生，由于部分焦油分子迁移到油漆表面，留下污染的棕黑色斑点，而造成腐蚀。

③ 工业废气、化学品等会穿透油漆表面，使漆面脱色。

④ 涂层在使用过程中发霉。

（2）防治方法。

① 保持漆面干燥场所的清洁，消除污染物。

② 防止漆面与污染介质相接触，选用耐沾污性好的涂料。

③ 选用防霉性强的涂料或在涂料中添加防霉剂。

3. 气 泡

搅拌引起的气泡或由溶剂蒸发产生的气泡，在涂装成膜过程中未消失而残留在漆膜中，统称为气泡。由底材或漆面所吸收含有水分、溶剂或气体，使漆面在干燥（尤其是烘干）过程中呈泡状鼓起的缺陷，分别称为水气泡、溶剂气泡或空气泡。

（1）产生原因。

① 溶剂挥发快，涂料的黏度偏高。

② 烘干时加热速度过快，晾干时间过短。

③ 施喷件的表面（填料、裸露金属等）未进行充分清洁；漆面中含有（或残留）溶剂、水分或空气。

④ 搅拌混入涂料中的气体未释放尽就喷涂。

⑤ 当喷涂面漆后，工件长时间存放于潮湿环境中，而形成潮湿效应。

⑥ 施喷件的温度过高从而加速了正常干燥相隔时间。

（2）防治方法。

① 使用指定溶剂，黏度应按涂装方法选择，不宜偏高。

② 漆面烘干时升温不宜过急。

③ 施喷件表面应干燥清洁，上面不能残留有水分和溶剂。

④ 添加醇类溶剂或消泡剂。

⑤ 喷涂面漆后，工件应放置在干燥的环境中。

⑥ 降低施喷件的温度，使其温度略高于喷涂环境温度。

4. 流 挂

喷涂在施喷件垂直面上的涂料向下流动，使漆膜产生不均匀的条纹和流痕的现象称为流挂。根据流痕的形状流挂可分为下沉、流挂、流淌等。

下沉是指涂装完毕到干燥期间涂层局部垂流，产生厚度不均匀的半圆状、冰瘤状、波状等的现象；流挂是指在采用浸、淋、喷、刷等涂装方法的场合，涂料在被涂物的垂直面和边缘附近积留后，照原样固化并牢固附着的现象；流淌是指被涂物垂直表面漆膜大面积的流挂现象。

（1）产生原因。

① 所用溶剂挥发过慢或与涂料不配套。

② 一次喷涂过厚，喷涂操作不当，重枪过多，或喷涂距离和角度不正确。

③ 涂料黏度偏低。

④ 喷涂时环境温度过低或周围空气中的溶剂含量过高。

⑤ 涂料中含有密度大的颜料（如硫酸钡）。

⑥ 在光滑的被涂物或漆膜上喷涂新漆时，也容易发生垂流。

⑦ 各涂层之间的相隔时间太短。

⑧ 喷枪的喷嘴直径过大。

从关于涂在垂直面涂料垂流的经验公式（$Q = \rho g \delta^3 / \eta$）可知，垂流涂料的总量（$Q$）与涂料的黏度（$\eta$）成反比，与涂料的密度（$\rho$）及喷涂厚度（$\delta$）的三次方成正比。所以，喷涂的厚度影响最大。

（2）防治方法。

① 正确选择溶剂，注意溶剂的溶解能力和挥发速度。

② 提高喷涂操作的熟练程度，喷涂均匀，注意喷枪与喷涂表面的距离和角度，一次不宜喷涂太厚（一般控制在 20 μm 左右为宜）。

③ 严格控制涂料的施工黏度和温度。

④ 加强换气，喷漆间的环境温度应保持在 20 ℃ 以上。

⑤ 调整涂料配方或添加阻流剂。

⑥ 在喷涂前要预先打磨。

⑦ 喷枪的喷嘴直径应适当。

5. 缩孔、抽缩、鱼眼

受施喷件表面存在的（或混入涂料中的）异物（如蜡、油或硅酮等）的影响，涂料不能均匀附着，产生收缩而露出施喷件表面的现象称为缩孔、抽缩、鱼眼。由于产生的原因及现象有较大的差别，露底面积大的且不规则的称为抽缩；呈圆形（直径多为 0.1 ~ 2 mm）的称为缩孔；

在圆孔内有颗粒的称为鱼眼。这种缺陷产生在刚涂装完的湿漆膜上，有时在烘干后才发现。

（1）产生原因。

① 所用涂料的表面张力偏高，流平性差，释放气泡性差，本身对缩孔的敏感性差。

② 调漆工具及设备不洁净，使有害异物（有些是肉眼看不见的）混入涂料中。

③ 被涂物表面不干净，有脂肪、油、蜡、肥皂、硅酮等异物附着。

④ 涂装车间中空气不清洁，有油雾、漆雾、蜡雾等。

⑤ 涂装工具、工作服、手套不干净。

（2）防治方法。

① 在选用涂料时，要注意涂料对缩孔的敏感性。

② 在喷漆间，无论是设备、工具还是生产用辅助材料等，绝对不能带有对涂料有害的物质，尤其是硅酮。使用前要进行试验检查。

③ 应确保压缩空气清洁，无油、无水。

④ 确保涂装环境清洁，空气中应无灰尘、油雾和漆雾等漂浮。

⑤ 严禁用手、脏擦布和脏手套接触被涂物表面，确保被涂物表面的清洁。

⑥ 在旧涂层上喷漆时，应用砂纸充分打磨，并擦拭干净。

6. 凹坑、凹陷、麻点

漆膜表面上产生像火山口那样的直径大小为 0.5~3 mm 的凹坑现象称为凹坑、凹陷、麻点。凹坑、凹陷、麻点与缩孔、抽缩、鱼眼的差别是不露出被涂物表面。产生原因和防治方法与缩孔、抽缩、鱼眼相似。

7. 颜色不匀（色发花）

漆膜的颜色不均匀，出现斑印、条纹和色相杂乱的现象称为颜色不匀。颜色不匀一般是由涂料的涂装不当，及涂料组分变化等引起的。

（1）产生原因。

① 涂料中的颜料分散不良或两种以上的色漆相互混合时混合不充分。

② 所用溶剂的溶解能力不足或施工黏度不适当。

③ 面漆层过厚，使漆膜中的颜料产生表里"对流"现象。

④ 在涂装车间附近有能与漆膜发生作用的气体（如氨、二氧化硫等）。

⑤ 喷涂时喷涂压力过高或过低。

（2）防治方法。

① 选用分散性和互溶性良好的颜料。

② 选择适当的溶剂，采用符合工艺要求的涂装黏度及漆膜厚度。

③ 调配复色漆时，应使用同一类型的颜料，最好用同一厂家生产的同一类型的颜料。

④ 喷涂时，喷枪走枪要均匀，喷涂压力大小要适当。

8. 浮色（色分离）

涂料中各种颜料的粒度大小、形状、密度、分散性、内聚性等的不同，使漆膜表面和下层的颜料分布不均，各断面的色调有差异的现象称为浮色，与颜色不匀的差别在于浮色漆膜外观色调一致，但湿漆膜和干漆膜的色差大。

（1）产生原因。

① 在涂装含有两种以上颜料的复色涂料时，由于溶剂在涂层的表里发挥不一，易出现对流而产生浮色现象。

② 涂料中颜料的密度相差悬殊。

③ 喷涂时喷涂压力过高或过低。

（2）防治方法。

① 改进涂料配方（如选用不易浮色的、易分散的颜料）。

② 添加防浮色剂，如硅油对防止浮色有明显的效果。

③ 喷涂时，喷枪走枪要均匀，喷涂压力大小要适当。

9. 云斑（银粉不匀）

在喷涂金属银粉漆面时，因喷涂的厚度不均匀、施工方法不当和所用溶剂与涂料不配套而引起的银粉分布不匀，定向不匀，导致漆膜外观颜色不均匀的现象称为云斑。这种缺陷常常发生在喷涂大面积的金属银粉漆面时。

（1）产生原因。

① 涂料配方不当（如银粉含量偏低、溶剂的密度大、树脂的分子量低等）。

② 喷涂时涂料黏度过低或过高。

③ 涂层过厚或膜厚不均匀，雾化差，喷涂操作不熟练。

④ 喷涂银粉漆与清漆采用"湿碰湿"工艺时，中间相隔时间过短。

⑤ 喷涂环境温度低。

⑥ 涂层受湿空气或潮湿天气影响。

（2）防治方法。

① 改进涂料配方，使用油漆厂指定的溶剂。

② 选用合适的喷涂黏度。

③ 提高喷涂操作者的熟练程度，采用专业喷涂工具。

④ 采用"湿碰湿"工艺时，中间相隔时间要足够。

⑤ 将喷涂时的环境温度调节到合适的范围内。

10. 砂纸打磨划痕

喷涂面漆和干燥后仍能清楚地看到大量呈凹槽状印记的现象称为砂纸打磨划痕。这是由于在喷涂面漆之前的砂纸打磨痕迹，且影响涂层外观（光泽、平滑度、丰满度和鲜映性）。

（1）产生原因。

① 所选用的打磨砂纸太粗或质量差。

② 底漆层未干透（或未冷却）就打磨。

③ 施喷件表面状态不良，有极深的锉刀纹和打磨纹。

④ 喷涂厚度不足。

（2）防治方法。

① 应按工艺要求选用打磨砂纸。在打磨填料及底漆时，最好先喷涂一层黑色指导层，待涂层干固后，使用 800 号较细砂纸作彻底打磨。

② 待底漆层干透后和冷却至室温后再打磨。

③ 对于要求较高的场合，以湿打磨代替干打磨。

④ 提高施喷件表面的质量。

⑤ 提高喷涂的漆膜厚度。

11. 遮盖力差

透过面漆可以看见旧的油漆、少许底漆或部分底材颜色，漆膜有斑点且颜色不均匀，这种缺陷称为涂料遮盖力差。

（1）产生原因。

① 所用涂料的遮盖力差或涂料再喷涂前未搅拌均匀。

② 涂料的施工黏度（或施工固体份）偏低，喷涂过薄。

③ 选用的溶剂不正确。

④ 喷涂不仔细或被涂物外型复杂，发生漏涂现象。

⑤ 底、面漆的色差过大，如在深色底漆上喷涂亮度高的浅色漆。

（2）防治方法。

① 选用遮盖力强的涂料，增加涂层厚度或增加喷涂道数，涂料在使用前和涂装过程中应充分搅拌。

② 适当提高涂料的施工黏度或选用施工固体份高的涂料，每道漆应达到规定的喷涂厚度。单工序颜色漆的最佳漆膜厚度为 50 ~ 70 μm（某些不含铬酸铅的黄、红色则例外），双工序金属银粉漆的最佳漆膜厚度为 15 ~ 30 μm（某些很透明的颜色则例外）。

③ 提高喷涂操作的熟练程度，走枪速度要均匀。

④ 底漆的颜色尽可能与面漆的颜色相似。

12. 咬 起

喷涂面漆后底漆（或旧漆层）被咬起脱离，产生皱纹、胀起、起泡等现象称为咬起。喷涂含强溶剂涂料（如硝基漆）时，易产生这种现象。咬起一般还容易发生在新喷的面漆层与旧漆层的驳口处或经填补原子灰的中间漆上。

（1）产生原因。

① 底漆层未干透就涂下一层。

② 涂料不配套，底漆层的耐溶剂性差或面漆中含有能溶胀底涂层的强溶剂。

③ 底漆层喷涂太厚。

（2）防治方法。

① 底漆层干透后再涂面漆。

② 改变涂料体系，另选用合适的底漆。

③ 在易产生咬起的涂层上，应先在底涂层上薄薄喷涂一层面漆，待稍干后再喷涂。

13. 桔皮

在喷涂时不能形成平滑的干漆膜面，而成桔皮状的凹凸现象称为桔皮。凹凸度约 3 μm。

（1）产生原因。

① 涂料黏度大，流平性差。

② 压缩空气压力低，导致雾化不良。

③ 施喷件和空气的温度偏高，喷漆间内风速过大，溶剂挥发过快。

④ 晾干时间短，喷涂厚度不足。

⑤ 喷涂时，喷枪与施喷件表面距离较远。

（2）防治方法。

① 选用合适的溶剂，添加流平剂或挥发较慢的高沸点有机溶剂，以改善涂料的流平性。

② 选择合适的压缩空气压力，选择出漆量和雾化性能好的喷涂工具，使涂料达到良好的雾化。

③ 一次喷涂到规定厚度（控制到不流挂的程度），适当延长晾干时间，不宜过早进入烤房烘干。

④ 施喷件温度应冷却到 50 ℃ 以下，喷漆间内的温度应保持在 20 ℃ 左右。

⑤ 调整喷枪与喷涂表面的距离。

14. 渗色

在一种漆膜上喷涂另一种颜色的漆，底漆层的颜色部分渗入面层漆膜中而使面层漆膜变色的现象称为渗色。通常以红色或黄色的形式出现。

（1）产生原因。

① 底漆层中含有的有机颜料或溶剂能溶解的色素渗入面漆层中。

② 施喷件表面上含有有色物质或底材上有附着物（如沥青、焦油残留物）。

③ 面漆中含有溶解力强的溶剂（如酯类、酮类）或底漆层未完全干透就喷涂面漆。

④ 聚酯填料（原子灰）中的过量过氧化物（硬化剂）被涂料中的溶剂溶解时会产生穿透性渗色。蓝色、绿色调特别易于发生。

（2）防治方法。

① 在含有有机颜料的涂层上不宜喷涂异种颜料的涂料（尤其是浅色面漆）。

② 为防止渗色，在喷涂面漆前，应先喷涂一层隔绝底漆。

③ 面漆选用挥发快、对底漆层溶解力差的溶剂调配。

④ 清洗除去底层上的着色物质后再喷涂面漆。

15. 白化、发白

涂装过程中和刚涂装完毕的涂层表面呈乳白色，产生似云那样的变白失光现象，多发生在涂装挥发性涂料的场合，严重时完全失光。

（1）产生原因。

① 喷漆间的湿度太高。

② 所用有机溶剂的沸点低，而且挥发太快，会使后漆膜过快冷却，发生水汽凝结现象。

③ 喷漆间内环境温度过高或施喷件的温度过低。

④ 涂料和稀释剂中含有水分，或压缩空气中含有水分。

⑤ 溶剂和稀释剂的选用及配比不合适，晾干过程中溶剂挥发过快，造成树脂在涂层中析出而变白。

（2）防治方法。

① 喷漆间的环境温度最好控制在 20 ℃ 左右，相对湿度不高于 70%。

② 选用沸点较高和挥发速度较低的有机溶剂，如添加防潮剂。

③ 涂装前先将施喷件在喷漆间内放置一段时间或加热，使其比环境温度略高。

④ 防止通过溶剂和压缩空气带入水分。

⑤ 防止树脂在成膜过程中析出。

16. 拉　丝

拉丝指在喷涂时涂料雾化不良，呈丝状喷出，使漆膜表面呈丝状。

（1）产生原因。

① 涂料的黏度高，或制漆用的合成树脂（如氯化橡胶、丙烯酸树脂等）的分子量偏高。

② 选用的溶剂溶解力不足或溶剂在喷涂时挥发过快。

③ 易拉丝的树脂含量超过无丝喷涂含量。

④ 喷枪调整不当，喷涂压力过高。

（2）防治方法。

① 通过试验选择涂料最适宜的施工黏度或最适宜的施工固体份。

② 选用溶解力适当（或较强）的溶剂。

③ 使用分子量分布均匀的树脂或分子量较低的树脂，调整涂料配方，减少易拉丝树脂的含量。

④ 适当调整喷涂压力。

17. 针　孔

在漆膜上产生针状小孔或像皮革的毛孔那样的孔状现象称为针孔。一般孔的直径为 10 μm 左右。

（1）产生原因。

① 涂料的流动性不良，流平性差，涂料释放气泡性差。

② 涂料储运时变质，如沥青涂料在低温下储运时，漆基的互溶性和溶解性变差，局部析出，引起颗粒或针孔缺陷。

③ 涂料中混入其他物质，如溶剂性涂料中混入水分等。

④ 涂装后晾干不充分，烘干时升温过急，表面干燥过快。

⑤ 施喷件的温度过高和表面有污物（如焊药等），施喷件表面上有小孔。

⑥ 环境湿度过高。

（2）防治方法。

① 选用合适的涂料，对易产生针孔的涂料应加强进厂检验，避免使用不合格的涂料。低

温状态下的沥青涂料出现缩孔，可通过原漆加温到 40～50 ℃存放一段时间（24 h）来消除。

② 注意存漆容器与涂装工具的清洁和溶剂的质量，防止混入其他有害物质。

③ 涂装后应按规定晾干，添加挥发性慢的溶剂使湿漆膜的表干减慢。

④ 注意施喷件的温度和表面的洁净度，消除施喷件表面的小孔。

⑤ 改善涂装环境。

18. 起 皱

起皱指在干燥过程中漆膜表面出现皱纹、凹凸不平且平行的线状或无规则线状等现象。

（1）产生原因。

① 热塑性合成油漆易发生起皱现象。

② 在涂料中添加过多的钴和锰催干剂。

③ 烘干升温过急，表面干燥过快。

④ 漆膜过厚或在浸涂时产生"肥厚的边缘"。

⑤ 氨基漆晾干过度，表干后再烘干，易产生起皱现象。

⑥ 在不适当的干燥条件下喷涂，如喷漆间的温度或湿度过高。

（2）防治方法。

① 按照工艺要求调整喷漆间的温度或湿度。

② 少用钴或锰催干剂，多用铅或锌催干剂。对于烘干型涂料，采用锌催干剂效果好。

③ 每道漆控制在不产生起皱的厚度范围值内。

④ 执行晾干和烘干的工艺过程。

⑤ 采用防起皱剂，如油性的纯酸树脂漆喷涂稍厚，在烘干时就容易产生起皱，可以添加少量（5% 以下）氨基树脂作为防起皱剂。

⑥ 氨基面漆在按规定晾干后再进行烘干。

19. 光泽不良

有光泽涂层干燥后没有达到应有的光泽或涂装后不久涂层出现光泽下降，表面不均匀，并有轻微纹理，呈雾状朦胧的现象称为光泽不良。

（1）产生原因。

① 颜料的选择、分散和混合比不适当，树脂的混溶性差，溶剂选择不当。

② 施喷件表面对涂料的吸收量大，且不均匀。

③ 施喷件表面粗糙，且不均匀。

④ 过烘干或烘干时换气不充分，涂料抗污气性差。

⑤ 喷涂时有虚雾附着或由补漆造成。

⑥ 能抛光的涂层未干透就抛光。

⑦ 在高温、高湿或极低气温的环境下涂装。

（2）防治方法。

① 通过试验，选择合适的涂料，选择油漆厂指定的溶剂。

② 喷涂相应的隔绝底漆，以消除底漆对面漆的吸收或不均匀吸收。

③ 应仔细打磨（注意打磨手法和砂纸拍好的选择），消除施喷件表面的粗糙度。

④ 严格遵守规定的烘干条件，烤房内换气要适当。

⑤ 注意喷涂顺序，确保喷涂厚度均匀，减少喷涂虚雾的附着。

⑥ 抛光工序要在涂层完全干透，熟化后进行。

⑦ 控制涂装环境。

20. 出　汗

在漆膜表面上析出一种或几种组分的现象称为出汗。如普通硝基漆在 60 ℃ 以上烘干时，增塑剂呈汗珠状析出。

（1）产生原因。

① 增塑剂与漆基的混溶性差。如硝基漆采用了蓖麻油、樟脑等非溶剂型增塑剂。

② 漆膜在打磨前未充分干透（溶剂未完全挥发）。

③ 漆膜中含有蜡、矿物油时，可能逐渐渗出到漆膜表面上。

（2）防治方法。

① 选用与漆基混溶性好的增塑剂，降低增塑剂的黏度，减少非溶剂型增塑剂的用量。

② 漆膜打磨前应干透。

21. 丰满度不良

漆膜虽然喷涂得很厚，但从外表看仍然很薄而显得干瘪的现象称为丰满度不良。

（1）产生原因。

① 使用高聚合度的漆基制的涂料，其本身丰满度差。

② 颜料含量少，涂料过稀。

③ 施喷件表面不平滑且吸收涂料。

（2）防治方法。

① 选用丰满度高的涂料。

② 选用固体份较高的涂料。

③ 打磨以消除施喷件表面的粗糙度，涂隔绝底漆以消除底材对面漆的吸收。

22. 缩　边

在涂装和烘干过程中漆膜收缩，使被涂物的边缘、角等部位的漆膜变薄，严重时甚至露底。在水性涂料施工时常出现这种缺陷。

（1）产生原因。

① 漆基的内聚力大。

② 涂料的黏度偏低，所用溶剂挥发慢。

（2）防治方法。

① 在设计涂料配方时应注意消除缩边缺陷。

② 添加阻流剂，降低内聚力。

23. 烘干不良、未干透

漆膜干燥（自干或烘干）后未达到完全干固，手摸漆膜有发湿之感，漆膜软，未达到规定硬度或存在表干里不干等现象。

（1）产生原因。

① 自干或烘干的温度和时间未达到工艺规定。

② 自干场所换气不良，湿度高，温度偏低。

③ 一次涂得太厚（尤其是氧化固化型涂料）。

④ 自干型涂料所含干燥剂失效，或表干型干燥剂用量过多。

⑤ 烘干室内的被烘干物太多，热容量不同的工件同时在一个烘干室内烘干。

⑥ 施喷件表面上有蜡、硅油、油和水等。

（2）防治方法。

① 严格执行干燥工艺规范。

② 自干场所和烘干室的技术状态应达到工艺要求。

③ 氧化固化型涂料一次不宜涂得太厚，如厚度超过 20μm，则应分几次涂装。

④ 添加干燥剂的调整表干型干燥剂的用量。

⑤ 不同热容量的工件应有不同的烘干规范，烘干室的装载量应控制在一定范围内。

⑥ 严防被涂物和压缩空气中的油污、蜡、水等带入涂层中。

24. 钣金凹凸

钢板结构件（如汽车车身）由于冲压钣金加工不良及储运、焊装过程中产生凹凸不平，影响涂层外观装饰性的现象称为钣金凹凸。由焊点产生的坑称为电焊坑；冲压时产生的小的凹凸，在涂装后残留在涂面上且更显眼，称为星状不平。

（1）产生原因。

① 冲压模具的精度不够或手工成形，钢板表面不平、有划痕线等。

② 钢板表面有尘埃，冲压工厂环境较差，如在冲压时，模具或钢板上附着有小沙粒，产生星状不平。

③ 储运和组装过程中保护不好，产生碰伤，造成凹凸不平。

（2）防治方法。

① 提高模具精度，用模具成形代替手工钣金成形，检查钢板表面的平整度和清洁度。

② 控制冲压工厂的环境，防止沙粒等污物附着在模具上或钢板上。

③ 加强管理，防止碰伤。

④ 用烫锡、锉平等修锉工序来消除钣金件表面的凹凸不平和焊点坑，或以胶代焊减少和消除焊点坑。

⑤ 刮原子灰填平。

25. 漆 雾

喷漆过程中漆雾飞溅或落在施喷件表面或漆膜上成虚雾状，影响漆膜的光泽和外观装饰性的现象称为漆雾。如落上异色漆雾则称为漆雾污染。

（1）产生原因。

① 喷涂操作不正确，如喷枪距离被涂物表面的距离太远、与施喷件表面不垂直或喷枪压力过大。

② 施喷件之间距离太近。

③ 喷漆间气流混乱，风速太低（小于 0.3 m/s）。

④ 不许涂漆的表面未遮盖或遮盖不严。

（2）防治方法。

① 纠正不正确的喷涂操作。

② 施喷件之间应留足距离，以防飞溅。以汽车车身为例，间距应不小于 1.5 m，且喷涂方向正确。

③ 喷漆室的气流应有一定方向，风速在静电喷漆场合不小于 0.3 m/s，在手工喷涂场合应在 0.5 m/s 以上。

④ 不需涂装的表面应遮盖，尤其是在喷涂异色漆和进行修补喷涂时。

26. 原子灰残痕

原子灰残痕指涂层表面刮过原子灰的部位在喷涂面漆后产生印痕或失光等现象。

（1）产生原因。

① 刮原子灰的部位打磨不足。

② 刮原子灰的部位未喷涂隔绝底漆，原子灰的吸漆量大或颜色与底漆层不同。

③ 所用原子灰的收缩性大，固化后变形。

（2）防治方法。

① 对刮原子灰的部位要充分打磨。

② 在刮原子灰的部位喷涂隔绝底漆。

③ 选用收缩性小的原子灰。硝基原子灰收缩性大，只适用于填平砂眼之类的缺陷。

27. 打磨缺陷

打磨缺陷指由于打磨不彻底、不规则或打磨划伤砂纸纹，上层面漆盖不住而造成的漆膜缺陷。

（1）产生原因。

① 打磨工具的技术状态不良或操作不当。

② 砂纸质量差，有掉砂现象。

③ 在打磨平面时未采用打磨垫块，局部用力过猛。

④ 打磨后未检查被打磨表面的质量。

（2）防治方法。

① 确保打磨工具的技术状态良好，操作要规范。

② 选用优质的砂纸，在用新砂纸前，应将砂纸相互对磨一下，以消除掉砂现象。

③ 在打磨平面时应采用打磨垫块，并注意打磨方向和力度。

④ 打磨后应进行打磨质量检验。

28. 遮盖痕迹

遮盖痕迹指遮盖用的胶带痕迹照原样残留在涂面上，或分色线呈锯齿状，超过工艺标准的现象。

（1）产生原因。

① 胶带的品质差。

② 遮盖工具执行不认真。

③ 漆膜未干透就撕下胶带或其他遮盖物。

（2）防治方法。

① 选用涂装专用胶带，在烘干场合要求胶带应耐热。

② 按工艺要求认真遮盖，为确保分色线无锯齿，应选用边端整齐的胶带。

③ 漆膜干后（至少表干后）才能揭下胶带或其他遮盖物。

29. 气体裂纹

气体裂纹指在涂层干燥时受酸性气体的影响，涂面产生皱纹、浅裂纹等现象。

（1）产生原因。

① 涂层干燥场所（或烘干室）的空气中，含有酸性气体（如二氧化硫、二氧化碳、一氧化碳等）。在采用烟道气直接烘干的场合，易产生这一缺陷。

② 所用涂料的耐污气性差。

（2）防治方法。

① 查清原因，消除干燥场所（或烘干室）中的酸性气体或降低其浓度。

② 在采用烟道气直接烘干的场所，应通过试验后才能纳入工艺。

③ 选用耐污气性好的涂料。

30. 色　差

色差指刚涂完的漆膜在色相、明度、彩色度与标准色板有差异，或在补漆时与原漆色有差异。

（1）产生原因。

① 所用涂料各批之间有较大的色差。

② 在更换颜色时，输漆管路或涂装工具未洗净。

③ 干燥规范不一致，尤其是在烘干的场合，产生局部过烘。

④ 补漆时造成的斑痕。

⑤ 没有使用油漆厂推荐的配方。

⑥ 原车因长期使用而褪色。

⑦ 涂料没有充分搅拌。

（2）防治方法。

① 加强涂料进厂检验。

② 换漆色时输漆管路或涂装工具一定要洗净。

③ 烘干的时间、温度应严格控制在工艺标准范围内。

④ 力争少补漆，如需补漆则应整个部件（或有明确分界线的表面）补漆。

⑤ 使用正确配方。

⑥ 运用喷涂技术调整，使颜色与原车匹配。

⑦ 使用扇形色卡核对原厂漆颜色。

⑧ 彻底搅拌涂料。

31. 掉色

在用蜡和擦布擦拭漆面时，布上粘着有涂层的颜色的现象称为掉色。产生原因是涂料中所含的颜料，尤其是有机颜料渗透到漆膜表面上所致。防治方法：应改进涂料配方，选用不掉色的涂料；在选用的涂料中添加漆基或罩光。

32. 吸收

在涂装时涂料被底材过度吸收，出现无光或像未涂漆那样的现象称为吸收。如在纤维板上涂漆时，刚涂完尚见漆膜，很快就消失。

（1）产生原因。

施喷件为多孔材质，如松木板、纤维板和涂刮的原子灰层疏松等，把涂在其表面上的涂料吸入孔内，使涂层无光或不完整。

（2）防治方法。

① 多孔材质的施喷件在涂漆前应涂堵孔涂料进行前处理（或表面调整）。

② 刮过原子灰的施喷件表面，在打磨后应涂底漆或中涂漆，以消除原子灰对面层涂料的吸收。

③ 增加涂层的道数或厚度。

33. 鲜映性不良

涂层的鲜映性（平滑性、光泽）不良，也就是涂层的装饰性差。如现代高级轿车的车身涂层的鲜映性应为 0.8 ~ 1.0（PGD），稍低一点应为 0.6 ~ 0.7；普通轿车、轻型车和装饰性要求较高的中型载货汽车的涂层鲜映性应在 0.5 左右，如低于上述规定数值，则称为鲜映性不良。

（1）产生原因。

① 施喷件表面的平整性差。

② 所选用的涂料展平性差，光泽度差和涂料细度不达标。

③ 涂装环境差，涂层表面产生颗粒。

④ 喷涂工具不好，施工黏度及溶剂选用不当，喷涂时涂料雾化不良，涂面的桔皮严重。

⑤ 涂层厚度不足，丰满度差。

（2）防治方法。

① 提高加工精度，防止储运过程中的磕碰伤，保证施喷件表面的质量达到技术要求。

② 选用展平性好、细度和光泽度优良的涂料。

③ 改善涂装环境，高装饰性涂料的涂装宜在条件较好的喷漆间内进行，进入的空气应

无尘。

④ 选用雾化性能良好的喷涂工具，选择合适的施工方法和施工黏度，使涂料达到最佳的雾化效果。

⑤ 高装饰性涂层一般采用多层涂装体系，增加涂层厚度，以提高涂层的丰满度和平滑性。

34. 过烘干

过烘干指涂层在烘干过程中因烘干温度过高或烘干时间过长，产生失光、变色、变脆、开裂和剥落等现象。

（1）产生原因。

① 烘干设备失控，造成烘干温度过高。

② 烘干时间过长，如在流水生产线上，施喷件在烘干室中停留时间过长或过夜，尤其是在 120 ℃ 以上烘干的场合极易产生过烘干现象。

③ 涂层配套和烘干规范选择不当。

（2）防治方法。

① 确保烘干设备的技术状态良好，烘干温度按工艺规定调整。

② 烘干时间应符合工艺规定，在高温烘干场合，施喷件不宜在烘干室内过夜。

③ 涂层配套应合适，面漆层的烘干温度不应高于底涂层的烘干温度。

35. 接触伤痕、划碰伤、笔划痕

涂层受外界作用而产生伤痕，失去完整性的现象称为接触伤痕、划碰伤、笔划痕。在涂层未干前因喷漆胶管、手等接触留下的伤痕称为接触伤痕；被涂物在储运和装配过程中因划碰造成的干漆膜的损伤称为划碰伤；用笔做标记在漆面上留下的痕迹称为笔划痕。

（1）产生原因。

① 湿漆膜受外界作用，漆膜表面遭到破坏。

② 干漆膜受机械划碰。

③ 做标记的笔不符合要求。

（2）防治方法。

① 涂层未干前严禁外物接触，保护好湿漆膜。

② 加强被涂物在储运、装配过程中的保护，严禁磕碰。凡挂具（或工位器具）与被涂物有接触部位，应有软化保护，在装配过程中漆面要加保护罩保护。

③ 用笔（或粉笔）在喷涂前的施喷件表面做的标记，在喷涂面漆前一定要清除干净。面漆上严禁用普通的笔或粉笔做标记。

36. 修补印痕

修补部位与原漆面的光泽、色相有差别的现象称为修补印痕。

（1）产生原因。

① 修补涂料与原涂料的光泽和颜色不同，或修补涂料较原涂料的耐老化性（如耐候性）差。

② 被修补部位打磨不良。

③ 由局部修补造成。

（2）防治方法。

① 修补涂料的颜色、光泽和耐老化性应与原涂料尽可能相似，最好选用原涂料生产厂生产的修补涂料。

② 被修补部位应仔细打磨。

③ 修补面与原漆面的结合处应打磨出羽状边。

37. 银粉泛色

金属色漆（银粉色漆及珍珠色漆）表面的金属颗粒出现于清漆层中的现象称为银粉泛色。严重的情况会引起变色。

（1）产生原因。

① 色漆和清漆不匹配。

② 色漆没有充分晾干就喷涂清漆。

③ 喷涂清漆时过湿。

④ 喷涂气压太高。

⑤ 选择溶剂不正确。

⑥ 色漆过于干喷。

⑦ 喷漆间不清洁，如有灰尘等。

（2）防治方法。

① 选用同一油漆厂生产的油漆和清漆。

② 喷涂清漆前要有足够的时间使色漆充分挥发。

③ 按照工艺要求调整喷涂气压。

④ 使用油漆厂推荐的溶剂。

⑤ 按照油漆厂要求的施工程序和技术施工。

⑥ 保证喷漆间清洁。

7.2 防止喷涂后产生漆膜缺陷

1. 起 泡

漆膜的一部分从被涂面或底涂层上浮起，且其内部充满着液体或气体，大小直径有 1～5 mm 或呈大块浮起。

（1）产生原因。

① 被涂面有油、汗液、盐碱、打磨灰等亲水物质残存。

② 清洗施喷件的最后一道用水的纯度差，含有杂质离子。

③ 使用环境高温高湿，如在梅雨季节涂膜易起泡。

④ 所用涂料的涂膜耐水性或耐潮湿性差。

⑤ 涂层干燥固化得不充分。

（2）防治方法。

① 施喷件表面应清洁，绝不允许有亲水物质，尤其是水溶的盐碱残存。

② 漆前最后一道水洗应该用去离子水。

③ 漆膜应干透。

④ 根据施喷件使用环境，选用耐水性优良的涂料。

2. 沾污、斑点

在漆膜表面上发生与大部分表面颜色不相同的色斑或黏附着尘埃和脏物等异物的现象称为沾污、斑点。

（1）产生原因。

① 漆膜在使用过程中受软化或回黏。

② 从漆膜中析出异物（如出汗）。

③ 受环境空气中的污物（如灰尘、水泥灰、焦油、煤烟、酸性物质、昆虫和鸟类的粪便等）的侵入、沾污。

④ 所用颜料不耐碱或长霉所致。

（2）防治方法。

① 选用在使用中不受热回黏、不软化、不析出异物的涂料。

② 选用耐沾污性好的涂料。

③ 不把施喷件放置在污染源附近。

3. 黏结不牢

由于喷涂底材与涂层或涂层与涂层之间附着力不良所产生的漆面剥落现象称为黏结不牢。

（1）产生原因。

① 施喷件表面处理不当，有一些影响黏结的物质残留在要喷涂的表面上（如硅酮、油、脂肪、蜡、锈、抛光残留物等）。

② 选用的底漆不合适。

③ 施喷件表面打磨不充分或未进行打磨。

④ 喷涂底漆或面漆时使用干喷式或面漆喷涂太厚。

⑤ 喷涂金属银粉漆时，涂层与涂层间的相隔时间太短或油漆调配太浓。

⑥ 喷涂时底材表面温度太高或太低。

（2）防治方法。

① 打磨时要充分。

② 彻底清洁欲喷涂的区域。

③ 在有可能发生黏结不牢的施喷件（如铝和塑料）上应遵照制造商的指示，正确使用底漆，该底漆应有充分的漆膜厚度。

④ 避免喷涂时使用干喷式。

⑤ 按推荐的黏度喷涂。

⑥ 在喷涂每道涂层之间要有充分的挥发时间。

4. 褪　色

在使用过程中，漆膜的颜色变浅的现象称为褪色。

（1）产生原因。

① 受日光、化学药品、大气污染等的作用，使颜色减退。

② 受热、紫外线的作用使树脂变质。

③ 所选用的涂料（或漆中所含颜料）的耐候性差或不适用于户外。

（2）防治方法。

① 根据使用环境选用耐候性优良的涂料。

② 选用不褪色的涂料。

5. 返铜光

局部或整个漆膜表面呈现有铜色彩，即在阳光照射下变成忽绿忽紫的色彩。这是漆膜耐候性差的现象之一。

（1）产生原因。

① 受日光、紫外线的照射或受高温影响。

② 由于红色、蓝色等颜料的迁移造成，尤其是在所用颜料颗粒在约 0.1μm 以下的情况。

③ 喷涂用的压缩空气中有油。

（2）防治方法。

① 选用耐候性良好的涂料，在配色时应注意所用颜料的品种。

② 除净压缩空气中的油分。

6. 裂缝、开裂

在油漆表面上出现有向不同方向扩展的不同长度和宽度的裂纹的现象称为裂缝、开裂。

根据裂缝的形态（大小、深度、宽度）可分为发状裂纹、浅裂纹、龟裂、鳄皮裂纹和玻璃裂纹几种。

（1）产生原因。

① 主要原因是涂层经受不住冷热、干湿或侵蚀液体的交替变化。

② 涂料在使用前未搅拌均匀。

③ 涂层配套不适当，如底漆层膜比面漆层漆膜软。

④ 面漆层涂得过厚，且耐寒性（或耐湿变性）不佳。

⑤ 底涂层未干透就涂面漆。

⑥ 所用面漆的耐候性差。

⑦ 涂层老化。

（2）防治方法。

① 通过试验解决涂层的配套性，一般使底层漆膜和面层漆膜的硬度、伸缩性接近。

② 耐寒性差的漆膜（尤其是自干型漆膜，如硝基漆）不应涂得过厚，应按工艺要求严格控制。

③ 中涂层干透后方能涂面漆。

④ 选用耐候性、耐温变性优良的面漆。

⑤ 应尽可能避免将被涂件早期暴露在严寒之中。

7. 生锈、锈蚀

锈蚀是指金属表面产生氧化物和氢氧化物的现象。作为漆膜弊病的生锈指漆膜下出现红丝和透过漆膜的锈点（斑），前者称为丝状腐蚀，后者称为疤形腐蚀。

（1）产生原因。

① 被涂面的表面质量差，如有锈未除净就涂漆。

② 漆前表面处理质量差，如磷化处理不完全或磷化膜与涂层配套不佳。

③ 涂层不完整，有针孔、漏涂等缺陷，如点焊缝中未涂到漆易淌黄锈。

④ 所用涂料的耐腐蚀性差。

⑤ 使用环境差，如高温高湿、有腐蚀介质（酸、碱、盐等）的侵蚀。

（2）防治方法。

① 漆前被涂面一定要清洁，绝不允许带锈涂漆。

② 黑色金属件在涂底漆前应进行磷化处理，并应与所用涂层有良好的配套性。

③ 应确保涂层的完整性，被涂物的所有表面（包括焊缝）都应涂到漆。焊缝和搭接缝应涂密封胶。

④ 根据被涂物的使用环境选用耐腐蚀性、耐潮湿优良的涂料，如阴极电泳涂料、环氧粉末涂料等。

8. 粉　化

漆膜表面受大气中的光、氧气和水分的作用，老化呈粉状脱离的现象称为粉化。

（1）产生原因。

① 漆膜在使用过程中受紫外线、氧气和水分的作用，发生老化，漆基被破坏，露出颜料。

② 所用涂料的耐候性差。

（2）防治方法。

① 根据被涂物的使用环境，选用耐候性优良的涂料，切勿将内用涂料用于户外。

② 加强漆膜的维护保养。

9. 返　黏

已干燥的漆膜表面又出现黏性的现象称为返黏，又称回黏。

（1）产生原因。

① 所用涂料含半干性油。

② 干燥后通风不足，湿度高。

③ 底材（如水泥墙）中所含的碱性物质使油漆膜皂化而软化。

④ 底涂层的挥发逐渐透过面涂层引起回黏。

（2）防治方法。

① 更换涂料品种。

② 加强干燥场所的通风。

③ 含碱质的底材涂漆前应洗净或涂防止碱质的密封层。

④ 底涂层应挥发完全后再涂面漆。

10. 变　脆

变脆指涂膜弹性变差的现象，这是漆膜开裂或剥落的前奏。

（1）产生原因。

① 过烘干造成。

② 涂层配套不合理，如在低湿干型底涂层上涂高温干燥的面漆层。

③ 附着不良的漆膜，易变脆。

④ 漆膜涂得过厚，或使用环境温度过低。

（2）防治方法。

① 通过试验选择合适的烘干规范，选择配套性良好的涂层。

② 选择合适的漆前表面处理方法，提高漆膜的附着力。

③ 根据使用条件和涂料的特性，选择合适的涂膜厚度。

11. 变　色

在使用过程中漆膜的颜色发生变化，其色相、明度、彩度明显偏离标准色板的现象称为变色。

（1）产生原因。

① 受阳光照射（主要是短波区段），潮湿、高温、空气中的腐蚀性气体（如二氧化硫）等作用所致。

② 所用涂料的耐候性差。

③ 在涂膜老化、增塑剂析出等过程中有机颜料通过漆膜迁移。

（2）防治方法。

① 根据被涂物的使用条件选用合适的涂料。

② 选用耐候性优良的涂料。

12. 失　光

由于涂料不良导致所涂漆膜的光泽低于标准板光泽的现象，或在使用过程中最初在光泽的漆膜表面上出现光泽减少的现象，统称为失光。后一种失光，有时是可逆的，借助抛光能消除。

（1）产生原因。

① 涂装不良，未按工艺执行，如涂得过薄、过烘干和被涂面粗糙等。

② 所选用涂料的耐候性差。

③ 漆膜（尤其是挥发干燥型涂料）干燥收缩造成。

④ 阳光照射、水气（高温、高湿）作用和腐蚀气体的沾污。

（2）防治方法。

① 严格工艺要求或严格按照漆厂推荐的涂料施工条件进行涂装。

② 按被涂物的使用条件选用耐候性优良的涂料。

③ 如所用涂料有抛旋旋光性，则进行抛光即可恢复光泽。

13. 无光斑印

在有胶的漆面上出现光泽变小的斑印的现象称为无光斑印。产生原因是受大气中的氨气沾污（是油性漆的特征弊病）。防治方法：应消除大气中的氨气及其发生源加以防治。

14. 风化、侵蚀

风化是漆膜破坏现象，可伴随漆膜厚度的降低直至露出底材，是比粉化更严重的漆膜破坏状态。

（1）产生原因。

① 所用涂料的耐候性差。

② 被涂物使用年久和使用环境条件恶劣。

（2）防治方法。

① 根据被涂物使用条件选用耐候性优良的涂料。

② 根据漆面破坏状态，及时重新涂漆（即及时进行大修涂装）。

15. 溶　解

涂层在使用过程中受侵蚀性液态介质溶解而产生的漆膜破坏，伴随着漆膜的厚度减薄直至露出底材的现象称为溶解。

（1）产生原因。

① 所用涂料不适应于使用环境（耐某种介质性能差）。

② 在使用过程中接触到某种具有侵蚀性的液体、气体。

（2）防治方法。

① 根据被涂物的使用条件，选用耐某种侵蚀介质性能强的涂料。

② 预防涂层与浸蚀性介质接触，消除侵蚀源。

16. 发　霉

漆膜在使用过程中，其表面上有霉菌生长，致使漆膜破坏的现象称为发霉。

（1）产生原因。

① 被涂物的使用环境潮湿，不见阳光或背光。

② 所用涂料的基料或底材本身可能是霉菌的养料（如油性漆的基料、木材等）。

③ 涂层表面在使用过程中不经常清洗维护。

（2）防治方法。

① 根据被涂物的使用条件选用具有防霉性的涂料。

② 在所用涂料中添加防霉剂，易发霉的底材在涂漆前应进行防霉处理。

③ 涂层表面应经常清洗和维护。

17. 雨水痕迹

雨水痕迹是由于下雨或清洗被涂物时，在漆面上残留的水滴，使涂膜表面产生白色痕迹的现象。

（1）产生原因。

① 所用涂料耐水、耐潮湿性差。

② 漆面未经表面保护。

（2）防治方法。

① 根据被涂物的使用条件，选用耐水、耐潮湿性优良的涂料。

② 加强漆面保护，涂一些憎水性的保护剂。

18. 膨　胀

被涂物在使用过程中与溶剂、油、黏结胶等接触后漆面产生膨胀的现象称为膨胀。

（1）产生原因。

① 所采用的涂料耐溶剂、油、黏结胶等物的沾污性差。

② 漆面未及时清理。

（2）防治方法。

① 根据被涂物的使用条件，选用耐某种沾污性好的涂料。

② 经常清理被涂物表面，消除沾的异物。

19. 啄伤、划伤

被涂物在运输、装配和使用过程中受外力作用产生漆膜伤痕。点伤痕称为啄伤，线状伤痕称为划伤。

（1）产生原因。

① 被涂物包装不佳，受外力或相互冲击，损坏涂膜。

② 装配和运输过程中不注意漆面保护，发生划伤。

③ 在使用过程中受风沙和外物的冲击。

④ 涂层的耐崩裂性差。

（2）防治方法。

① 在运输和装配被涂物过程中应妥善包装和放置，加强漆面保护，做到轻拿轻放，注意吊装。

② 根据被涂物的使用条件，选用耐崩裂和耐划伤性好的涂层。

思 考 题

（1）什么是涂装？

（2）汽车涂装有什么作用及特点？涂装的三要素是什么？

（3）汽车涂装常用的设备有哪些？

（4）喷枪如何调整？

（5）影响颜色的三大要素是什么？有什么关系？

（6）汽车涂料有哪些种类？满足什么条件？

（7）涂料由哪几部分组成？

（8）什么是涂料的干燥成膜？简述干燥成膜机理。

（9）新车涂装前通常要经过什么处理？

（10）车漆通常有哪些？

（11）电泳底漆涂装通常有哪些工艺？

（12）中涂漆的主要作用是什么？

（13）简述电泳涂装。

（14）喷涂面漆之前要进行哪些准备？

（15）车身涂装修理工艺有哪些？

（16）汽车喷涂过程中会产生哪些缺陷？应如何防治？

（17）简述汽车涂装新技术。

第四部分　总装与调试

🚗【学习目标】

（1）了解汽车总装常用设备。

（2）掌握汽车总装主要工作内容。

（3）掌握汽车总装工艺过程。

（4）初步了解汽车总装工艺路线。

🚗【导读】

随着轿车工业和零部件工业的发展，汽车装配技术水平也有了较大提高，国内对直接影响汽车产品质量及其使用寿命、汽车产品生产最后环节的装配及出厂试验日趋重视，促进了汽车产品装配、试验工艺及装备技术水平的提高。

汽车制造流程中主要有四大工艺，即车身冲压、车身焊装、车身涂装、整车总装。这四大工艺流程一般都是在整车厂内完成的，但发动机、变速器、车桥、车身附件、内饰件等部件一般都是在整车厂外完成制造，然后运输到整车厂与车身一起组装成整车。

汽车的总装配是整个汽车制造过程的最后阶段，汽车整车的质量最终是由总装配来保证的。因为如果装配不当，即使所有零件的加工质量都合格，也难以获得符合质量要求的产品；反之，若零件加工的质量不够高，却可以通过制定合理的装配方法，使产品质量合格。由于汽车总装配所花费的劳动量很大，占用时间多、占用场地大，其对整车生产任务的完成、企业劳动生产率、生产成本、资金周转、市场营销等均有直接影响。因此，必须高度重视汽车整车的总装配工作。图4-0-1为汽车总装车间。

图 4-0-1 汽车总装车间

项目 1 整车装配工艺装备

通常汽车制造总装生产线工艺流程由存储区、工件装配区、升降区、检修区、检测区、下线区组成。机械化生产线系统包括整车装配线（工艺链，由多台电动机驱动）、车身输送线（积放链）、储备线（积放链）、升降机等。汽车装配线，一般是指由输送设备（空中悬挂和地面）和专用设备（如举升、翻转、压装、加热或冷却、检测、螺栓螺母的紧固设备等）构成的有机整体。

1.1 整车装配设备

整车装配所用的主要设备包括装配线所用输送设备、发动机和前后桥等各大总成上线设备、各种油液加注设备、出厂检测设备以及各种专用装配设备。

1. 输送设备

输送设备主要用于总装配线、各总成分装线以及大总成上线的输送。完成汽车装配生产过程中最重要的设备之一是汽车总装线。随着轿车技术的引进，我国汽车总装线所采用的输送设备也由原来的刚性输送发展到现在的柔性输送。

轿车及部分微型车为承载式车身或半承载式车身，根据其装配工艺特点，既有车身内外装配，也有车下底盘部件装配。因此轿车总装配线，通常由两类输送机组成：一类是高架空中悬挂式输送机（见图 4-1-1），另一类是地面输送机。空中悬挂式输送机主要形式有普通悬挂输送机、积放式悬挂输送机和自行葫芦输送机。地面输送机主要形式有地面板式输送机、地面单链牵引轨道小车式输送系统和滑橇式输送系统。

图 4-1-1　悬挂式输送机

2. 大总成上线设备

大总成上线设备是指发动机、前桥、后桥、驾驶室、车轮等总成在分装、组装后送至总装配线，并在相应工位上线所采用的输送、吊装设备。车轮上线一般采用普通悬挂输送机和积放式悬挂输送机。发动机、前桥、后桥、驾驶室等大总成上线，传统的方式是采用单轨电动葫芦或起重机。随着汽车装配的机械化、自动化水平的提高，目前各大总成上线普遍采用自行葫芦输送机和积放式悬挂输送机，也有少数厂家采用了带有升降装置的电动磁轨小车（ACV）自动上线。自行葫芦输送机的特点是工人操作方便，可实现自动控制，可根据工艺需要，按设定的程序在工位上进行自动停止、自动升降、自动行走等各种动作，并可空中积放储存，节省地面面积，因此被广泛应用。

3. 各种油液加注设备

随着轿车技术的引进，燃油、润滑油、清洁剂、冷却液、制动液、制冷剂等各种加注设备的水平也有了很大的提高，由过去的手工加注发展到采用设备定量加注，直到自动加注。尤其是在轿车装配中，普遍采用具有抽真空、自动检漏、自动定量加注等功能的加注栅，保证了加注的高质量。

4. 出厂检测设备

目前，整车出厂试验的水平也有了较大的提高，由过去采用室外道路试验发展到现在采用室内检测线，出厂检测线一般由前束试验台、侧滑试验台、转向试验台、前照灯检测仪、制动试验台、车速表试验台、排气分析仪等设备组成。

5. 专用装配设备

随着汽车产量的提高和对质量的高要求，高效专用的装配设备进入装配线。现已广泛应用于整车装配的专用装配设备主要有：

（1）车驾打号机，用于在车架上打车型代号，打号机有液压式和气动式两种形式。

（2）螺纹紧固设备。在汽车产品的装配过程中，螺纹连接占有较大的工作量，由以前普遍使用噪声比较大、精度比较低的冲击式扳手，逐渐发展到使用静扭扳手和定扭电动扳手。以静扭扳手和定扭电动扳手代替冲击式气动扳手是装配工具的一大进步，减少了噪声对环境的污染，确保了连接质量。

整车装配最重要的螺栓拧紧部位是车轮螺母和前后桥与钢板弹簧连接用的U形螺栓。车轮螺母采用车轮螺母定扭多头打紧机，U形螺栓螺母采用定扭四头螺母拧紧机（用于载货汽车），这样能充分保证装配质量并提高生产效率，改善工人的工作环境。对于其他安全、重要件的螺纹连接以及工艺上有扭矩要求的螺纹连接部位，采用单头定扭矩气、电动扳手。

（3）车轮装配专用设备。在各总成分装线中，车轮分装线是自动化程度最高的，一般由机动辊道、自动装配机、快速自动充气机、车轮动平衡机等组成。

（4）自动涂胶机，用于风窗玻璃涂胶。

（5）液压桥装小车，用于前后悬挂的输送和举升。

先进的装配工艺需要先进的工艺装备，工艺装备的设计制造水平，对保证高效率的生产和高质量的产品至关重要，也是汽车装配技术水平的标志。随着我国汽车工业的发展，我国从国外引进了大量先进的设备，使汽车工业装备水平有了很大的提高；同时，许多设备制造企业也纷纷引进技术，购买产品生产专利权及合资合作生产国内急需的装备，在机械加工、铸造、冲压、焊接、涂装等设备方面均取得了一定的进展。但从整体来说，国内的装备制造水平尚不能满足汽车工业发展的需要，几大轿车厂所用设备的70%都是引进设备。就装配工艺装备而言，与其他工种设备相比，由于价格低、技术含量高（试验设备），且大多为非标设备，因此设备厂家不重视装配设备的开发，所以装配设备的发展落后于其他设备的发展。

1.2 装配技术及装配工艺装备的发展趋势

1. 装配技术的发展趋势

近年来，随着汽车消费市场需求的个性化和多样化，汽车装配作业也从传统的单一品种、大批量生产向多品种、中小批量生产转化，装配生产的批量性特点趋于复杂，安装零件的品种、数量进一步增多，对零部件的接收、保管、供给、装配作业指导等都提出了新的要求。市场的变化，必将使装配生产方式产生新的变革。尤其是进入20世纪90年代以后，由于电子技术、计算机技术和机器人的迅速发展，使汽车装配技术进入一个新的发展阶段。其主要特点如下：① 机器人在汽车装配中被广泛采用；② 电子计算机技术在生产管理系统中得到广泛应用；③ 采用柔性装配线。

2. 装配工艺装备的发展趋势

整车装配线和零部件装配线向柔性装配线方向发展，以满足多品种生产和自动化装配的要求；加注设备向真空式加注设备方向发展；试验检测设备向微机控制、数字化、高精度、自动化方向发展；专用装配设备向高精度、适应性强、自动化方向发展，一台专机应能适应2~3种产品的生产要求，以适应多品种生产的要求；以静扭扳手和定扭矩电动扳手替代冲击式气动扳手是装配工具的发展趋势；一些产量大、零件数量少的零部件装配线趋于采用全自动装配线；将柔性装配线和其上的各种装配专机及检测设备有机地结合一起，由同一厂家设计、制造、安装，即交钥匙工程，这是以后装配设备制造的发展趋势，这样便于保证设备的制造质量，有利于提高装配工艺装备的整体制造水平，因此，未来汽车装配专用设备生产，应向以专业化工厂的生产组织形式发展。

项目 2 汽车总装过程

2.1 总装配的主要工作内容

1. 物流系统准备

（1）组织外协件、外购件。
（2）必要的物资储备。

2. 制订生产计划进度

3. 制订装配工艺规程

（1）划分装配单元。
（2）制订装配工艺流程。
（3）制订调整、检测标准。
（4）设计装配中的夹具及工位器具。
（5）通过调试，确定保证精度的装配方法。

4. 装配的工作内容

（1）清洗、点件。

进入装配的零件必须先进行清洗，以除去在制造、储存、运输过程中所黏附的油脂、污物、切屑、灰尘等。相关部件、总成在运转磨合后也应清洗。清洗对于保证和提高装配质量、延长产品的使用寿命有着重要意义。

（2）平衡处理。

运转机件的平衡是装配过程中的一项重要工作。尤其是那些转速高、运转平稳性要求高的机器，对其零部件的平衡要求更为严格。旋转体机件的平衡有静平衡和动平衡两种方法。对于盘状旋转体零件，如皮带轮、飞轮等，通常只进行静平衡；对于长度大的旋转机件，如曲轴、传动轴等，必须进行动平衡。

（3）过盈连接。

对于过盈连接件，在装配前应保持配合表面的清洁。常用的过盈连接装配方法有压入法和热胀法两种。压入法是指在常温条件下以一定压力压入配合，该方法会把配合表面微观不平度挤平，影响过盈量。压入法适用于过盈量不大和要求不高的场合。重要的、精密的机械以及过盈量较大的连接处常用热胀（或冷缩）法装配，即采用加热孔件或冷缩轴件的办法，使得缩小过盈量或达到有间隙后再进行装配。

（4）螺纹连接。

在汽车结构中广泛采用螺纹连接，对螺纹连接的要求是：

① 螺栓杆部不产生弯曲变形，螺栓头部、螺母底面与被连接件接触良好。

② 被连接件应均匀受压，互相紧密贴合，连接牢固。

③ 根据被连接件的形状，螺栓的分布情况，应按一定顺序逐次（一般为 2 ~ 3 次）拧紧螺母。

螺纹连接的质量对装配质量影响很大。如拧紧的次序不对、施力不均，会使零件发生变形，降低装配精度，并会造成漏油、漏水、漏气等现象。运转机件上的螺纹连接，若拧紧力达不到规定值，就会松动，影响装配质量，严重时会造成事故。因此，对于重要的螺纹连接，必须规定拧紧力的大小。

5. 校　正

所谓校正，是指各零部件本身或相互之间位置的找正及相应的调整工作。这也是装配工作的内容之一。

除上述装配工作的基本内容外，部件或总成乃至整车装配中和装配后的检验、试运转、油漆、包装等也属于装配工作，应予以合理安排。

2.2　汽车总装配工艺过程

汽车总装配是将各种汽车零部件按规定的技术要求，选择合理的装配方法进行组合、调试，最终形成可以行驶的汽车产品的过程。汽车总装配的工艺过程大致可分为装配、调整、路试、装箱、重修、入库等环节。

1. 装配工艺过程

（1）装配。

按一定的技术要求，将各种汽车零部件进行组合形成整车。同时，对于需润滑的部位加注润滑剂，对冷却系统加注冷却液，基本上达到组合后的汽车可以行驶的过程。

（2）调整。

通过调整来消除装配中暴露的质量问题，使整机、整车处于最佳工作状态。

（3）路试。

调整合格的汽车需经过 3 ~ 5 km 的路面行车试验，进行实际运行情况下的各种试验并发现所暴露的质量问题，以便及时消除。

（4）装箱。

经过路试合格的汽车装箱，完成汽车的最终装配。

（5）重修。

若调整和路试中暴露出质量问题，又不能在其各自的节奏时间内消除，就需要进行重修。

所谓重修，并不是采用特殊技术措施对有质量问题的零部件进行修复，通常都是更换新的零件或部件。

2. 汽车总装配的一般技术要求

（1）装配的完整性。

按照工艺规程，所有零部件和总成必须全部装上，不得有漏装现象。

（2）装配的完好性。

按工艺规定，所装零部件和总成不得有凹痕、弯曲、变形等机械损伤及锈蚀现象。

（3）装配的紧固性。

按工艺规定，螺栓等连接件必须达到规定的转矩要求，不得有松动及过紧现象。

（4）装配的润滑性。

按工艺规定，凡润滑部位必须加注定量的润滑油或润滑脂。

（5）装配的密封性。

按工艺规定，气路、油路接头不允许有漏气、漏油现象，气路接头处必须涂胶密封。

（6）装配的统一性。

各种变形车应按生产计划配套生产，不允许有误装、错装现象。

2.3　汽车总装配的工艺路线

通过冲压、焊装、涂装以后的车身进入总装车间进行各个部件的组装。汽车总装线由车身储存工段、底盘装配工段、车门分装输送工段、最终装配工段、动力总成分装工段、动力总成合装工段、前梁分装工段、后桥分装工段、仪表板总装工段、发动机总装工段等构成。

下面以东风雪铁龙汽车的部分总装为例，说明汽车的总装工艺路线。

1. 车门、仪表分装线

经过上漆后的车身进入总装车间后，首先要进行的是车门和车身的分离。车门与车身整体涂装是为了保证车身的颜色一致，而到总装车间后将两者分开则便于各种部件的组装，也避免在总装过程中对车漆造成破坏，车门和车身通过空中运输通道送到各自的装配线，仪表和动力总成的分装也同时进行。

被拆下来的车门通过滑轨运送到了分装线（见图4-2-1）上，安装线束、装饰材料等都在这里完成。从布局上来说，车门分装线在工厂的位置位于地面线的旁边，在车门完成分装后可以直接运送到地面线上和车身装配在一起。

在内饰一线的旁边，是仪表盘分装线（见图4-2-2），此分装线已经模块化，在此分装线上装配的有双区空调、仪表盘线束、USB盒、组合仪表等。组装好后再运送到指定位置和车身装配在一起。这个分装线是个环形的布置方式，更节省流水线所占用的地方，同时通过悬挂的方式还可以翻转整个仪表盘，这样更方便操作员操作。

车门分装线就是进行线束、喇叭、装饰材料等的安装

图 4-2-1　车门分装线

仪表的分装线：双区空调控制区、组合仪表等在这里安装完成，而且吊壁可以旋转，方便不同设备的装配

图 4-2-2　仪表分装线

2. 机械分装线

机械分装线上有动力总成、前悬和后桥的分装（见图 4-2-3 ~ 4-2-5）。东风雪铁龙 C5 一共有 3 种发动机，排量分别为 2.0 L、2.3 L、3.0 L，其中 2.0 L 车型搭配的是 4AT 或 5MT 变速箱，而 2.3 L 和 3.0 L 车型搭配的是 6AT 变速器，2.3 L 和 2.0 L 发动机在襄樊工厂组装。

代号为EW12的2.3 L发动机为东风雪铁龙C5的主打动力

图 4-2-3　发动机分装线

机械分装线采用板式和悬吊式相结合的方式
工人和机械运输相对静止

图 4-2-4　后悬挂装配

机械分装部分完成后形式

图 4-2-5　机械分装全貌

东风雪铁龙 C5 取消了原装车型的液压悬挂系统，现在应用的"FML 减振韧性多连杆后悬挂"（见图 4-2-6）是中国与法国合作开发的，很多部位都采用了液压垫片，在舒适性和减振的韧性上都得到了保障。

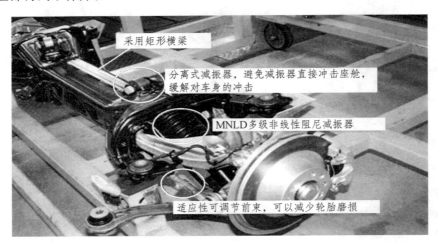

图 4-2-6　东风雪铁龙 C5 的 FML 减振韧性多连杆后悬挂

图 4-2-7 为车桥装配线采用空中悬吊托盘、摩擦输送托盘的方式。全线的驱动单元使用侧面摩擦轮并采用了分段独立驱动，实现了吊具（托盘）积放功能。与传统的输送方式相比，它更加节能环保且易维护，而且输送驱动单元采用模块化、标准化的设计，便于日后改造和工位与产能调整。东风雪铁龙 C5 的每条车桥装配线都必须采用标准化设备，都是根据车桥产品特点专门设计制造的。

图 4-2-7　后桥装配线全貌

同时，车桥装配线上还配备了由法国 MECALIX 公司制造的高精度后桥前束测量、调整设备（见图 4-2-8），车辆行驶一段时间后，前束会发生变化，对轮胎造成磨损，在后桥装配过程中就对后桥前束进行预调整，调整前束后能大大减少轮胎磨损。全线的多品种管理系统、防差错系统更是为生产出高品质的车桥提供了有力的保障。

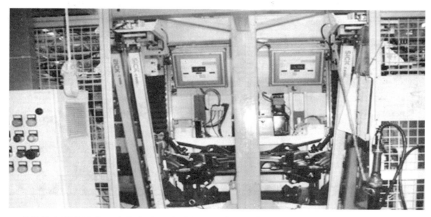

后桥前束调整设备：车辆行驶一段时间后，前束会发生变化，对轮胎造成磨损，在后桥装配过程中就对后桥前束进行预调整，调整前束后能大大减少轮胎磨损

图 4-2-8　前束调整设备

3. 车身装配线

车身装配线分为内饰一和内饰二两条装配线：内饰一主要负责车内线束、踏板、车身地板和顶棚等的安装；内饰二安装仪表和中控台以及座椅等进一步具体化的配置。下面就按照大致顺序介绍一下各个工位和车身部件的特点，如图 4-2-9 ~ 4-2-11 所示。

图 4-2-9　内饰一分装线

首先要进行的是地板和主要线束的铺装

图 4-2-10　地板线束分装

接下来是仪表的安装
它采用机械手和人工的装配方式

图 4-2-11　仪表安装

　　内饰一又细分为三条线，即 HC1、HC2 和 HC3。HC1 和 HC2 两条线采用了大平板的运送方式，工作人员站在地板上与车辆同步运动，这样就减少了操作工人来回取件的行走时间，节省了工时，使操作工有更多的时间关注质量，同时使现场布置更加整洁，操作工拥有更宽敞的作业环境。

　　前后风挡都为机器人自动涂胶，这套机器人可通过激光感受装置来判断玻璃的形状和是否涂胶，智能化程度非常高，然后工人通过手工的方式把玻璃安装在车身上，如图 4-2-12、4-2-13 所示。

工作人员正在安装玻璃
玻璃是通过吸盘吸在吊臂上的

图 4-2-12　玻璃安装

前后风挡的涂胶用机器人完成
它能通过激光自动感知玻璃的形状和是否需要涂胶

图 4-2-13　风挡涂胶

　　后三角窗采用人工涂胶的方式，这主要是因为车身的设计不同，有的三角窗在车身上，而有的车型设计在车门上，尽管目前只生产东风雪铁龙 C5 车型，但将来还会有新车型与该车共线生产。

　　从内饰一的最后一条生产线 HC3 开始，宽板平台的输送方式变为悬挂式的结构（见图4-2-14），当然这只是根据车身的装配需要做的输送方式上的调整。车上的各类管路，包括ABS 泵体等都是在这条生产线上装配的。然后进行内饰一的收尾工作，主要是内饰覆盖件和车体的衔接部分，如 A、B、C 柱的车内覆盖件等就是在这里装配完成的。

　　内饰二会进一步进行大灯、座椅、前后保险杠、蓄电池、车轮总成挡泥板等的安装，如图 4-2-15 所示。

从内饰一最后一条装配线HC3开始
由大平板运输转化为悬吊的方式

图 4-2-14　内饰 HC3 线

HC3 主要负责装配车上的各种管路
同时包括ABS泵体等

图 4-2-15　各种管路泵体的安装

　　东风雪铁龙 C5 的各部位的拧紧均采用了伺服拧紧机，全部由瑞典 Atlas Copco 公司和法国 CP 公司提供的伺服拧紧机来完成。不同于普通的拧紧装置，这种先进的伺服拧紧设备的优点是螺栓拧紧角度、扭矩全程可监控，设备智能化程度高，可自动判断拧紧结果，自动上传拧紧参数，自动防差错，拧紧精度高，拧紧质量可追溯等，保证了拧紧的质量，如图 4-2-16 所示。

　　在内饰二线上，还会对车身的管路的密封性进行检测，并在此完成各种液体的加注，包括汽油、冷却液和机油等（见图 4-2-17）。管路密封性检测（见图 4-2-18）是通过管内充入氮气，然后通过漏气量的多少来判断是否合格。

东风雪铁龙C5的各部位的拧紧均采用了伺服拧紧机
优点是螺栓拧紧角度、扭矩全程可监控，保证了拧紧的质量

图 4-2-16 车轮安装

图 4-2-17 制动液加注

检查管路的方法是往管路里充入氮气，
然后以气体的泄漏量判断是否合格

图 4-2-18　管路密封性检测

接下来就该进行前悬和动力总成这部分的机械合装了（见图 4-2-19）。在装配好底盘和动力系统后，车身进入地面线进行车门的合装，经过电气设备的初始化工作，这样一台车基本就成形了。

该设备与车身计算机连接，进行各电器的初始化工作，
而车体的各种初始化信息会通过无线蓝牙传输到生产线的计算机上

图 4-2-19　机械合装

4. 检测线

如图 4-2-20 所示是进行车身钣金平整度的检查和漆面的检测，在这里工人要通过用手摸和用眼睛观测的手段来进行检查。其实采用条状灯管的设计是有讲究的，在车身不平整的情

况下通过车身反射能看得更明显。

在这里进行的是车身外观的检测，光照强度900 lx
光通道的拱形设计可以将光线反射到车身的任何角度2 mm²的范围内
掉漆都能发现，旁边的挡板能挡住其他光源

图 4-2-20　车身外观检测线

　　前束和大灯检测（见图 4-2-21～4-2-24）是同时进行的，这台仪器的精度很高，而且每天都会进行两次校准。接下来的侧滑检测台（见图 4-2-25）也是对车辆装配精度进行测量的，结果会出现在计算机屏幕上，如果不合格，会有相应的技术人员进行重新调整再进行检测。

车辆驶下生产线后首先要经过前束和灯管调整试验台
调整结果会通过旁边的计算机屏幕显示出来

图 4-2-21　前束的调整（一）

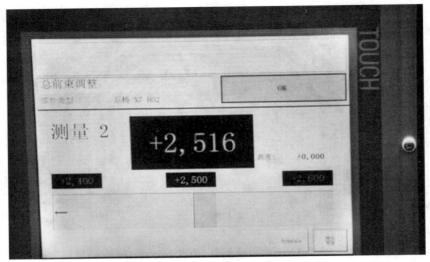

前束角是通过计算机来调整的，绿色数字表示合格

图 4-2-22　前束的调整　（二）

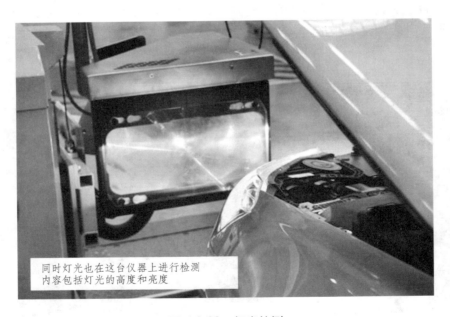

同时灯光也在这台仪器上进行检测
内容包括灯光的高度和亮度

图 4-2-23　灯光检测

这个"底盘"是用于仪器校准的
一天会进行两次校准，来保证仪器不会出现误差

图 4-2-24　仪器校准

灯光和前束检测完之后，车辆会来到侧滑试验台
当车辆驶上试验台时，两个黑色的铁板左右滑动以检测装配精度

图 4-2-25　侧滑检测

　　车辆试验室（见图 4-2-26）是一个综合性的动态检测平台，它对车辆的各项动态运转状况进行检测。测试员首先会将一个小仪器与车身计算机连接，然后通过左上方屏幕的提示在仪器上进行相应的操作，车辆便会自动完成对加速、制动、ESP 等各项性能的检测。

车辆的动态检测都在这个转鼓试验室里测试完成
计算机与车身连接，测试员只需根据左上方屏幕上的提示操作计算机，
系统会自动完成对加速、制动、ESP、定速巡航等的测试并生成报告

图 4-2-26　车辆动态测试

5. 道路测试

在厂房内检测完之后，便会进行实际的道路测试，如图 4-2-27 ～ 4-2-34 所示。

大小石块波浪路
用来测试车身钢板是否有缺陷

图 4-2-27　波浪路测试钢板缺陷

在这里进行紧急制动

高速直线路
在这里把车速加到110 km/h，然后在前方的小棚子里进行紧急制动

图 4-2-28　高速直线路测试

凸包路和凹坑路
测试的是车身和减振系统的噪声

凹坑路

图 4-2-29　凹凸路测试车身和减振系统噪声

直线修正和跑偏测试路面
在这里先将方向校直，然后测试方向是否跑偏，车速要求80 km/h

图 4-2-30　直线修正和路面跑偏测试

雨刮喷淋检查区
测试雨刷工作和噪声是否正常、自动雨刷开启是否顺利

图 4-2-31　雨刮喷淋检测

坡道和隔音墙
测试自动变速箱P档锁止功能、驻车制动，
而且通过两侧墙面反射回的噪声来判断发动机工作是否正常

图 4-2-32　坡道和隔音墙测试

在这里测试ESP和ABS工作是否正常
路两旁会有喷头洒水，而且路面上铺有不同附着力的材料

图 4-2-33　EPS 和 ABS 测试

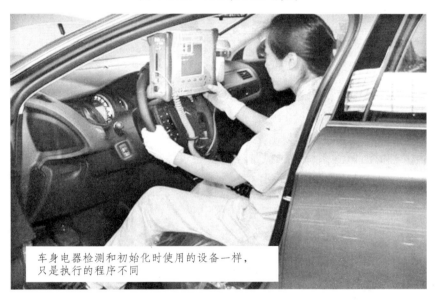

车身电器检测和初始化时使用的设备一样，
只是执行的程序不同

图 4-2-34　电器检测

　　试车跑道模拟了日常行驶中的大部分路况，各种类型的颠簸路段是对车辆的钢板和零件之间的摩擦噪声进行检测，雨刷、ABS、发动机噪声的愉悦性以及转向系统都是通过试车员进行测试的。

　　东风雪铁龙 C5 在总装过程中已经完成了对车内各项电器的初始化工作，而在路试完成后则要进行各项电器设备的检测工作，检测步骤与初始化工作类似，它们都使用了相同的仪器，只是执行的程序不同，检测数据同样会通过无线蓝牙传输到计算机中。在检测过程中，会看到仪表、灯光、喇叭等各种电器设备自动按部就班地启动和停止。然后经过大约 10 min 的淋雨试验后，如果都没有问题，车辆就会驶上商业化线，进行工信部油耗贴标等工作。

6. VOC 实验室及气味实验室

为了很好地保证车内的环境，厂内还有专门的 VOC 实验室（见图 4-2-35）和气味实验室。在项目开发阶段，同一款车型至少进行 6 次整车车内空气质量分析试验，以保证车内空气的质量符合标准要求。

VOC实验室
空气背景浓度、舱内风速、温湿度都有严格的控制
对车厢或舱内材料取样后进行分析

图 4-2-35　VOC 实验室

其中 VOC 实验室专门检测和分析整车、零部件及材料的可挥发性有机化合物的成分和含量。其测量方法是在密闭的试验间内，抽取试验样本气体，然后用专门的仪器对气体分析。整车 VOC 采样对舱内空气背景浓度、舱内风速、温湿度控制、舱体材料都有十分苛刻的要求。而试验间也有恒温恒湿系统，送风是经过多层过滤的净风，舱内六面材料都是不含挥发性物质的高要求材质，如图 4-2-36 所示。

这些玻璃瓶就是用来采集气体的

图 4-2-36　VOC 实验室

另外对于气味实验，某汽车工厂目前采用的是专门的试验员用鼻子闻的方式来检验，一次大概 5～6 个试验员，除了对取样有严格的控制以外，对试验员也有严格的要求，如不能抽烟、没有鼻炎等。

思 考 题

（1）汽车总装设备有哪些？
（2）汽车总装配的工艺过程大致可分为哪几个环节？
（3）汽车总装线有哪几个工段组成？
（4）汽车总装过程中应注意哪些问题？
（5）简述汽车总装工艺路线。

参考文献

[1]　卢险峰. 冲压工艺模具学[M]. 3 版. 北京：机械工业出版社，2014.

[2]　丁松聚. 冷冲模设计[M]. 北京：机械工业出版社，2013.

[3]　谢永东. 汽车制造工艺基础[M]. 北京：机械工业出版社，2008.

[4]　宋东方. 汽车涂装技术[M]. 北京：化学工业出版社，2011.